이 타임라인은 땅콩회항 사건과 관련한 검찰의 공소장, 재판부의 판결문, 언론보도 등을 자료 삼아 재구성한 것이다. 땅콩회항의 국면들과 위기관리의 키워드에 관한 더 상세한 내용은 본문 290쪽과 233쪽을 참고하기 바란다.

	17 녹취록	18 여론	19 공판	20 1심 판결	21 출구	22 항소	23 뉴욕 법원
	무엇이 관심을 재점화시키나	뜻밖의 영향	드러나는 진실들	리턴 없는 변호의 결과	뒤늦게 내민 '보상'카드	하루 만의 불복	또 하나의 시작
	1.10~1.11	1.15~1.20	1.16~2.1	2.2	2.3~2.12	2.13	3.1
상보 항공기 경, 항 전운항 행 등 조현아 소	SBS 〈그것이 알고 싶다〉, '땅콩회항' 녹취록 공개	검찰 '비행기서 흡연' 가수 김장훈 약식기소	조현아, 공판에서 "소란 피웠지만 법적 처벌받을 정도는 아냐" / 공판에서 턱을 괸 태도로 지적 받음	조현아, "사건의 발단이 승무원과 사무장 때문"이라며 기존 입장을 되풀이	조현아, 재판부에 반성문 6차례 제출 및 선고 전 피해자들 앞으로 2억원 공탁	조현아, 항소	김도희, 미국 뉴욕 법원에 대한항공과 조현아 전 부사장을 상대로 민사소송 제기
대, 국 무원들 대한 특혜 다는 의	언론사, 조현아가 구치소에서 우울증약 복용한다는 보도	국토부, 대한항공 바비킴 발권오류에 대해 과태료 부과 결정	김도희, "대한항공이 교수직 제안했으나 거절"	검찰, 결심공판에서 조현아에 징역 3년 구형	재판부, 조현아에 징역 1년 선고		
			박창진, 50여 일 만에 사무장 아닌 승무원으로 업무 복귀	박창진, "관심사원 취급당하고 있다"	대한항공이 박창진의 근무를 가혹하게 편성했다는 의혹 보도		

로   메시지 트레이닝   말하는 사람/들어주는 사람   내 마음의 이사회   슈퍼데스크

하나의 팀, 하나의 목소리   순간탄력성   SHOW ME   디지털 전략실   기대치 게임

구전략/입구전략   가치   상황실   작은 이야기/큰 서사   위기의 리더십   진정한 겸손

평판사회

평판

땅콩회항 이후, 기업경영은 어떻게 달라져야 하는가

사회

김봉수
김용준
김윤재
김호
유민영

RHK
알에이치코리아

우리는 평판사회를 살고 있다*

평판을 쌓는 데는 20년이 걸리지만, 그것을 잃는 데는 5분이면 족
하다.
워런 버핏

애플의 스티브 잡스는 새로운 IT 기술을 새로운 가치의 구현과 삶
으로 재규정했고, 스타벅스의 하워드 슐츠는 커피 마시는 습관을
새로운 삶의 문화로 승격시켰다. 그들은 제품 소비자뿐 아니라 다
양한 이해관계자를 포함해 대중의 인식을 바꿨다. 고객의 경험과
사회적 가치를 포괄하는 새로운 경영전략을 실천한 것이다. 그들
이 알고 있는 것은 이것이다. 고객과 대중의 경험이 기업의 미래를
정의하고 결정한다는 것, 제품과 서비스는 사회적 관계에 기반한

● 　기업의 평판(Corporate Reputation): 기업이 인식하는 제품과 서비스의 경쟁력을 뛰어넘는, 공공
　　영역에서 대중이 느끼는 사회적 관계, 명분, 감정을 포함하는 총체적인 것.

가치로 승화되어야 한다는 것.

오랜 시간 한국사회를 지켜온 빠른 추격자 전략과 적자생존 전략은 끝났다. 저성장 시대, 장기불황 구조, 기술의 진보에 따른 일자리의 축소, 그리고 인터넷 세계의 폭발적 증가와 함께 새로운 대중이 출현했다. 이제 순간적 협업과 수평적 협력이 이끄는 3차 산업혁명의 시대다. 고객과 투자자의 신뢰는 이전처럼 결과 중심 과 지시, 그리고 복종의 결과물이 아니다. 칸막이와 층계로 이루어 진 수직적 구조로는 답을 찾기가 어렵다. 과정, 신뢰, 여론, 평판, 명 성, 자세와 태도가 많은 것을 결정한다.

"어른(대통령)보다 무서운 것이 여론이다." 드라마 〈펀치〉의 이 태준 검찰총장은 말한다.

평판사회의 장면들

#장면1

이른바 '크림빵 뺑소니 사건'이 있었다. 경찰이 움직이고 있었으나 사건은 미궁 속이었다. 크림빵을 사서 집으로 향하던 중 사고를 당 한 피해자의 아내는 온라인 게시판에 절절한 사연을 담았다. 네티 즌 수사대가 움직였고 이례적으로 청주흥덕경찰서에 수사본부가 차려졌다. 경찰의 잘못된 혐의 수사에 관해서는 사건 현장 근처의 CCTV 존재를 제보한 댓글이 방향을 바로잡아주었다. 여론 수사라 는 새로운 질서가 현존하는 체계보다 더 큰 해결책이 되었다. 새로운 대중은 인터넷과 여론을 통해 정책을 바꾸기 시작했다.

#장면2

수영선수 박태환의 무죄를 입증할 병원에서의 녹음 자료(결정적 증거)가 언론을 통해 공개되었다. 검찰에서 법리적 증거로 사용되기 전에 여론의 재판에 먼저 등장한 것이다. 또한 박태환 측은 국제수영연맹 청문회에 가기 전에 보도자료를 넘으로써 이례적으로 먼저 이 사건을 공개했다. 국내의 무죄 여론 유도를 우선 고려한 것이다.

#장면3

조현아 전 부사장의 동생 조현민 전무가 언니에게 보낸 "복수하겠어." 문자가 공개되었다. 결정적 국면이었다. 수사 중 취득한 결과물이 언론에 대서특필됐고 조현아 일가는 집단적 분노의 대상이 되었다. 이러한 극적 순간은 우연적 사고라고 하기에는 타이밍이 특별했다. 표적을 향해 들끓는 여론이 형성되었고 검찰 수사의 흐름은 더욱 강화되었다. 수사와 재판 역시 여론과 연결된 과정이다.

#장면4

시진핑의 부패척결 방식이 한국 언론에서도 화제가 되었다. 먼저 범죄 사실에 해당하는 소문을 유포하고, 주변 인물의 비리를 드러내 공격하고, 언론보도를 통해 구체적 부패 사실을 공개, 전격 체포한다. 그리고 다시 행실 문제를 거론하며 사회적으로 낙인찍어 매장한다는 공식이다. 사전 사후의 여론 작업이 재판을 결정한다.

#장면5

세탁기 사건으로 삼성전자와 다툼이 있던 LG전자는 검찰의 기소가 결정되자 논란이 된 행사장의 CCTV를 전격 공개했다. 법정에서 이기기 위해서라도 여론에서 이겨야 하는 상황을 인식한 것이다. 전통 언론에서는 삼성의 막강한 힘에 밀린다 해도 온라인과 소셜미디어에서는 우호적 여론을 형성할 수 있다고 본 것이다. 전에는 재판이 시작되면 오히려 논란의 요소를 거두고 법리 다툼에 주력했다. 검사와 판사의 심기를 건드리면 재판에 불리하다고 판단했기 때문이다. 때로 여론 전쟁이 법정전략에 우선한다.

#장면6

제2롯데월드 안전 문제로 심각한 위기를 겪고 있는 롯데그룹은 안전관리위원회를 만들고 시공기술 발표회를 열어 지반 설계를 담당한 회사의 부사장이 안전하다는 발표를 한다. 안에서 바깥 바라보기를 하고 있는 것이다. 바깥에서 안 바라보기, 고객과 대중의 인식에서 문제 살피기는 진행하지 않는다. 제3자(검증 협력자)에 의한 객관적이고 투명한 검증과 대안은 제시되지 않고 그룹 회장의 강력한 드라이브만 등장한다. 여론은 흔들림 없이 롯데그룹에 비판적이다. 안에서 안을 보면 바깥 사람은 공감하지 않는다.

#장면7

마크 리퍼트 주한 미국대사가 대중에 노출되는 일정은 철저하게 한국사회에 맞춰져 있다. 영화 〈국제시장〉이 뜨면 '꽃분이네'를 방문하고, 한국을 방문한 미국무부 부장관과는 삼계탕을 먹고, 장모와는 치맥을 먹는다. 한국에서 출산한 아이에게는 사주를 본 다음 미들네임에 '세준'이라는 한국식 이름을 넣어준다. 그는 한국과 대화하고 있다. 한국사회의 인식 안으로 들어와 관계를 맺는 공공외교Public Diplomacy를 실현하고 있는 것이다. 새로운 대중전략은 상대방 안으로 들어가 상대방의 인식 안에서 관계를 맺는다.

#장면8

어느 포털사이트에 〈국민사형투표〉라는 웹툰이 등장했다. 법과 제도의 범주에서 공권력이 제대로 된 역할을 수행하지 못하자 불특정다수의 힘으로 작동하는 여론재판소를 만들어 익명의 사람들이 죄라고 판단하면 단죄를 실행한다는 내용이다.

#장면9

내부 평판의 위기를 처음 접한 관리부서 직원들은 우선 회사에 관한 직설적 이야기가 나오는 블라인드 앱을 열심히 지켜보기 시작한다. 하나는 다른 사람이 무슨 이야기를 하는지 보려는 욕구에서이고 다른 하나는 정보를 얻어 감시하고 통제하려는 의도에서다. 긍정적인 내부 평판을 얻기 위한 방법은 칸막이와 층계를 없애 수평적 협력과 소통, 그리고 디지털 기반의 스마트 워킹을 실현하는 데 있음을 알지 못하는 것이다.

'평판사회'라는 말이 떠오른 것은 땅콩회항 이후 이 책을 준비하기 위해 집필진들과 에이케이스 컨설턴트들이 모인 첫 자리였다. 잘못된 위기관리에서 논의가 시작되었지만 주제는 '여론전략'과 '평판사회'로 모아졌다. 스마트폰과 인터넷으로 확장된 과잉연결 시대에, 개인과 사회는 기업을 향해 새로운 의미의 사회적 명분, 사회적 가치, 사회적 관계를 요구한다는 것이다.

이제, 제품과 서비스 외의 영역에서 발생하는 공중의 여론, 대중의 평판이 기업의 전략 안으로 들어와야 하는 시점이 왔다. 재무와 마케팅 부서들이 사회적 여론의 데이터를 확실하게 받아들여 더 넓은 비즈니스의 영역을 통합적으로 이해해야 한다. 기업의 중요한 자산을 지키고 구축하기 위해 새로운 전략이 필요한 때이다. 우리는 평판사회를 살고 있다.

땅콩회항 사건, 위기관리 시장의 쇼크가 되다

2014년 12월, '조현아 쇼크' '대한항공 임팩트'라고도 불리는 땅콩회항 사건이 발생했다. 우리는 2014년의 끝과 2015년의 시작을 '평판사회' '여론전략' '위기전략'이라는 과제와 함께했다. 기업 내부의 홍보팀이나 전략팀이 상신했으나 오너 단계에서 무시되어온 위기 사전대응 프로젝트들이 땅콩회항 사건을 기점으로 다시 부활했다. 기업의 오너들은 위기감을 공유했고 새로운 인식을 확산했다. 동일한 프로젝트가 이번에는 위에서 아래로 주문되었다. 땅콩회항을 계기로, 위기관리 혹은 평판관리라는 시장을 기업의 최고

경영진이 현실로 수용하기 시작한 것이다.

사실 땅콩회항 사건이 발발하기 전에 이미 공공 영역의 평판 관리와 위기전략은 새로운 영역에 도달해 있었다. 법무법인들은 대중 여론을 파악하는 연구소를 두기 시작했고 위기관리팀을 내부에 작동시켰으며 홍보대행사와 협업했다. 나아가 송무 대응을 넘어 적극적으로 법을 바꾸고 만드는 입법팀을 가동했다. 세계적 회계법인들도 소셜데이터 회사를 인수했고 재무와 회계를 넘는 위기관리 프로그램을 내놓았다. 컨설팅 회사들은 위기관리와 접점을 모색하기 시작했고, 광고회사는 평판관리를 담당하는 센터를 세웠다. 홍보대행사들은 PR Public Relations의 본래 뜻을 강조하며 위기관리와 대관업무를 주요 업무에 추가했다. 언론사들은 위기와 평판의 시장을 광고와 협찬으로 연결했다. 국회 보좌관 출신들은 로비와 정책업무 사이에 공공업무 컨설팅 회사를 내놓았다. 더욱 중요한 것은 이러한 변화가 소비자와 고객의 요구로 발생했다는 사실이다.

이 책은 이러한 움직임을 적극적으로 반영하여, 경영전략의 한 부분으로서 위기관리와 평판관리를 다룬다. 오랫동안 한국 대기업의 이면을 들여다본 김용준 기자는 이번 사건의 본질이며 핵심인 '오너리스크'를 맡았다. 정치전략과 기업전략 컨설팅을 하는 김윤재 미국 변호사는 여론이 작동하는 기업의 위기를 정치캠페인이라는 프리즘을 통해 새롭게 분석했다. 위기관리 컨설팅 경험을 바탕으로 리더십과 조직문화 코칭을 하고 있는 김호 대표는 위기관리의 과정을 면밀히 추적했다. 기업 커뮤니케이션에 주력해온 김봉수 대표는 위기관리와의 상관관계에서 마케팅 및 브랜드 전략을 조망했다. 위기전략과 전략 커뮤니케이션 컨설팅을 하는 유민영 대표는 평판사회의 위기전략을 살폈다. 김재은 에이케이스 커뮤니케이션 컨설턴트, 김정현 변호사, 박지윤 에이케이스 리서처는 땅콩회항 사건 케이스 연구 〈땅콩회항의 24개 국면들〉을 통해 필자들의 글을 견고하게 뒷받침했다. 필자들과의 개인적 인연으로 법률 감수를 해주신 조광희 변호사님께도 감사드린다.

기업에 위기관리란 사람들의 신뢰를 얻었는가, 배신했는가의 문제다. 또 '무엇이 발생했는가 What happened'보다는 발생한 사건에 대해 '무엇을 하는가 What to do with what happened'에 관한 것이다. 이 책은 기업과 CEO가 위기를 대비하고, 위기를 확인하며, 위기를 관리하는 일에 관한 것이다.

2014년 12월 5일 현지시각 오후 5시쯤 뉴욕 JFK공항에서 인천공항으로 출발 예정이던 대한항공 KE086 항공기가 활주로로 이동 중 갑자기 멈추고 탑승구로 되돌아왔다. 247명의 승객을 태우고 있던 이 비행기는 박창진 사무장을 내려놓은 뒤 예정보다 24분 늦게 이륙했다.

이 좌표축에서 시작해보자.

2015년 4월
김봉수 김용준 김윤재 김호 유민영

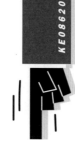

KE0862014105

1장

1997년부터 〈한국경제신문〉에서 기자생활을 했다. 기획예산처, 금융
위원회, 국세청, 보건복지부 등 경제부처와 삼성, 현대, LG, 대우 등 대
기업을 주로 취재했다. 증권부, 국제부 등을 거쳐 지금은 중소기업부
기자로 활동하고 있다. 르노의 삼성자동차 매각, 한화의 대한생명 인수,
두산의 처음처럼 매각 등을 특종 보도했다. 기업문화와 미디어 전략에
관한 강의를 10년째 하고 있다.

김용준

오너리스크

오너리스크,
한국 기업을 위협하다

"항공사의 상속녀가 승무원을 폭행하고 비행기를 거꾸로 돌렸다."

12월 8일 아침, 〈한겨레〉와 〈세계일보〉에 똑같은 기사가 나란히 실렸다. 많은 사람이 대수롭지 않게 여겼다. 잊을 만하면 터지는 재벌가 자녀의 철없는 실수라고. 하지만 이번 사건은 뭔가 다른 느낌이 들었다. 20년 가까이 기업과 기업을 둘러싼 사회환경, 기업을 지배하는 문화를 취재해온 기자로서, 사건의 특징을 찾아내 의미를 부여하려는 직업의식이 발동했다. 사건의 구조, 일이 벌어진 시점과 사회 분위기, 대한한공의 기업문화 등이 머릿속에서 복잡하게 뒤엉켰다. 생각이 사건 속으로 들어가면 들어갈수록 뭔가 다르다는 느낌은 확신으로 변해갔다. 뭔가 큰일이 터졌다는.

폭발력 있는 완벽한 스토리

우선 사건의 구조가 범상치 않았다. 세상을 떠들썩하게 만들었던 다른 사건들처럼 인명피해가 있는 것도 아니고, 재난 같은 국민적 관심사도 아니었다. 평소 국민적 관심을 끌던 분야도 아니었다. 하지만 사건 자체가 폭발력 있는 완벽한 스토리 구조를 갖추고 있었다. 즉, 히스 형제가 말하는 강력한 메시지의 여섯 가지 요소를 모두 갖추고 있었다.

단순하고simple
예외적이며unexpected
구체적이고concrete
신뢰할 만하고credible
감성적인emotional
스토리story

이 여섯 가지는 스탠퍼드대 경영대학원 교수 칩 히스Chip Heath와 듀크 기업교육원 컨설턴트 댄 히스Dan Heath가 공저《스틱Stick》에서 강력한 메시지가 가져야 할 요소로 꼽은 것이다. 그들이 말하는 강력한 메시지란 "시간이 흘러도 사람의 뇌리에 꽂혀 강력한 힘을 발휘하는" 것이다.

"항공사 상속녀가 비행기를 거꾸로 돌렸다." 대한항공 땅콩회항의 스토리는 단순하다. 비행기를 거꾸로 돌린 것과 그 원인이 땅콩이라는 것은 예외적이었으며, 이 정황은 구체적으로 전달됐다. 또 기사는 두 개 신문에 나란히 실렸다. 한 신문사가 특종을 했다고 하면 사실인 경우도 있고 아닌 경우도 있지만 두 개 신문의 게재는 그 자체로 사실이 아닐 가능성을 낮춘다. 이렇게 신뢰성이란 조건도 통과했다.

때는 아직 많은 사람이 기내에서 끓여주는 라면이 맛없다고 대기업 임원이 난동을 부린 사건을 선명히 기억하는 시기였다. 또, 한국사회에서 몇 년간 화두가 되고 있는 갑을관계와 감정노동이란 단어가 사람들의 정서를 자극할 가능성이 높다는 점에서 감성적이다. 한국사회는 이런 사건에 공감하고 분노할 준비가 되어 있었다.

이런 요소들이 완벽하게 맞아떨어져 땅콩회항 사건은 하나의 완벽한 메시지이자 스토리가 되었다. 각인된 완벽한 스토리는 더 빨리, 더 깊숙이 퍼져나간다. 폭발성이 크면 클수록 이를 잠재우기 위해 더 강도 높은 대응이 뒤따라야 한다.

산업 담당 기자로서 내가 주목한 것은 이 대목이었다. 대한항공이라는 회사와 그 회사의 조직문화는 이 사태를 과연 수습할 수 있을까? 대한항공을 취재하면서 내가 느꼈던 무거운 회사 분위기, 세간에 소문으로 퍼져 있던 오너 일가의 거센 입김, 언론을 대하는 태도 등을 생각하면 의구심이 더 커졌다.

물론, 두 신문사에 이 사건이 보도된 12월 8일 저녁까지만 해도 해프닝으로 끝날 것이라고 생각하는 사람이 많았다. 이 기사를 최초로 기사화한 〈한겨레〉 김미영 기자도 "기사를 쓰면서도 사건이 이렇게 커질 줄은 몰랐다."고 말했다. 하지만 우려가 현실이 되는 데까지는 채 하루가 걸리지 않았다.

12월 8일 대한항공에서 온 이메일

12월 8일 밤 9시 24분, 대한항공은 출입기자들에게 한 통의 메일을 보냈다. 대한항공의 첫 번째 공식 반응이었다. 메일은 "대한항공 뉴욕발 인천행 항공기 승무원 하기 관련 입장자료 보내드립니다." 로 시작했다. 이 메일을 읽으면서 뭔가 잘못되고 있다는 생각이 들었다. 사과문이 아니기 때문만은 아니었다. 기업이 위기에 처했을 때 취하는 첫 대응이 흔히 생각하는 것보다 훨씬 많은 것을 함축하고 있다는 점을 알기 때문이었다.

사건이 확대될 것이라는 예감의 이면에는 학습효과가 존재한다. 한국사회는 외환위기 이후 수많은 기업의 위기를 지켜보았다. 1997년 외환위기 직후 대우그룹 사태, 2000년대 현대그룹 왕자의 난, 회장의 감옥행으로 이어진 SK 분식회계 사건, 두산그룹의 형제의 난 등이 그것이다. 최근에는 금호그룹 형제간 분쟁, 코오롱의 리조트 붕괴 사건 등이 있었다. 이런 과정을 거치며 한국 기업들의 위기관리 방식도 진화했고, 국민들의 기대치도 높아졌다. 대략 기업의 위기관리는 "철저히 책임지고, 애매한 표현을 사용하지 않고, 철저히 사죄하고, 할 수 있는 일을 즉각 실행해 사태의 주도권을 쥐고, 무엇을 어떻게 할 것인지 분명히 제시해야 한다." 정도의 명제로 정리할 수 있게 되었다.

하지만 대한항공은 이 기대치를 모조리 무시했다. 사과문 아닌 사과문은 여론을 자극하기에 부족함이 없었다. 단순히 사과를 잘못한 수준이 아니라 사태를 더 키우는 계기를 제공했다. 무엇이 사태를 이렇게 몰고 갔을까? 12월 8일 나는 '통제할 수 없는 권력'이 이 사건의 핵심단어일지도 모른다는 생각에 이르렀다.

통제할 수 없는 권력. 한국 기업에서 그 권력은 오너다. 땅콩회항은 오너가 문제를 일으키고, 오너가 사태 수습을 더욱 어렵게 만드는 이중의 오너리스크Owner Risk, 즉 오너의 잘못된 판단이나 불법행위가 기업에 해를 입히는 현상의 전형적인 예라고 할 수 있다.

이후 사태는 예상대로 흘러갔다. 허위 경위서 작성을 지시하고 박창진 사무장의 국토건설부 조사에 동석한 여 상무의 행보에서도 알 수 있듯, 땅콩회항 사건이 언론에 보도된 뒤 대한항공 실무자들은 수습책 마련을 위해 분주히 움직였을 것이다. 초기 실무진의 의견은 제대로 사과하고, 서둘러 사태를 수습하는 방향으로 모아졌다는 이야기도 들린다. 그러나 실무진의 모든 합리적인 판단과 정상적이고 현실적인 수습책을 뒤집을 수 있는 게 오너이다.

조 전 부사장은 8일 저녁 여 상무에게 조사 상황 보고를 받은 뒤 "내가 뭘 잘못했느냐, 매뉴얼을 제대로 숙지하지 못해 내리게 한 게

뭐가 문제냐. 오히려 사무장이 (나에게) 사과해야 하는 것 아니냐."
는 취지로 꾸짖는 등 '지시성 질책'을 수차례 한 것으로 드러났다.

〈연합뉴스〉 2015년 1월 7일 보도

분노한 조현아 부사장 앞에서 "그래도 사과하시고, 성난 국민들의
마음을 달래야 합니다. 그게 진짜 사는 길입니다."라고 말할 수 있
는 사람은 없었을 것으로 보는 편이 타당하다. 당연한 일이다. 조현
아는 한진그룹의 후계자 중 한 명이었다. 그는 지주회사인 한진칼
지분을 2퍼센트만 갖고 있었지만 오너의 딸이었다.
    한국 기업사에서 가장 극적인 오너리스크로 기억될 이번 사건
은 그렇게 모습을 드러냈다.

한국의 기업적 특성, 오너리스크

가끔 힐튼호텔의 상속자 패리스 힐튼이 벌이는 기행이 외신을 통
해 들어온다. 일반인이나 전문가 모두 그의 행동을 대수롭지 않게
받아들인다. 그가 벌이는 기행을 힐튼이라는 세계적 호텔체인의
경영 문제로 연결시키는 사람은 없다. 패리스 힐튼이 상속자이지
만 힐튼호텔 경영에는 관여하지 않기 때문이다. 그는 단지 연예인
과 비슷한 존재일 뿐이다.
    이는 힐튼의 지배구조와 관련된 문제다. 소유와 경영이 분리
된 상태에서 상속자 개인의 평판과 기업의 평판은 크게 관련이 없

다. 영미권에서 오너리스크란 말을 거의 쓰지 않는 것은 이런 기업 지배구조의 특성 때문이다.

소유와 경영이 분리된 영미권에서는 오너리스크가 아니라 대리인 문제Agency Problem가 가끔 발생한다. 주주로부터 권리를 위임받은 전문경영인이 주주의 이익보다 자신의 이익을 위해 기업의 자금과 인력 등을 자의적으로 사용하는 경우를 말한다.

대리인이 대리인으로서의 책임을 제대로 이행하지 않는 것을 말하는 이 단어는 1970년대 중반 미국에서 처음 등장했다. 경영자가 자신의 욕망을 채우기 위해 대규모 인수합병을 하거나, 조직 내에서 경쟁자들을 제거하고, 사적 이익을 추구하는 조직을 만드는 경우 등이 있다. 이런 문제가 발생하는 것을 막기 위해 미국에서 이사회의 기능이 강화된 것은 필연적인 과정이었다.

반면 한국에서는 대리인 문제가 발생할 가능성이 별로 없다. 오너들이 직접 경영을 하거나, 전문경영인 인사권을 이사회가 아닌 오너들이 쥐고 있기 때문이다. 미국에서는 이사회가 최고경영자를 해고했다는 뉴스가 나오지만, 한국에서는 '회장님'이 '사장'을 해고한다.

이런 면에서 오너리스크는 소유와 경영이 기업 오너에게 집중된 한국적 상황에서 더 많이 쓰일 수밖에 없는 용어다. 인사와 사업전략에서 조직문화까지 모든 권력을 틀어쥔 오너. 오너리스크는 그들의 독단적인 의사결정이나 파행이 기업에 직접적인 피해를 입힐 가능성을 일컫는 용어가 됐다.

한국사회에서 오너가 무소불위의 권력을 갖게 된 원인을 상세히 분석하는 것은 이 책의 방향과는 거리가 있다. 다만 오너리스크의 이해를 돕는 수준에서 몇 가지 언급할 사항이 있다. 결론적으로 오너리스크는 압축성장과 짧은 자본주의의 역사, 유교적 전통과 가족주의 등이 얽힌 결과다.

영미권 국가의 자본주의 역사는 수백 년에 이른다. 이 과정에서 수많은 기업이 흥망성쇠를 반복했다. 주인이 바뀌기도 했고, 창업자 집안은 지분만 소유하고 경영은 하지 않는 기업이 생겨났다. 자본주의가 발전하면서 경쟁은 더 치열해졌고, 몇 대를 이어온 오너 집안에서 이 경쟁에서 승리할 탁월한 경영자가 나올 확률은 그다지 높지 않았다. 가족기업이 많은 유럽에서도 3대째로 내려가면 기업의 생존 확률이 현저히 떨어진다는 통계가 나와 있다.

한편 미국에서는 거대기업의 탄생에 이어 1890년대부터 1900년대 초까지 셔먼법, 클레이튼법 등 반독점 법안이 만들어졌다. 이 법에 따라 스탠더드오일, 아메리칸타바코 등의 회사가 분할되기에 이른다. 수십 년 뒤에도 뒤퐁, 벨 등이 별도의 회사로 분할됐다. 기업에 미치는 국가권력이 그만큼 강력했다는 방증이다.

압축성장과 유교적 가치관

자본시장의 성숙과 인수합병에서 그 원인을 찾는 학자들도 있다. 조윤제 서강대 국제대학원 교수는《한국의 권력구조와 경제정책》에서 "미국에서는 장기 시설투자에 은행이 대출을 해주지 않는다.

투자자금을 자본시장(주식시장)에서 조달하기 위해서는 오너 일가가 지분을 내놓을 수밖에 없었다."고 말한다. 수차례 증자를 하다 보니 오너의 지분이 줄어들게 됐다는 것이다.

반면 한국 자본주의 역사는 짧다. 대우 등 일부 대기업은 주인이 바뀌었지만 삼성, LG, SK, 현대자동차 등의 그룹 오너들은 여전히 최대주주의 자리를 유지하고 있다. 압축성장은 투명한 지배구조보다는 오너가 결단하고 그룹 전체가 일사분란하게 움직이는 체제를 필요로 했다. 이사회에서 깐깐한 이사들을 일일이 설득할 여유가 없었다. 또 한국의 은행들은 장기 시설투자를 위해 대규모 융자를 해줬다. 오너들은 시장에 지분을 내놓지 않고도 투자금을 마련할 수 있었다. 오너들이 여전히 높은 지분율을 유지하고 있는 이유다.

압축성장의 시대가 가고 사회적으로 대기업을 견제해야 할 필요성이 높아진 것은 대략 1990년대 이후다. 그러나 이 시기 한국에서는 민주화 바람을 타고 국가권력이 분산된다. 재벌의 힘은 더 커졌지만 미국의 반독점법처럼 강력한 법적, 제도적 견제장치를 만들 힘이 국가에는 없었다. 재벌이 계열사 수를 계속 늘릴 수 있었던 시대적 배경이다. 외환위기를 틈타 재벌의 지배구조를 투명화하기 위한 각종 입법이 진행된 것이 전부였다.

유교적 전통은 강력한 오너 체제를 뒷받침했다. 가부장주의가 기업에도 그대로 옮겨왔다. 그룹 회장은 가정에서 아버지가 가진 것과 유사한 힘을 지니고 있었다. 독일인으로 고려대에서 한국 기업의 경영을 연구한 마틴 햄메어트Martin Hemmert 교수는《타이거 매니지먼트Tiger Management》라는 책에서 "유교적 전통은 가족 중심의 경영을 통해 경영권을 세습하는 데까지 영향을 미쳤다."고 분석했다.

'황제경영'이라고 불릴 만큼 강력했던 오너의 힘은 경제발전의 원동력이기도 했지만 그들이 판단을 잘못하면 그룹 전체가 흔들릴 수 있는 리스크를 포함했다. 실제 진로그룹, 동아건설 등은 오너의 잘못된 판단으로 그룹이 공중분해되는 운명을 맞기도 했다.

그러나 이럴 때에도 오너리스크란 용어는 등장하지 않았다. 이 단어가 일반명사가 된 것은 2000년대 중반 두산그룹의 일명 '형제의 난' 때였다. 예를 든 바와 같이, 이전에도 오너들 간 분쟁은 있었다. 오너들의 파행이 기업 평판에 악영향을 준 경우도 부지기수였다. 하지만 오너리스크라고 표현하지 않았다.

새로운 조어의 탄생 또는 일반화는 한 사회의 단면을 보여준다. 2000년대 중반의 사회적 단면에 접근하기 위해 이전 세대 이야기부터 해보자. 핵심단어는 '사회적 검증'이다.

마틴 햄메어트 교수의 말을 조금 더 들어보자.

현대의 창업자 정주영은 1960년대 말 경부고속도로를 건설할 때 건설현장에서 밤낮으로 일하며 가끔 낡은 지프에서 잠을 청했다. 이런 태도는 많은 임직원에게 본보기가 되기에 충분했다. 김우중 전 대우 회장은 항상 100시간 동안 일했고, 창업 이후 20년 동안 하루도 쉬지 않았다. 한 번의 예외가 있었는데 그날은 딸의 결혼식에 참석하던 날 아침이었다.

햄메어트 교수는 한국의 기업가들이 카리스마적 리더십을 갖게 된 이유를 영감을 불어넣는 메시지, 롤모델로서의 지위, 직원들과 긴 시간 함께 일하는 노력, 한국인들의 유교적 직업윤리 등으로 정리했다. 한국 산업화 1세대들에게 오너란 단어에는 리스크가 아닌 리더 또는 보스, 가장이란 함의가 들어 있었다는 이야기다.

이들이 약간의, 아니 상당한 문제를 일으켜도 직원들과 여론은 이를 실책으로 보고 눈감아줬다. 실정법을 위반해 감옥에 가기 전까지는 경영권을 그대로 유지했고, 감옥에 가서 옥중경영을 하기도 했다. 이를 전근대적 기업 시스템이라고 비판하는 사람도 있다. 맞는 이야기다. 하지만 아무리 후진적 시스템을 갖고 있더라도 직원들과 여론이 인정하지 않으면 권한을 그대로 유지하는 것은 불가능했을 것이다.

사회적 검증, 재벌 3세대의 첫 번째 키워드

2세대는 어땠을까? 현대자동차 회장 정몽구와 삼성 회장 이건희를 보자. 시차는 있지만 이들은 형제들과 화해할 수 없는 극렬한 분쟁을 거쳐 그룹 총수 자리에 올랐다. 특히 이건희는 온갖 루머에 시달렸고, 자동차사업 진출이라는 심각한 실패의 장본인이라는 말을 들어야 했다. 외신과 증권사 애널리스트들은 2000년대 초반까지만 해도 "한국 재벌기업의 불투명한 의사결정 구조가 기업의 리스크가 되고 있다."는 평가를 내놓았다. 하지만 오너리스크라는 말은 나오지 않았다. 그들은 '사회적 검증'을 통과했기 때문이다.

정몽구는 수십 년간 현대정공(현 현대모비스)에서 직원들과 함께 부품을 만들며 뒹굴었다. 2000년대 초 현대자동차 경영권을 장악한 후 글로벌 5위권 안에 드는 기업으로 성장시키기 위해 연일 현장을 누볐다. 이건희는 삼성을 개혁함으로써 세계 전자산업의 패권을 일본에서 한국으로 옮겨온 주인공이 됐다. 1993년 신경영, 외환위기 이후 구조조정, 휴대전화 시장에서의 약진, TV시장의 세계 제패 등 삼성의 역사 곳곳에는 이건희의 흔적이 남아 있다.

총수가 되기 전의 상황은 어땠을까? 이들은 엄격한 창업 1세대 밑에서 수십 년간 경영수업을 쌓았다. 많은 직원이 이를 지켜보았다. 1988년 삼성 회장이 된 이건희는 "17년간 아버지와 장인으로부터 경영수업만 받았다."고 말할 정도로 많은 경험을 쌓았다. 반도체사업 진출같이 기업의 운명을 바꿀 결단을 해나갔다. 정몽구도 아버지 정주영을 대신해 옥살이를 할 정도로 기업을 위해 자신을 내던졌다. 총수에 오르기 전 이들은 모두 치열한 경영 현장에서 살아남았다는 공통점을 갖고 있다.

설령 이들이 어떤 문제를 일으켰다 해도, 사회는 이를 일종의 부작용 정도로 인식했지, 정통성 자체를 부정하는 근거로 삼지는 못했다. 오너는 한국사회에서 이중적 함의를 갖고 있었기 때문이다. 한편에서는 황제에 가까운 권력을 휘두르는 전근대적 지배구조의 정점이자 상징이었지만, 다른 한편에서는 경제 전쟁의 최전선에서 한국의 가난을 극복해낸 리더이자 보스였다.

2005년으로 거슬러 올라가보자. 이때까지 두산의 전통은 형제 경영이었다. 두산그룹 초대 회장 박두병의 자식 다섯 명이 돌아가며 회장직을 맡아 그룹을 경영했다. 하지만 2005년 문제가 발생한다. 두산 일가가 박용곤, 박용오에 이어 박용성과 박용만으로 경영권을 승계하기로 결정하자, 현직에서 물러나야 하는 박용오가 반발했다. 2005년 7월 21일 발생한 두산가 '형제의 난'이다. 위기감을 느낀 박용오는 박용성, 박용만이 비자금을 조성했다고 검찰에 고발했다. 형제 경영의 전통이 깨지는 순간이었다.

두산 오너 일가는 가족회의를 열어 박용오를 모든 직위에서 끌어내렸다. 이후 두산의 주가는 급락했고, 검찰은 비자금 수사를 시작했다. 그리고 오너리스크란 말이 한국 재계의 주요 이슈로 부상했다.

두산 형제의 난은 이전에 일어났던 재벌가 경영권 분쟁과 다른 점이 하나 있었다. 박용오의 아들이 연관되어 있었다는 것이다. 당시 두산그룹 측은 이 사건에 관해 "박용오 회장의 아들 박경원 전신전자 부회장이 지난해 말부터 두산산업개발을 인수하기 위해 주식을 매집했다는 증거를 포착했다."고 설명했다. 또한 장남 박용곤의 아들이 두산 사장으로 임명되자 모든 것을 잃을 수 있다는 위기감을 가졌을 수 있다. 이 분쟁은 2013년 박용오가 자살하는 비극으로 막을 내렸다.

2000년대 중반 두산은 오너 일가의 3세가 경영무대에 등장하는 시기였다. 과거와 달리, 3세가 경영권 분쟁의 당사자로 부상한 것이다. 박용오 회장은 경영 3세대인 아들들이 자리를 잃을까 봐 형제의 난을 일으켰던 것일까? 그러나 사회는 그 아들들이 어떤 사

람인지 알지 못한다. 3세들은 아버지 세대와 달리 사회적 검증을
거치지 않았다. 경영 승계를 위한 교육을 받았지만 그 시간은 일천
했다. 직원들로부터, 사회로부터 인정받을 만한 기록을 남기지 못
했다.

경영권과 재산권을 둘러싼 치열한 경쟁

사회적 검증을 밟지 않은 상속자들의 부상에 사회는 불신의 눈길
을 보내기 시작했고 그 시기가 2000년대 중반이다. 이는 세대 개
념으로 봐도 마찬가지다. 한국의 재벌기업들은 대부분 1930년 후
반부터 1940년대에 설립됐거나 골격을 갖추기 시작했다. 그로부
터 60~70년이 흘러 3세로 상속이 본격화되기 시작한 것이 2000
년대 중반이다.

2세들의 경영권 상속까지는 1세들의 가부장적 카리스마가 영
향을 미쳤다. 이 영향이 미치지 않은 경우에도 2세들은 어떻게 해
서든 사회적 검증을 확보했다. 이를 통해 권력의 정점에 올랐다. 그
러나 3세들은 다르다. 사회적 검증도 거치지 않았고, 2세들의 카리
스마도 과거처럼 통용되지 않았다. 게다가 이들은 윗세대에 순응
해야 하는 유교적 가치관으로부터도 자유로운 세대다. 남녀를 불
문하고 경쟁의 전선으로 뛰쳐나온 것도 과거와 다른 점이다. 경영
권과 지분 상속을 둘러싼 경쟁이 더욱 치열해졌다고 할 수 있다.
이는 기업에 오너리스크를 가중시키는 또 다른 요인으로 작용할

수 있다.

시장은 감각적으로 이들의 재산분배 과정에서 발생하게 될 갈등을 위기이자 리스크로 인식하기 시작했다. 승계란 필히 주식의 배분을 둘러싼 갈등을 수반하기 때문이다. 2세들 사이에서 이런 문제가 발생했을 땐 카리스마를 갖춘 창업주가 해결사가 되어 정리했다. 하지만 이제 창업주들은 저세상 사람이 되었다.

한국사회에서 오너리스크는 이처럼 재산과 경영권 상속을 둘러싼 분쟁이 불가피한 시대적 배경을 반영하는 측면이 있다. 두산으로 시작해 효성, 태광, 금호 등이 비슷한 과정을 거쳤다. SK도 넓게 보면 상속의 문제다. 경영권은 상속했지만 낮은 지분율에 불안을 느낀 SK 최태원 회장이 지분 인수자금을 마련하기 위해 도박과도 같은 거래에 뛰어들었기 때문이다.

대한항공 땅콩회항 사건은 이런 시대적 배경과 정확히 맞아떨어진다. 상속, 사회적 검증, 미디어 환경 등이 모두 그렇다. 구체적으로 살펴보자.

이케아, 구찌, 안호이저부시……
가족경영의 빛과 그림자

대한항공 조양호 회장의 자녀는 세 명이다. 이들이 향후 어떤 계열사를 맡아 경영하고 상속받게 될지 공식적으로 정해진 것은 없다. 대한항공을 중심으로 한 한진그룹의 지주회사 한진칼의 지분은 조양호가 15.4퍼센트, 자녀 세 명은 각각 2.4퍼센트씩 보유하고 있다.

내부적으로는 대한항공은 아들 조원태, 진에어는 조현민, 호텔 사업은 조현아에게 맡길 것이란 관측이 일반적이었다. 조현아가 경복궁 앞 호텔건축 사업에 공을 들인 것도 그 같은 이유에서다. 하지만 이 구도가 확정된 것은 아니다. 분쟁의 여지는 여전히 남아 있고, 경영 능력을 보여줘야 하는 과제도 떨어져 있다. 결국 경쟁에서 살아남기 위해 이들은 무언가 보여줘야 한다. 물론 당사자들에게는 압박이다. 상속과 배분에 관한 압박은 조현아를 지배하는 키워드 가운데 하나였을 것이다.

조현아가 비행기에서 보여준 모습은 두 가지로 해석할 수 있다. 우선 객실 담당 임원으로 더 완벽함을 추구하기 위한 것이었다. 이는 대한한공이 사건이 진행된 기간 내내 주장한 것이기도 하다. 또 다른 해석은 대한항공 상속에 관한 불만의 폭발이라는 것이다. 대한항공이 남동생 조원태에게 돌아갈 것에 대한 잠재적 불만이 승무원들에게 폭력적 대우의 형태로 나타났다는 것이다.

사회적 검증은 계속 강조한 대로다. 그는 어떤 사회적 검증도 받지 않았다. 그래서 여론은 그의 갑질에 뭇매를 가했다. 그가 취한 행동에 연민이나 이해는 찾아볼 수 없었다. 등돌린 직원, 날선 여론은 그를 구속으로까지 몰고 간 결정적 원인으로 작용했다.

여론 재판과 사회적 양극화

실제 검찰이 이를 활용했는지는 알 수 없다. 하지만 조사 과정에서 흘러나온 각종 정보를 종합해보면 검찰이 검증받지 않은 권력에 여론 재판을 유도한 측면이 있다는 말도 설득력 있게 다가온다.

미디어 환경도 오너리스크를 설명하는 데 중요한 역할을 한다. 과거라면 루머 수준에 그쳤을 내용이 네티즌 검증을 통해 사실로 드러나는 경우가 다반사다. 언론도 통제되지 않는다. 몇몇 언론에 기사로 나오는 것은 막을 수 있어도, 무수한 인터넷매체를 통해 오너와 관련된 소식이 빛의 속도로 전파되는 것은 막을 도리가 없다. 이런 미디어 환경은 오너들의 일거수일투족에 높은 뉴스밸류를 부여한다. 한마디로 평판시장이 발달한 것이 오너리스크의 부상을 설명할 한 축을 형성한다.

시대적 배경으로 하나를 더 추가하면 2005년 이후 한국사회의 가장 큰 화두는 양극화였다는 점이다. 양극화는 사회뿐 아니라 기업의 세계에서도 진행됐다. 대기업은 더 커지고 중소기업의 위상은 더 추락했다. 이는 국민들의 의식에 영향을 미친다. 대기업 문제를 더 이상 순수한 기업의 문제로 바라보지 않기 시작했다는 의미다. 대중은 대기업의 문제가 곧 국가 전체의 문제로 이어질 수 있다는 가능성을 염려한다. 서강대 국제경영대학원 조윤제 교수는 이렇게 말했다. "재벌 문제는 단순한 시장의 집중도와 공정 경쟁 질서의 문제를 넘어 이미 우리 사회에서 정치적 문제로 발전해 있다. 또 재벌이 한국에서 단순한 기업조직의 범위를 넘어 정치적 사회적 조직의 범주로 들어섰다는 것을 뜻한다." 이런 시선은 기업과 오너에게는 더욱 큰 리스크로 작용한다. 정도를 벗어난 행동쯤으로 취급받을 만한 일들이 사회적 문제로 확대될 가능성이 크기 때문이다.

통계적으로도 3대 경영은 리스크를 동반한다. 버드와이저로 유명한 맥주회사 안호이저부시와 패션기업 구찌 가문도 3대째에서 가족 간 분쟁이 발생해 경영권을 잃고 말았다.

가족기업이 위기에 내몰린 이유

김선화 가족경영연구원 원장은 《100년 기업을 향한 승계전략》이란 책에서 "해외에서도 일반 기업의 평균수명이 15년인 데 비해 가족기업의 평균수명은 24년으로 더 길지만 생존비율은 대를 이어갈수록 떨어진다."고 밝혔다. 가족기업의 30퍼센트가 2세대까지 생존하지만 3세대로 넘어가면 그 비율이 14퍼센트로 떨어진다는 것이다. 그는 4세대로 가면 그 생존비율은 4퍼센트에 불과하다고 덧붙였다.

그 이유를 김 원장은 다섯 가지로 제시했다. 전문가들의 분석을 기초로 한 것이다. 환경과 기술이 변해 기업이 최고의 자리를 유지하지 못하는 것, 상속 증여세 부담으로 사업이 해체될 가능성, 후계자가 리더로서의 능력이 부족하고 준비가 미흡하거나 기업가 정신이 약화됐을 가능성, 세대가 거듭됨에 따라 가족의 수가 늘어 이들 간 갈등이 늘어가는 문제, 마지막으로 세대 간 갈등이다. 김 원장은 "기업환경과 세금 문제는 가족기업의 실패를 20퍼센트밖에 설명하지 못한다. 후계자의 준비 및 능력 부족, 가족 간 갈등, 세대 간 갈등 등이 가족기업 실패의 대부분의 원인으로 작용한다."고 분석했다.

한국에서 3대 승계 과정의 혼선은 변화한 사회적 환경과 기업 세습 자체가 가진 구조적 문제, 3세 경영을 바라보는 사회의 차가운 시선 등이 맞물려 일어나는 현상이라고 할 수 있다. 이런 문제를 극복하기 위해 특별한 제도를 만들어놓은 회사가 이케아IKEA다.

지금도 이케아에서 가장 큰 영향력을 행사하는 사람은 창립자 잉바르 캄프라드Ingvar Kamprad다. 하지만 그는 CEO가 아니다. 이케아 그룹의 모회사인 잉카홀딩스를 소유한 스티칭 잉카라는 재단의 이사장이다. 현재 CEO는 이케아의 오래된 직원 피터 아그네프엘이다. 직전 CEO는 초창기 멤버 마이클 올슨이었다. 캄프라드의 세 아들은 이케아 이사회에 참여할 뿐이다. 이케아의 오늘을 만드는 데 공헌한 인물이 CEO가 되어야 한다는 게 그의 철학이다.

　　캄프라드가 상속, 승계와 관련해 한 유명한 말이 있다.

　　오늘 나는 내 자식들을 신뢰하지만, 내일도 그 아이들을 신뢰할 수 있을지는 알 수 없는 일이다. 캄프라드 가문이 계속되는 것이 아니라 이케아가 계속되어야 한다.

이케아뿐 아니라 스웨덴의 명문가 발렌베리 가문도 독특한 시스템을 갖고 있다. 5대째를 내려오면서도 스웨덴 국민들로부터 존경받고 있는 발렌베리그룹Wallenberg Group에서는 오너 일가도 CEO가 될 수 있다. 하지만 아무나 될 수는 없다. 스스로의 힘으로 명문대를 졸업해야 하고, 유학을 다녀와야 한다. 또 스웨덴의 전통에 따라 해군에 복무해야 하고, 외국계 금융회사에서 근무한 경력이 있어야 한다. 이것으로 끝이 아니다. 발렌베리그룹이 만든 경영 학교에서 쟁쟁한 인재들과 치열한 경쟁을 거쳐야 한다. 이런 엄격한 기준을 통과한 상속자들은 CEO가 되어 회사를 이끈다. 통과하지 못한 상속자들은 이사회에서 이사로 활동한다. 그들이 하는 가장 중요한 업무 중 하나는 유능한 CEO를 발굴하는 것이다. 발렌베리그룹은 사브, ABB, 일렉트로룩스 등 100개 기업의 지분을 보유하고 있다.

1세대, 2세대 경영인들의 오너리스크

1세, 2세들도 오너리스크를 안고 있었다. 성장에의 열망과 가치추구가 때때로 기업을 위기에 몰아넣기도 했다. 그러나 이 과정은 일반적인 기업 경영자들이 안고 있는 리스크의 범주를 벗어나지 않았다. 기업의 운명과 관련된 의사결정이었기 때문에 기업은 더 큰 위기에 빠지기도 했다. 이런 시도를 사회는 매정하게 외면하지 않았다. 여기에 위기에 빠졌다가 재기를 모색하고 있는 두 기업의 사례를 소개한다.

"더 이상은 안 됩니다."
2011년 가을 웅진그룹 계열사 사장들은 윤석금 회장을 찾아갔다. 2010년 인수한 서울저축은행을 살리기 위해 계열사들이 나서라는 지시에 반대하는 뜻을 전달했다. 이들은 돈을 퍼붓다가는 그룹 전체가 위험에 빠질 수 있다고 주장했다. (이들의 주장은 사후 적절한 것으로 판명났다.) 하지만 윤 회장의 뜻은 완강했다.
"우리는 학습지로 시작해 서민들과 직접 대면하면서 사업을 키워왔습니다. 지금 저축은행을 포기하는 것은 그런 서민들의 마음에 상처를 주는 것입니다. 전력을 다해 살려봅시다."라며 뜻을 굽히지 않았다고 한다. 윤 회장은 이어 얼마 전 언론에 실린 에피소드 하나를 들려주었다. "장애인 아들을 둔 아버지가 있었습니다. 아들의 미래를 위해 저축은행에 예금을 했는데 저축은행이 영업정지를 당했지요. 그 아버지가 서울에 와서 예금을 돌려달라고 시위를 하다 사망했습니다. 이런 일은 없도록 해야 하지 않겠습니까?"

사장들은 더 이상 반대할 수 없었다. 그리고 웅진캐피탈 등은 증자를 통해 서울저축은행을 지원했다. 하지만 서울저축은행은 살아나지 못했다. 극동건설과 함께 대표적 부실 계열사가 되어 웅진그룹이 법정관리에 들어가는 결정적 원인을 제공했다. 윤 회장의 판단은 회사를 위기로 몰아넣었다.

2007년 어느 날 금호그룹 수뇌부가 광화문 빌딩에 모였다. 이들은 한 사람 한 사람 종이에 숫자를 써냈다. 대우건설 인수를 위한 입찰에 얼마를 써낼 것인가에 관한 의견을 내는 자리였다.

금호그룹은 이 자리에서 나온 숫자 중 가장 높은 가격을 써냈다. 무려 7조 원에 육박하는 가격이었다. 3조 원이 넘는 현금에, 나머지는 고금리를 보장하고 투자자들로부터 빌린 자금으로 메웠다. 금호그룹 내에서 누구도 안 된다고 말하는 사람이 없었다.

금호그룹 핵심관계자의 말이다. "이듬해가 창사 60주년이 되는 해였습니다. 윗분들은 뭔가 새로운 전기를 마련해야 한다고 생각했습니다. 이를 위해 건설업계 1위였던 대우건설을 인수하겠다는 데 토를 달 사람은 없었습니다." 그가 말한 윗분 중 핵심은 박삼구 회장이다.

박 회장을 비롯한 오너 일가는 그룹이 60년이 됐는데 제대로 1등을 하는 회사가 없다는 게 불만이었다. 아시아나도 항공업계 2등이었고, 금호산업은 건설업계 10위권을 오갔다. 새로운 도약을 하겠다는 욕심에 대우건설을 덜컥 삼켜버렸다. 다음 해 리먼브라더스 사태가 터졌고, 금호그룹은 돈줄이 마르는 유동성 위기에 빠져들었다. 그리고 2012년 회사는 채권단 관리 체제로 넘어갔다.

윤석금과 박삼구는 그룹을 위기로 몰아넣었다는 공통점을 갖고 있다. 오너가 기업 위기의 출발점이 됐다는 점에서 오너리스크라고 부를 수 있다. 동기만 다를 뿐이다. 윤석금은 기업가로서의 철학을 고집했고, 박삼구는 기업을 더 키우겠다는 본질적 욕망에 충실했다. 이처럼 오너리스크의 첫번째 유형 중 하나는 기업가의 본능에 따른 것이라고 할 수 있다. 이건희의 자동차산업 진출도 마찬가지 유형에 속한다.

미국에서도 이런 사례가 무수히 발견된다. 다만 한국과 다른 점은 오너가 아닌 전문경영인 CEO들이 저지른 일이라는 점이다.

기업가, 불확실성에 도전하는 사람들

1983년 미국 기업 퀘이커의 전설적 CEO 윌리엄 스미스버그William Smithburg는 게토레이 브랜드를 2억 2천만 달러에 인수했다. 퀘이커는 공격적인 마케팅에 나섰고, 게토레이의 가치는 30억 달러까지 뛰어올랐다. 스미스버그는 10년 후 또 다른 욕심을 부린다. 과일음료인 스내플 인수에 나선 것. 애널리스트들은 적정가격이 10억 달러라고 평가했지만 그는 18억 달러를 주고 스내플 인수를 밀어붙였다. 이사회도 이 결정에 동의했고 1994년 인수계약을 체결했다. 그러나 과일음료의 제조와 유통은 스포츠음료와 달랐다. 결국 스미스버그는 3년 만에 인수 가격의 6분의 1에 스내플을 매각했고, CEO 자리에서 물러났다.

이 밖에도 기업가의 과도한 욕망에 의해 결정된 인수합병이 기업을 위기로 몰아넣은 사례는 헤아릴 수 없이 많다. 이들에게 손가락질하기 어려운 이유는 기업가의 본능에 따른 행동이었을 뿐 아니라, 그런 비난이 대부분 결과론적 평가일 수밖에 없기 때문이다.

'기업가'라는 단어는 프랑스 경제학자 캉티용 Richard Cantillon이 사용한 안트러프러너 entrepreneur에서 왔다. 그 어원은 라틴어다. '사이에, 안으로'를 뜻하는 inter와 '잡다, 쥐다'를 뜻하는 prendre, 그리고 '사람'을 뜻하는 접미사 'eur'의 합성이다. 영어로는 undertake, 즉 '책임을 지고 어떤 일을 맡다'로 해석된다. 이를 오스트리아의 경제학자 요제프 슘페터 Joseph Schumpeter가 독일어로 'Unternehmer'라고 번역하면서 경제발전을 이룩하는 중요한 동력으로 소개했다.

캉티용이 안트러프러너라는 단어를 처음 사용할 때에는 이미 '정해진 가격으로 구입한 상품을 가격이 불확실한 시장에 내놓는 사람'이라는 의미였다. 즉 캉티용의 안트러프러너는 '불확실성에 도전하는 사람'이었다. 슘페터는 '옛것을 파괴하고 새로운 것을 채택하는 사람'을 안트러프러너라고 했다. 이로써 '불확실성을 감내하면서 새로운 방식의 사업으로 자원을 이동시키는 주체'라는 의미를 완성했다.

불확실성이란 변수를 달고 살며, 어떤 상황에서도 새로운 기회를 찾아 사업을 확대하기 위해 과감히 도전하는 사람을 기업가라고 할 수 있다. 이를 감안하면 사업적 측면의 오너리스크는 한국 기업에는 숙명과도 같은 셈이다.

땅콩회항의 징후는 없었을까

땅콩회항 사건을 보면서 든 또 하나의 의문은 이 사건을 예고한 과거의 사건들은 없었을까 하는 점이다. 실제 사건이 터진 후 언론들은 조현아 남매가 과거에 일으킨 각종 사건을 앞다퉈 보도했다.

조현아와 관련된 사건으로는 2008년 홍승용 전 인하대 총장에게 한 무례한 언행이 다시 언론을 탔다. 〈연합뉴스〉는 "조현아 전 부사장이 6년 전에도 자신이 이사로 있는 한 대학에서 무례한 언행을 해 당시 대학 총장이 사퇴했다는 주장이 제기됐다."고 보도했다. 인하대 관계자가 "당시 조 이사가 홍 전 총장에게 서류를 집어던지고 막말을 해 홍 전 총장이 화가 많이 났다."며 "여러 사람이 있는 이사회 자리에서 아버지뻘인 자신에게 막말한 것에 상처를 입고 사퇴한 것으로 알고 있다."고 말했다는 게 보도의 요지다. 홍 전 총장은 해양수산부 차관 출신으로 한진그룹 회장 조양호와 고교 동기동창이다.

언론들은 또 과거 조현아의 원정출산 문제를 다시 끄집어내기도 했다. 2013년 3월 20일 조현아는 대한항공 미주지역 본부로 전근 발령을 받아 하와이로 출국했고, 얼마 후 쌍둥이를 출산해 원정출산 논란이 있었다. KBS 〈시사기획 창〉은 대한항공 미주 본부가 조현아의 발령 사실조차 몰랐다는 관계자의 발언을 전했다.

그의 동생 조원태의 과거 행적도 다시 도마에 올랐다. 조원태가 2013년 12월 시위를 하는 시민단체 회원들을 향해 "그래 개 ××야, 내가 조원태다. 어쩌라구?"라고 말하고, 당시 취재하던 일부 기자에게 "할 말 없어, ××야."라고 했다는 보도 내용이 다시 미디어와 SNS를 타고 전파됐다. 그의 2004년 70대 노인 폭행 사건도 다시 거론됐다. 막내 조현민은 방송에 출연해 "저, 낙하산 맞아요."라고 한 발언이 구설수에 올랐다.

과거의 행적을 모두 땅콩회항 사건의 징후라고 보는 것은 과도한 해석일 수 있고, 결과론적인 평가일 수 있다. 하지만 이런 문제가 어떻게 처리되었는지에 관해서는 짚고 넘어갈 필요가 있다. 오늘의 문제는 내일의 위기를 내포하고 있기 때문이다.

〈연합뉴스〉가 인용한 인하대 총장 사퇴 문제에 관한 취재원의 말을 조금 더 들어보자. "조현아 이사의 아버지인 조양호 회장이 홍 전 총장을 찾아가 '어린애가 그랬는데 이해하라'며 사과했는데도 당시 수습이 잘 안 된 것 같다."

땅콩회항 사건 직후 조양호가 내부적으로 어떤 조치를 취했는지는 알려지지 않았다. 분명한 것은 과거 벌어진 사건에 조양호는 미온적 태도로 일관했다는 것이다. 조원태는 폭행 사건 직후 해외 연수를 나갔고, 시민단체 회원에게 한 폭언에 관해서는 묵묵부답으로 일관했다. 이런 태도가 땅콩회항 사건의 징후였다고 말할 근거는 없다. 다만 미래의 위험이 될 만한 3세대들의 오너리스크에 관해 대한항공이 어떤 전망을 가지고 있었으며, 어떤 문제의식을 가지고 있었는지에 궁금증은 더해갈 수밖에 없다. 결과적으로 해석하면, 3세대들의 오너리스크를 방치했을 가능성이 높아 보인다.

오너리스크 9위 그룹, 한진

권력은 스스로 견제할 수 없다. 시스템이 필요한 이유이다. 이와 관련해 2014년 1월호 〈한경머니〉 기사를 되새겨볼 만하다. 당시 〈한경머니〉는 상호출자제한기업 중 총수가 있는 43곳에 관해 오너리스크 관련 설문조사를 실시했다. 신용평가사와 증권사의 애널리스트, 한국기업지배구조연구원 등을 대상으로 세 가지를 물었다. '최고경영자의 리더십을 평가하기 위한 경영전문성과 자질 평가' '총수 일가의 경영안전성과 기업 지배구조의 투명성을 평가하기 위한 지배구조의 투명성과 책임성 평가' '준법경영 등을 평가하기 위한 윤리경영 평가' 등이다.

오너리스크가 가장 높은 1위부터 8위에는 동양, STX, 웅진 등 법정관리에 들어간 기업과 효성, 태광 등 비자금 문제 등으로 검찰 조사를 받은 기업이 주로 들어가 있었다. 그 외에도 한라, 현대, 부영이 포함되어 있다. 내가 눈여겨본 것은 한진이 9위에 올랐다는 사실이었다. 채권단 관리를 받은 금호아시아나와 경영이 어려워 한진으로부터 지원을 받은 한진중공업보다 못한 수준이었다. 한화와 동부보다 높은 것은 물론이었다. 경영전문성과 자질, 총수 일가의 경영안정성과 책임성, 윤리경영 등 모든 항목에 문제가 있던 다른 기업들과 비슷한 수준의 평가를 받은 것이다. 이유는 조양호가 제수씨가 경영하는 한진해운을 지원한 것에 대한 불확실성에 있었다. 시장의 전문가들은 한진해운이 이미 계열분리된 회사를 납득할 만한 설명 없이 친인척이라는 이유로 지원하는 것을 불안하게 여긴 것이다.

시장은 때때로 비이성적이다. 멀쩡한 회사가 시장에 도는 이상한 루머로 큰 타격을 받기도 한다. 반대로 시장은 위험을 사전에 경고하는 기능을 하기도 한다. 시장의 경고메시지에 귀 기울이는 것은 내부에서는 인지 못하는 위험에 대응하는 일이 될 수 있다.

진화심리학에서 쓰는 표현 중 '정착자의 근시안적 태도'라는 것이 있다. 오랫동안 한 곳에 머물러온 사람이 자신이 속한 조직의 비효율성과 결정에 눈이 멀고 둔감해지는 현상을 말한다. 기업에 이 표현을 쓸 때는 주로 관료주의를 묘사할 때다. 시장의 경고는 정착자의 근시안적 태도를 극복할 유력한 대안이 될 수 있다.

대한항공 오너들은 이런 징후와 경고를 무시했다. 징후나 경고로 인식하지 않았을 수도 있고, 인식했다 해도 이를 심각하게 생각하지 않았을 가능성이 있다. 땅콩회항 사태가 일어나지 않았다면 이런 징후와 경고는 단지 일시적이고 우발적 사건에 불과했을 것이기 때문이다.

그러나 징후와 경고를 무시해 대재앙을 맞은 사례를 지구 곳곳에서 목격할 수 있다. CIA는 이슬람권 국가 출신 학생들의 미국 항공학교 입학이 급속히 증가했다는 피닉스 메모를 무시했다. 몇 년 뒤 이슬람권 국가 출신의 항공학교 학생이 비행기를 납치했고, 9·11사태가 벌어졌다.

1987년 미국 챌린저호 폭발 사건은 우주비행사 일곱 명의 목숨을 앗아갔다. 엔지니어들은 과거 통계를 근거로 발사를 반대했다. 낮은 온도에서 안전장치가 이상을 일으킨다는 통계였다. 하지만 NASA는 이를 무시하고 발사를 강행했고 결국 참극이 벌어졌다.

기업의 사례로는 베어링 은행의 파산을 들 수 있다. 이 영국 은행은 싱가포르 지점의 직원 한 명이 비밀계좌를 만들어 운용한 거래손실 때문에 몰락한 것으로 알려져 있다. 그런데 런던의 일부 경영자와 싱가포르 지사 직원들은 '#88888'이라는 계좌와 이를 닉 리슨이란 직원이 운용한다는 것을 알고 있었다. 소문도 돌았다. 그러나 이 계좌에 관해 명백한 책임을 물을 고위층에게까지 이 내용이 한 번도 전달된 적이 없었다. 경고음은 계속 울리고 있었지만 모두 무시했다. 결국 영국 왕실이 돈을 맡기던 233년 역사의 세계적인 은행이 한 직원에 의해 단돈 1달러에 매각되고 말았다.

이런 역사적 사례들은 왜 최악의 상황을 염두에 두어야 하는지를 보여준다. 수많은 기업이 평판을 관리하기 위해 매일매일 SNS와 인터넷을 뒤지는 고급 인력을 두는 이유이다.

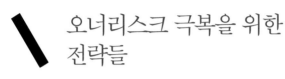

오너리스크 극복을 위한
전략들

당시 항공기는 탑승교로부터 10미터도 이동하지 않은 상태로, 항공기 안전에는 문제가 없었습니다. (중략) 사무장이 담당 부사장의 지적에도 불구하고 규정과 절차를 무시했다는 점, 매뉴얼조차 제대로 사용하지 못하고 변명과 거짓으로 적당히 둘러댔다는 점을 들어 조 부사장이 사무장의 자질을 문제 삼았고, 기장이 하기 조치한 것입니다. (중략) 철저한 교육을 통해 서비스 질을 높이겠습니다.

12월 8일 대한항공이 내놓은 첫 번째 공식 반응이었다. 일반인들은 비웃었고, 전문가들은 당황했다. 사과문 아닌 사과문이었다. 사과의 내용보다 더 중요한 것은 이 입장자료가 앞으로 벌어질 대한항공의 모든 헛발질을 암시하고 있었다는 점이다. 그리고 앞으로의 모든 실패를 설명할 단 하나의 단어는 '오너'였다.

조현아가 일등석을 탈 수 있었던 이유도, 그가 기내에서 난동을 부린 것도, 비행기를 회항시킬 수 있었던 것도 모두 그가 오너였기 때문이다. 탐탁지 않은 공식 입장을 발표하고, 진실하지 못한 사과를 하고, 끝까지 책임을 인정하지 않는 태도를 보인 배경에도 '오너'라는 핵심단어가 자리 잡고 있다.

위기가 발생하면 일반적으로 위기의 배경과 맥락을 파악하고, 핵심 원인제공자를 찾아내고 그 원인을 제거하는 방식으로 위기를 수습한다. 예를 들면 기업 간 담합 사실이 알려지면 그 책임자를 찾아내 징계하거나 처벌한다. 부동산정책으로 국민적 공분이 일어나면 국토교통부 장관을 해임하는 것으로 민심을 수습하는 식이다. 하지만 당사자가 오너라면 문제는 달라진다. 오너는 기업에서 누구도 건드릴 수 없는 성역이기 때문이다.

대한항공의 전략은 처음부터 분명했다. 조현아를 보호하는 것. 현실 및 국민 정서, 법 감정과는 무관하게 이미 피해자를 조현아로 정해놓고 게임을 시작했다. 이로써 모든 객관적 상황과 사실은 부인될 수밖에 없었다. 실제 대한항공은 사건 초기 조현아를 위한 변명으로 일관했다. 이는 국민들의 감정을 자극했다. 국민 감정을 자극하는 것이 법정에서 불리할 수 있다는 사실을 인식한 대한항공 경영진도 있었을 것이다. 하지만 누구도 이를 공개적으로 말하기는 쉽지 않았을 것이다.

경영진의 이런 대응은 심리학적으로 검토해보면 당연하다. 진화심리학의 결론에 따르면, "인간은 곤란한 상황에 처할수록 본능적인 행동방식으로 돌아가려는 속성을 갖고 있다."

조현아, 대한항공 직원 그리고 조양호의 본능

조현아는 본능적으로 손실회피 성향에 따라 행동했다. 미래의 이익보다 당장의 손실을 더 크게 보고 이를 피하려는 본능이다. 잘못을 인정하는 순간 자존심에 큰 상처를 받으리라는 것, 이로 인해 자신의 권위가 손상되고, 그룹 내에서의 위상에 나쁜 영향이 미치리라는 것을 추정하는 것은 어렵지 않다. 그가 사과를 거부한 이유다.

마찬가지로, 다른 고위 경영진도 본능에 따라 움직였을 가능성이 높다. 그들에게 본능은 생존이었다. 대책회의 자리에서 실질적인 사태 수습책으로 "진실되게 사과함으로써 당사자와 직원들, 그리고 국민들의 마음을 진정시켜야 합니다."라고 말하는 것이 생존의 위협으로 느껴진다면, 그렇게 말하지 않는 것이 자연스러운 수순이다. 대한항공이 익명 애플리케이션인 '블라인드' 사용 자제를 직원들에게 공지한 것에서 엿보이듯, 아무 말도 하지 말라는 게 오너의 메시지로 읽힌다면, 이를 어기는 순간 해고가 현실이 되리라는 것은 직감적으로 알 수 있었을 것이다.

회장 조양호는 어땠을까? 가족이나 친척이 낯선 사람과 대립할 때 가족과 친척의 편을 들어주는 것은 인간의 타고난 본성이다. 만약 조양호가 "어떻게 내 딸이 사무장 따위에게 사과를 해."라고 소리를 질렀더라도 이 또한 인간의 본능에 따른 것이다.

하지만 인간의 본능적 결정을 유도하는 뇌는 미래를 계산하는 데는 비참할 정도 미숙하다고 심리학자들은 말한다. 행동경제학이 직관적 결정의 편향성을 논하는 것도 마찬가지 이유다. 대한항공은 본능에 충실한 결정을 했다고 할 수 있다.

한편, 검찰은 유례없이 빠르게 움직였다. 12월 11일 대한항공 압수수색을 실시하며 수사 속도를 높였다. 또 동생 조현민의 문자 메시지 "복수하겠어." 등 조현아 측에 불리한 주요 사실을 언론에 흘리며 국민들의 반감을 키웠다. 국민적 정서가 조현아에게 등을 돌리면 돌릴수록 검찰의 운신의 폭은 커질 수밖에 없는 현실에서 대한항공의 변명은 국민 정서를 자극했고 사건은 점점 악화됐다.

법무팀과 홍보팀*의 입장 차이

다시 오너 이야기로 돌아가보자. 조현아는 왜 민심이 들끓고 있다는 것을 알면서도 변명으로 일관했을까? 이 부분은 위기관리의 전통적인 문제이기도 하다. 또 본능이 아닌 구조적인 문제이기도 하다. 바로 법무팀과 홍보팀의 갈등이다. 법무팀은 법정의 재판을 중

● 기업에 따라 "PR팀" "커뮤니케이션팀"이라고 불리는 부서를 말하며, 이 책에서는 "홍보팀"이라는 표현으로 통일했다.

심으로 움직이고, 홍보팀은 여론 재판을 먼저 고려한다. 태생부터 목표가 다른 조직이다. 대한항공 같은 조직에서 여론의 흐름을 몰랐을 리 없다는 것이 합리적인 생각이다. 그러나 앞서 인용한 첫 입장자료의 내용을 보면 홍보팀의 판단이 조현아를 구해야 하는 법무팀의 논리 앞에서 아무런 힘도 발휘하지 못했다고 생각하는 편이 타당하다. 그리고 법무팀이 찾아낸 '조현아를 구하는 완벽한 방법'은 "원인제공자는 사무장 박창진과 승무원이며, 조현아는 더 나은 서비스와 조직을 위해 과한 행동을 했다."는 논리로 요약할 수 있다.

법정의 논리로 생각하면, 조현아가 자신의 잘못을 인정하는 순간, 그것이 법정에서의 불리한 증거로 채택될 가능성이 높다. 조현아로 하여금 법정에서 불리하게 작용하지 않을 말만 골라서 하게 할 수밖에 없다. 즉, 모든 책임을 회피하는 것이다. 끝내 법정에서까지 조현아는 이 입장을 고수했다.

그러나 이 지점에서 상기해야 할 위기관리의 중요한 전제가 있다. 상황이 명백하게 불리할 것이 예견된 경우 오너를 지키는 것은 법적 논리가 아니라 여론과 법 감정이라는 사실이다. 결국 조현아는 구속과 실형을 면하지 못했다. "인간의 존엄과 가치, 자존감을 무너뜨린 사건" "인간에 대한 최소한의 예의와 배려심이 있었다면, 승객을 비롯한 타인에 대한 공공의식이 있었다면 발생하지 않았을 사건" 등 법원이 실형을 내리면서 내놓은 판결문이 법무팀의 판단이 잘못됐음을 보여주는 방증이라고 하면 결과론적 평가일까?

여기서 잠깐 삼성의 백혈병 사건의 예를 보자. 물론 오너리스크의 문제는 아니었다. 그러나 "삼성의 반도체 생산라인 직원들이 백혈병으로 죽어가고 있다."는 스토리로 정리되는 심각한 문제였다. 기업의 평판과 미래에 엄청난 영향을 미칠 수 있는 '죽음'이 주제였기 때문이다. 삼성은 과거 이 문제를 법무팀, 인사팀이 주로 담당했다. 이들에게 가장 중요한 것은 규정이었고, 피해자들과의 소송에서 이겨야 했기 때문이다. 예를 들면 "법적으로 회사의 책임이 없는데 더 이상 어떤 보상이나 해결책이 필요한가"라는 의문이 일반적인 것이 지난 10년의 과정이었다.

하지만 최근 변화가 생겼다. 삼성이 이 문제의 담당부서를 커뮤니케이션팀으로 바꾼 것이다. 국민 정서의 문제가 법적 책임의 문제를 훨씬 뛰어넘는다는 것을 뒤늦게 깨달은 것이다. 피해자들과의 협상도 커뮤니케이션팀이 담당한다.

우리는 이 사실을 통해 한 가지 교훈을 얻을 수 있다. 위기, 특히 오너가 관련된 위기가 발생하면 의사결정 초기 과정에서 법무팀의 과도한 개입을 막아야 한다는 것이다. 법무팀은 국민 정서를 악화시킬 가능성이 가장 높은 조직이기 때문이다. 일반적으로 변호사들은 침묵하거나 비난과 유죄를 부인하고, 책임을 다른 사람에게 전가하라고 조언한다. 재판만 생각하면 맞는 이야기일 수 있다. 하지만 재판은 여론 재판의 영향을 받게 마련이다. 법정에서는 유죄가 입증되기 전까지는 무죄라고 명시하지만, 여론의 법정에서는 결백을 입증하기 전까지는 유죄라고 선언한다. 땅콩회항의 1심 판결에서도 유죄추정의 여론법정에서 빠져나오지 못하면 재판에서도 불리할 수 있다는 것이 드러난 셈이다.

언젠가 한 위기관리 전문가의 경험담을 들은 적이 있다.

"과거 어떤 사건이 벌어졌다. 당시 회사 측이 국내 최대 법무법인 중 한 곳을 대리인으로 선정했다는 이야기를 들었다. 자리에 함께했던 누군가 결국 사고를 친 기업주가 구속될 것이라고 이야기했는데 얼마 후 진짜 구속됐다는 소식을 들었다." 법무법인은 사건을 키워야 수임료를 더 받을 수 있기 때문에 구속을 방치했다는 이야기를 하려 한 모양이다. 과장된 이야기지만 어떤 메시지가 있는 것은 분명해 보인다.

법무팀의 과도한 개입을 막아라

미국에서 있었던 기업의 법적 분쟁 사례 몇 가지를 살펴보자. 1985년 델타 항공기가 추락하는 사건이 발생했다. 델타항공 고위 간부들은 생존자와 희생자 유가족을 방문하고, 희생자 가족에게 조화를 보내고 장례식에도 대대적으로 참석했다. 이러한 PR 행위 덕분인지, 델타는 대부분의 법정 소송을 피할 수 있었다. 피해자와 여론이 델타에 부분적인 면죄부를 준 셈이다. 하지만 모든 소송을 피할 수는 없었다. 몇 개의 소송이 뒤따랐다. 문제는 여기서 발생했다. 법정에서 델타의 변호사들은 희생자와 관련된 부정적 정보를 공개했다. 원고에게 "코카인 중독자다." "남편이 아닌 다른 남성과의 관계에서 아이를 낳았다." "동성애자라 에이즈 감염의 가능성이 높았다." 등이었다. 변호사들은 돈에 굶주린 상해전문 변호사들과 법정에서 싸우기 위해서는 적법한 절차를 거쳐 획득한 희생자 관련 정보를 공개할 수밖에 없다고 주장했다. 하지만 언론은 델타를 사악한 괴물이라고 보도하기 시작했고, 그들의 태도를 '지킬 박사와 하이드의 행위'라고 규정짓기도 했다. 사건 초기 델타의 인간적인 노력들이 허사가 되고 말았다.

반대로 법정 소송을 포기해 명성을 높인 사례도 있다. 1991년 플로리다 스탭스 레스토랑을 대표해 PR 전문가와 고문변호사로 구성된 위기관리팀은 회사 경영에 엄청난 손해를 야기한 소문의 유포자인 10대 소녀에 소송을 제기하지 않았다. 법정이라는 전투에서 승리하고도 여론이라는 전쟁에서 지는 결과가 나올 것이라고 판단한 것이다. 이 소녀는 잘못을 뉘우치고 있었다. 만약 스탭스가 소송했다면 고객들은 이 레스토랑 체인을 손가락질했을 것이며 소녀의 인생도 파멸했을 것이라는 게 전문가들의 분석이었다. 법적 분쟁을 피함으로써 양측 모두 살 수 있었다.

1990년대부터 미국변호사협회는 변호사들을 상대로 대언론 훈련을 실시하고 있다. 피고자가 법정에서 승리하더라도 여론의 법정에서는 패할 수 있다는 사실을 견지하는 내용이다.

직언할 수 없다면, 선택하게 하라

수십 년간 오너 및 CEO를 도와 기업의 각종 위기를 관리한 PR대행사 대표가 이런 이야기를 한 적이 있다. "오너들은 본능적으로 직감이 뛰어나다. 그래서 자신에게 가장 유리한 방법이라고 생각되는 카드를 선택한다." 여기에서 중요한 단어는 '선택'이다.

그가 오너들에게 제안하는 카드는 항상 세 가지 이상이다. 극단적인 두 개의 안은 컨설턴트가 하나의 안을 선호한다는 인상을 주기 때문에 결정해야 하는 사람의 시야를 좁힐 수 있다. 옵션이 세 가지 이상이라면, 다양한 시각에서 여러 가지 변수를 검토하고 최종 선택할 수 있다.

미국의 경영전략 전문가 캐슬린 아이젠하트Kathleen Eisenhardt는 다양한 선택지 중 하나를 선택하는 것의 장점에 관해 "큰 그림을 볼 수 있다."고 말한다. 다양한 변수가 작동하는 방식을 파악하고, 어떤 방안이 실행가능한지를 가늠할 수 있다는 것이다. 즉, 객관적 상황을 이해할 수 있기 때문에 결정권자가 확신과 자신감을 가지고 빠른 결정을 내릴 수 있다고 한다.

그가 꼽은 두 번째 장점은 '정치게임'을 약화할 수 있다는 것이다. 정치게임이란 한 가지 안에 집착하는 태도를 말한다. 여러 선택지가 존재하면 그중 하나에 집착하는 태도가 줄기 때문에 논의에 참여한 사람들이 융통성 있게 대안을 논의할 수 있다.

대한항공에는 어떤 선택지가 있었을까? 대한항공이 여론을 두고 벌인 싸움을 보면 오직 "조현아의 잘못을 부인함으로써 법적 분쟁에서 승리하는 것"이라는 선택지만 존재했던 것이 아닌가 하는 생각이 든다.

하나의 안에 집착하면 수많은 변수를 놓치는 실수를 저지르게 되어 있다. 이번 사건의 실무 책임자격인 여 상무가 박창진 사무장에게 "어차피 사건은 얼마 안 가 잊힐 것"이라고 말한 장면은 상징적이다. 여론에서 잊히면 남는 것은 법적 분쟁뿐이라고 그들은 판단했다. 이는 여 상무뿐 아니라 대한항공의 오너들과 경영진의 공통된 생각이었던 것으로 보인다. 자신들이 결정해놓은 한 가지 방향에 집착하며 객관적으로 존재하는 변수를 고려하지 않는 실수를 범한 것이다.

앞서 강조했듯이 하나의 대형 사건은 불쑥 머리를 내밀지 않는다. 마치 작은 불씨가 마른 나뭇잎 하나를 만나 작은 불이 되고, 곧 나무를 태우고, 산을 태우고, 한 산의 생태계를 전멸시키는 화마가 되듯 작은 조건들이 맞아떨어져 걷잡을 수 없이 번져나간다.

땅콩회항은 한국사회에서 수 년간 화두가 되고 있는 갑을관계로 이어져 국민적 정서에 정면으로 맞선 사건으로 번졌다. 몇 년 전 '라면상무' 사건으로 승무원들의 감정노동에 관한 국민들의 이해도 높아져 있는 상황이었다. 또 현 정부를 곤혹스러운 상황으로 몰고 가던 정윤회 사건이 한창 이슈가 되던 무렵이었다. 이런 정황들은 사태를 예상보다 크게 키울 수 있는 잠재적 요소였다.

하지만 대한항공은 과거 유사한 사건이 한때 반짝 관심을 끌다 국민의 관심에서 멀어져간 상황을 가정했다. 위기가 발생하면 미래지향적 전략보다 과거 유용했던 것으로 밝혀진 상황논리를 끌어들이게 되는 본능적 욕구가 대한항공이라는 조직을 지배했다. 감정적으로 결정된 한 가지 대안이 대한항공을 늪에 빠뜨린 셈이다.

마지막으로 아이젠하트는 여러 대안을 고려하는 것이 유용한 대비책을 마련해놓는 것과 같다고 말했다. 한 가지 안이 뜻하지 않은 변수에 부딪히면 이에 대안이 필요하기 때문이다. 대한항공은 이를 준비하지 않았다. 첫 번째 사과가 실패했음에도 그들은 '플랜 B'를 준비하지 않았고 그 때문에 계속 상황에 따라 임시방편적 대응을 할 수밖에 없었다. 정부의 조사 강도가 올라가고 여론이 악화되자 이들의 사과 수위와 조치 수준이 높아진 것에서 이를 확인할 수 있다. 첫 번째 안에 대한 집착은 사건을 더 키워 조현아는 결국 상상할 수 있는 최악의 상황인 실형을 선고받기에 이르렀다.

당신이 대한항공 홍보팀장이라면?

물론 대한항공처럼 극단적인 상황에 처했을 때 오너를 설득할 확률은 대단히 낮다. 그럼에도 가능한 방법을 모두 동원해보는 것이 홍보 담당 임원이 존재하는 이유다. 나는 과연 다른 대기업 홍보 담당 책임자가 이 상황에 닥쳤다면 어떻게 문제에 접근했을까 궁금했다. 그리고 그들에게 "당신이 대한항공 홍보팀장이었다면 어떻게 했겠느냐?"고 질문을 던졌다. 그들의 답은 다양했지만 종합해보면 대략 세 가지 키워드로 요약할 수 있다. '공감' '외부의 시각' '당사자 수습'이다.

우선 공감이다. 이는 설득의 공간을 만드는 작업이다. 오너에게 철저히 공감을 표시하는 것으로 설득을 시작해야 한다는 것이 공통된 의견이었다. "조현아 부사장의 행위(폭언과 회항)가 회사를 위한 것이었다는 점과, 잘못이 다른 사람(사무장 등)에게 있고, 그래서 사과는 필요 없다는 오너의 생각에 동의한다는 점을 인식시키는 것이 가장 중요하다."는 것이다. 오너의 고통과 마음에 공감한다는 점을 먼저 인지시켜 오너가 자신의 행위와 처지를 충분히 이해받고 있다는 느낌을 갖게 해야 설득할 공간이 생긴다는 논리였다.

다음 단계는 외부의 시각으로 설득하는 것이다. 예를 들면 "회장님, 조 부사장의 행위는 정당했습니다. 많은 직원도 정확한 상황을 알면 그렇게 생각할 것입니다. 하지만 국민들의 시선은 다를 수 있습니다. 이것은 행위의 정당성과는 아무런 관계가 없는 문제입니다."라고 말하는 방식이다. 어떤 임원은 외부의 시각을 전달하기 위해 오너들이 믿고 신뢰하는 외부인사를 활용하는 것을 적극적으로 생각해봐야 한다고 조언했다. 이를 위해 평상시 오너들이 귀 기울이는 외부인사와 적극적으로 교류해야 할 필요성이 생긴다.

이 과정을 거쳐 당사자가 직접 나서서 수습하는 것이 피해를 최소화할 방안임을 최종적으로 설득해야 한다는 결론이다. 물론 실제 조직생활에서는 이런 이야기를 할 상황을 만드는 것조차 가능성이 희박하다는 것에 대부분의 홍보책임자는 동의했다. 그럼에도 그들은 오너리스크를 최대한 줄이기 위해 근본적으로 오너들을 시스템 안으로 끌어들이는 문화를 형성해야 한다고 입을 모았다.

한국의 오너 대부분은 시스템 위에 군림하기 때문에 통제가 불가능하다. 시스템 안으로 끌어들인다는 것은 어떤 의미일까?

우선 오너들이 기업 내 전문가들에게 조언을 구하는 분위기가 있어야 한다. 삼성 이재용 부회장의 경우 어떤 문제가 발생하면 홍보, 법무 등의 책임자들을 불러 이 문제를 어떻게 처리해야 하는지를 먼저 묻는 것으로 알려져 있다. 이는 시스템의 최정상에 서 있는 오너가 시스템을 활용할 줄 알고 자신도 시스템 안에 들어와 있다는 것을 의미한다.

간혹 오너가 시스템 밖으로 나갈 때도 있다. 삼성의 예를 들면 CJ와의 재판 과정에서 이건희 회장의 돌출발언과 가족사가 문제가 되자 그를 시스템 밖으로 내보내는 방식을 취했다. 발언 직후 이 회장은 해외로 나갔다. 기자들 사이에서는 삼성 경영진이 구설수에 계속 휘말리는 것보다 잠시 해외에 나가 있는 게 좋겠다고 이 회장에게 권유했다는 이야기가 돌기도 했다. 언론과 여론에 관한 이해가 높은 이 회장이 이를 받아들이고 해외로 출국했다는 것이다.

또 삼성의 이재용 부회장, 현대자동차의 정의선 부회장, 신세계의 정용진 부회장 등도 개인적인 발언이나 행동 등으로 문제를 거의 일으키지 않았다. 이는 철저한 교육과 학습의 결과이기도 하다. 자신의 행동 하나하나가 기업에 미칠 영향을 끊임없이 고민하게 만드는 것, 이것이 시스템의 힘이라는 것이다.

당사자 수습의 원칙은 이부진 호텔신라 사장의 사례로 갈음하자. 2012년 한복 사건이 터졌을 때 일이다. 그룹은 이 문제를 심각하게 받아들였다. 비상대책회의를 열었고 재빠르게 사과문을 냈으며, 각종 SNS의 반응을 살피고 설명하는 작업을 병행했다. 그래도 문제가 수그러들 조짐을 보이지 않자 하루 만에 이부진 사장이 나섰다. 이 사장은 문제를 일으킨 당사자는 아니다. 누구도 오너인 그에게 직원을 대신해 한복 사건의 피해자에게 사과를 하라고 이야기할 수 없는 상황이었다. 그러나 그는 위기관리의 최고책임자가 오너라는 점을 분명히 했다. 참모들을 불러 자신이 직접 사건의 피해자를 찾아가 사과하겠다고 통보한 뒤 실행에 옮겼다. 피해자는 이부진 사장과 만난 후 트위터에 "나는 개인적으로 모두 용서했다."고 멘션을 올렸다. 그것으로 커져가던 한복 사건의 불길은 완전히 사그라들었다.

조류독감이라는 치명적 위기를 극복한 KFC의 CEO 데이비드 노박David Novak은 "위기관리는 누군가에게 위임할 수 없는 최고경영자의 책무"라고 말했다. 오너는 야구에 비유하면 감독이자 때때로 마무리 투수 역할을 맡게 된다. 본인이 일으킨 사건이건, 아니면 직원이나 임원이 일으킨 사건이건 결국 최후의 책임자는 오너가 될 수밖에 없다는 뜻이다. 오너가 나섰는데 마무리가 되지 않으면 그 사건은 수습 불능의 상태로 빠져들 가능성이 높다.

결국 오너에게는 결정적 순간에 결정적 무기를 들고 나타나 상황을 정리해야 하는 책무가 있는 셈이다. 대한항공의 경우 조양호 회장이나 조현아 부사장이 등장한 시점과 그들이 해결책이라고 들고 나온 내용 모두 마무리 투수, 종결자와는 거리가 멀었다고 할 수 있다. 땅콩회항은 오너가 해결할 수 없다면, 그 문제는 아무도 해결할 수 없다는 교훈을 준 사건이기도 하다.

그럼에도 문화는 중요하다

오너리스크에 관해 많은 말을 했다. 하지만 이 사건의 결론은 "NO

라고 말할 수 없는 문화가 빚어낸 참사"라는 표현이 가장 적당하다. 한국뿐 아니라 세계 각국의 기업들이 중대한 실패로 이어지는 결정을 할 때에는 반대자가 없던 사례가 수두룩하다. 이는 기업들만의 문제도 아니다. 반대의견 없이 이루어지는 수많은 정치적 결정도 실패를 부르는 중요한 요인이 된다.

1980년대 미국의 최대 자전거업체 슈윈에서도 비슷한 일이 벌어졌다. 산악자전거 시장에 진출하는 문제를 놓고 격한 토론이 벌어지던 때였다. 한 고위직 임원이 산악자전거 시장에 진출해야 한다고 주장했고 최고경영진은 확고한 1위 자리를 지키고 있는 상황에서 모험할 필요가 없다고 보았다. 점차 산악자전거 시장 진출을 주장하는 목소리가 잦아들었다. 하지만 그 임원은 끝까지 뜻을 굽히지 않았다. 2주 후에 소집된 회의에서 그 임원의 자리는 빠져 있었다. 회의 직전 산악자전거 시장 진출을 주장하던 임원이 해고된 것이다. 이후 미국의 산악자전거 시장은 급속도로 성장했다.

반대자가 나설 수 없는 문화가 가져올 폐해를 알고 있던 경영자들도 있다. 경영학이란 학문이 탄생하는 데 중요한 기여를 한 미국 제너럴모터스의 초기 이사회 의장이자 CEO였던 알프레드 슬론Alfred Sloan Jr.이 대표적이다. 그는 어느 위원회 회의를 진행하던 중 잠시 중단하고 위원들에게 질문을 던졌다. "여러분, 내가 보기엔 이 사안에 모두가 만장일치로 동의하는 것 같은데 맞습니까?" 위원들은 고개를 끄덕였다. 슬론은 "그러면 이 사안에 추가적 논의는 다음 회의로 미루는 게 좋겠습니다. 이의를 제기할 부분이 없는지 생각해보고, 또 이 결정이 의미하는 바를 좀 더 숙고해보기 위해서입니다."라고 말했다.

피터 드러커도 《자기경영노트》에서 반대의견의 중요성을 강조했다. 그는 "경영자는 칭찬을 받으면 좋은 결정을 내리지 못한다. 상반된 의견을 듣고, 토론하고, 여러 대안을 고려해야 제대로 된 결정을 내릴 수 있다. 의사결정의 첫 번째 원칙은 반대의견이 없으면 결정을 내려서는 안 된다는 것이다."라고 말했다.

이를 제도화한 것이 김호 대표가 이 책의 3장에서 거론할 레드팀이다. 그 원형은 잘 알려진 대로 가톨릭교회다. 가톨릭교회는 1500년대부터 수세기 동안 악마의 대변인Devil's Advocate이란 제도를 운영했다. 악마의 대변인으로 선정된 이들은 성인을 선정할 때 반대편에 서서 문제를 지적하는 역할을 맡았다. 성인이 되기에 무엇이 부족한지, 무엇이 문제인지를 말했다. 철저한 검증을 위한 절차였다. 1983년 교황 요한 바오로 2세가 이 제도를 철폐하기 전까지 400년간 유지되었다. 이 제도가 사라진 후 20세기 초에 비해 성인의 숫자는 약 20배 정도 늘었다는 통계가 있다.

그러나 반대자는 위험에 부딪힐 확률이 높다. 히틀러가 폴란드 침공을 선언했을 때 그를 따르던 요아힘 폰 리벤트로프 외무장관은 "반대자는 내가 직접 사살하겠다."고 공언했다. 1980년대 이란-이라크 전쟁이 벌어졌을 때 이라크 장관 중 한 명이 완곡하게 평화적인 해결방법을 찾자고 제안하자 후세인은 이 장관을 사살하고 전쟁을 밀어붙였다.

반대의견을 말하는 일은 어려운 일이다. 그래서 이를 제도화해야 한다는 주장도 나온다. 레드팀은 반대자를 공식적으로 제도화한 사례에 속한다. 알프레드 슬론처럼 2차 회의를 여는 것도 좋은 방법이다. 그리스 역사가 헤로도토스가 기록한 고대 페르시아인들의 의사결정 방식은 독특했다. 그들은 술에 취해 중요한 결정을 내렸고 술이 깬 다음 날 자신들이 내린 결정을 재검토했다. 반대로, 처음 결정했을 때 정신이 멀쩡했다면 항상 술을 마시고 처음 한 결정을 다시 논의했다. 취했거나 멀쩡했을 때 같은 결정을 내리면 이 계획대로 밀고 나갔다. 다른 결론이 나면 이 계획은 유보했다. 그랬던 페르시아인들은 약 300년간 고대 아시아 서부와 중부 대부분을 지배했다.

한국에 존재하는 대부분의 조직에는 유교문화와 군대문화가 스며들어 있다. 압축성장과 이 시대를 이끈 카리스마적 리더들은 이런 경직된 문화를 고착화했다. 토론이 불가능한 문화가 형성됐다. 한 대기업 직원은 이런 문화에 관해 "어린 직원이 윗사람이 내놓은 아이디어에 반대하면 '싸가지 없다'는 이야기를 듣는 게 현실이지요."라고 말한다. 그러나 모든 것이 변하고 있다. 한 사람의 뛰어난 경영자가 직관과 리더십으로 기업을 이끄는 일이 점점 어려워지고 있다. 수십 년간 전략 세우기에 집중하던 미국 경영학계가 최근 조직문화로 눈을 돌리는 것도 이런 상황과 맞닿아 있다.

너무 빨리 경영환경이 변하고 있어 장기적으로 효과를 볼 수 있는 탁월한 전략을 세우는 것은 사실상 불가능하다. 중요한 변화의 순간마다 좋은 인재들이 자유롭게 좋은 아이디어를 내놓고, 조직이 이를 수용하는 문화를 만드는 것이 지금 할 수 있는 가장 유력한 전략이다.

2장

법무법인 원 산하 공공전략연구소 소장으로, 여론을 기반으로 한 정치
전략과 경영전략을 자문한다. 정치컨설턴트국제협회 회원이며 미국 뉴
욕 주 변호사이다.

정치캠페인의 여론전략

김윤재

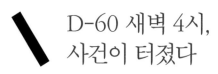

D-60 새벽 4시,
사건이 터졌다

휴대전화 진동 소리가 쉬지 않고 울린다. 새벽 4시. 아직 두세 시간
은 더 잘 수 있는 시각이다. 내가 휴대전화를 방 안에 두고 잔다는
건 중요한 선거캠페인에 참여하고 있음을 의미한다. 나는 유력 대
선후보의 컨설턴트로 고용되었고 지금 걸려오는 전화의 상대방은
선거캠프의 본부장이다. 이 시각에 걸려온 전화치고 반가운 뉴스
는 없다.

"결국 터졌다." 본부장은 거기서부터 시작했다. 부본부장이 사
고를 친 것이다. 그는 시작부터 캠프 내에서 공포의 대상이었다. 서

울대를 졸업하고 런던 정경대에서 박사를 마친 뒤 영국 노동당의 정책자문을 했다는 화려한 학력과 경력은 그를 한 번 더 생각하게 했다. 항상 자신감이 넘치는 여성이었지만, 문제는 반대의견을 편하게 수용하지 못하고 캠프 직원들의 실수를 용납하지 않는다는 점이었다. 어떨 때는 지나치게 친절하고 어떨 때는 지나치게 공격적인 모습이 늘 불안했다. 그의 부본부장 임명이 처음부터 탐탁지 않았지만 그렇다고 내가 개입할 입장은 아니었다.

사건의 요지는 이랬다. 언론을 상대하는 공보팀 막내 직원이 기사브리핑 과정에서 실수를 했고 몇몇 기자가 개인적 인맥을 통해 부본부장에게 불만을 표시했다. 그런데 이 직원이 실수한 게 이번이 처음이 아니었다. 이미 몇 차례 실수로 대변인에게 지적받은 전력이 있고, 한 번 더 비슷한 실수가 나올 경우 팀을 옮기든지 내보내야 한다고 거론되던 직원이었다. 직원에 관한 이야기를 회식 자리에서 전해들은 부본부장이 술이 올라 캠프로 쳐들어왔다. 그러고는 막내 직원을 텅 빈 회의실로 데려가 막 소리치며 욕설과 구타까지 했던 것으로 보인다. 앞에 잡히는 것을 집어던지고 난리였다는 거다. 목격자도 있었다. 내일 오전 상황실 브리핑 세팅을 준비하던 자원봉사 학생이 겁먹고 울면서 캠프에서 나왔다고 한다. 통화 중에 대변인으로부터 전화가 걸려왔다. 뾰족한 수가 없어 받지 않았다.

오전 5시. 워룸¹ 회의가 소집됐다. 후보와 부본부장, 두 명을 제외한 워룸 정식 멤버 열 명이 모두 모였다. 얼굴이 좋을 리 없다. 부본부장이 자신도 회의에 참석하겠다고 했지만 후보에게 후보와 부본부장은 회의 참석이 부적절하다고 알렸다. 방향이 모아지면 본부장이 후보에게 실행방침을 전달할 것이라고 했다. 아, 한 가지 이야기하지 않은 사항이 있다. 사고 친 부본부장은 후보가 누구보다 아끼고 자랑스러워하는 외동딸이다.

우리 후보는 8월, 9월 고전하다 10월 들어 한창 치고 올라가는 중이었다. 계속 3, 4등 싸움을 하다가 2등이 되었고 이제 일주일 후면 확실한 양강구도를 만들 수 있으리라는 기대가 있었다. 후보가 잠꼬대로도 떠들고 있는 '새로운 대한민국을 위한 10대 혁신과제'가 먹히고 있다는 것이 여론 분석을 통해 내린 내부 결론이었다. 캠프가 고무되어가는 판에 이런 일이 터졌으니 다들 힘이 빠지는 것은 사실이다.

캠프가 구성되고 직책이 주어지면 많은 이가 워룸에서 한 자

---

1 '워룸'은 의사결정 회의체로 컨트롤타워의 다른 말이다. 1992년 빌 클린턴 대선캠프에서 힐러리 클린턴이 느슨해진 조직을 재정비하고 의사결정 과정을 신속하게 만들어 매일매일 벌어지는 상황에 대처하기 위해 컨트롤타워를 새롭게 구성하면서 '워룸'이라 이름 붙였고, 이후 많은 대선캠프의 작전본부는 워룸이 되었다. 말 그대로 모든 걸 결정하는 캠프의 중심부다. 여기를 제외한 모든 조직은 24시간 쉬지 않고 가동되지만 받은 지침에 따라만 움직이는 것이다.
대선캠프 정도의 조직은 너무 방대해서 같은 시간에도 엄청나게 많은 일이 벌어진다. 어떤 일은 중요하고 어떤 일은 그렇지 않다. 그러나 각 부서는 자신의 일이 가장 중요하다고 느낀다. 부서마다 판단하고 결정하면 전략적 선택과 집중성은 가능하지 않다. 사람에게 뇌가 머리 말고 손발에도 있어 알아서 움직인다고 가정해보자. 그건 이미 한 사람이 아니다. 그래서 판단과 결정은 이곳에서만 한다. 사고가 터지면 그 수습방법도 여기서 정한다. 일사분란하게 전략적 목표를 정하고 우선순위를 정하고 교통정리를 해주는 게 워룸의 역할이다.

리를 차지하려고 한다. 보통 국회의원들이 참여하면 20~30명 규모가 되기도 한다. 그러나 그런 모임은 효율성이 떨어지고 내용과 아이디어가 지배하는 것이 아니라 국회의원 당선 횟수와 나이가 회의 의제를 주도한다. 워룸이 매머드급이 되면 나는 회의에서 빠진다. 결국 따로 측근이나 비선 몇 명이 후보와 상의해서 중요한 사안들을 결정하고 진행하게 된다는 것이 여러 선거캠프를 경험한 결론이다. 혼선이 발생하고 비효율성이 증대될 수밖에 없다.

당초 후보와 본부장에게 후보를 포함해서 정식 멤버의 수가 한 자리 수를 넘으면 안 된다고 조언했다. 후보도 가급적 참석하지 않는 것이 원칙이 되어야 한다고 했다. 후보는 캠프의 CEO이면서 동시에 판매상품이라는 독특한 위치를 차지하고 있기 때문에 워룸 회의에 참석할 물리적 시간 자체가 없기 때문이다. 물론 후보는 모든 결정을 보고받고 중요하고 민감한 사항에 관해서는 최종 결정을 한다.

이번 경우도 그 '중요하고 민감한 사항'에 해당된다. 그렇다 해도 워룸에 참석하는 본부장과 비서실장은 후보의 절대적 신뢰가 있어야 한다. 그래야 업무가 제대로 돌아간다. 지금 캠프의 워룸은 후보 포함 결국 최종 열두 명으로 정리됐다. 이것도 후보와 본부장이 국회의원들에게 엄청 욕을 먹고 사정을 한 결과물이었다. 후보의 의지가 있어 가능했다.

본부장이 회의소집 이유를 알리고 상황실장이 본 사건을 브리핑했다. 아무도 먼저 입을 떼지 않았다. 내가 손을 들었다. 보통 때는 있는 둥 마는 둥하지만 사고가 나면 밥값을 해야 하는 게 컨설턴트의 역할이다.

"피해자는 어떻게 하고 있나요?" 상황실의 친구와 술 마시고 숙소에서 좀 전에 잠자리에 들었다는 대답이 돌아온다. "대변인 판단으로 그냥 갈 수 있나요?" 언론보도 없이 지나갈 수 있느냐는 이야기였다. 대변인이 답하기 전에 법률단장이 끼어들었다. "현장에 있던 자원봉사 학생이 본인 SNS에 어젯밤 상황을 올렸답니다." "끝났네." 누군가 푸념하자 정책실장이 부본부장 해임부터 하자고 했다. 그러자 비서실장이 끼어들었다. "그건 오버 아닌가요? 사과해서 당사자끼리 수습시키는 게 우선일 듯한데. 걔가 얼마나 엉터리인지 다 알잖아요? 걔 때문에 기자들한테 욕먹고 우리가 기사 손해를 얼마나 봤는데. 부본부장 입장에서도 그렇고 캠프 차원에서도 그렇고 할 말 있는 거 아닌가요?" 비서실장은 분명 오늘 나온 발언을 후보에게 모두 전달할 것이다. 다들 발언에 신중할 수밖에 없다. 또 내가 말해야 했다. "우선, 대중에게는 후보 딸이 후보 덕에 고위직에 있으면서 술 마시고 젊은 캠프 직원에게 욕하고 폭력을 가한 사건입니다. 과거 어쨌었다, 이러는 건 설명이 필요합니다. 거기까지 안 갑니다. 이미 그 프레임에서 졌다고 생각해요. 캠프와 부본부장을 함께 말씀하시는데 아주 위험합니다. 왜 부본부장 개인 잘못을 캠프가 감싸고 공동체가 됩니까? 캠프 직원과 자원봉사자 모두 캠프 사람입니다. 이들을 감싸고 보호해야죠. 캠프가 부본부장 변호하는 순간 후보가 모든 걸 감당해야 합니다. 전 감당 못한다고 봅니다."

다수가 동의하는 눈치다. 이러는 와중에 대변인에게 전화가 걸려왔다. 인터넷언론이다. 이번 일에 관한 문의였다. 대변인은 확인해서 바로 알려줄 테니 기다려달라고 했다. 늦어도 오늘 오후에는 이 뉴스가 언론매체를 도배할 것임을 알린 것이다. 언론보도를 막을 수 있느냐, 없느냐 하는 불확실성도 제거된 셈이다. 내 발언과 이 상황 속에서 다시 토론을 벌였다. 비서실장을 비롯해 두세 명이 썩 내켜하지 않았기 때문에 그들의 의견도 충분히 듣고 검토해볼 필요가 있었다. 결국 본부장이 합의된 결정을 이끌어냈다. 회의소집 두 시간 후인 오전 7시의 일이다.

합의된 내용을 바탕으로 메모를 작성해서 후보에게 전달한 뒤 즉시 실행하기로 했다. 부본부장이 없으니 회의 진행이 매끄럽다고 농담을 하자 아무도 웃지 않았다. 절박함과 심각함이 엿보였다. 나는 회의가 끝난 후 바로 본부장, 메시지실장, 기획실장, 상황실장, 법률단장과 함께 메모를 작성하기 시작했다. 이 메모는 오전 9시 25분 본부장, 비서실장, 법률단장을 통해 후보에게 전달되었고 10시가 되기 전 승인되었다.

#메모

상황 진단
- 모멘텀을 타고 1위 후보를 오차한계 내 추격 중 벌어진 사고
- 출혈은 불가피할 것으로 판단
- 수습에 실패할 경우 다시 중위권 후보군으로 밀릴 위험 있음

전략적 목표

• 후보 데미지 최소화로 2위에서 밀려나도 재기 발판 마련

강도

• 상-중-하 중 상 수준에 해당
• 그만큼 심각하게 대처해야 함

근거

• 직계가족 고위직이 가해자
• 갑을관계 구도
• 폭행과 욕설 등 불법행위 포착
• 후보의 청년실업과 정의경제 프로그램 신뢰성 타격

예상 프레임

• 후보의 신뢰와 사회정의 정서코드 위반

대응 방향

• 여론의 시각에서 고강도 처방과 신속한 대처

후보

• 대선후보, 캠프 CEO, 가해자의 아버지라는 삼중적 위치 이해 필요
• 피해자와 사회의 시선으로 행동하고 발언
• 책임의 당사자로 반성과 교훈 스탠스 유지

실행 과제

1. 즉각적 여론조사 기획 및 실시/72시간 단위 여론 변화 체크[2]
   | 담당: 기획실

2. 정량조사와 함께 분석할 수 있는 타깃층 및 오피니언리더층 대상의 정성조사(포커스 그룹 인터뷰와 심층 인터뷰) 기획 및 실시[3]
   | 담당: 기획실

3. 피해자 보호와 위로 | 담당: 본부장과 상황실
   • 병원치료 지원. 필요하면 심리치료도 권유 및 진행
   • 같이 있던 여학생 역시 치료가 필요한지 전문가와 상담
   • 후보가 부본부장과 함께 피해자에게 가서 진심으로 사과 필요
   • 부본부장이 성인이라지만 지금까지 행태로 봐서 혼자 일을 맡

---

2   대중을 상대하는 선거캠페인에서 가장 중요한 것은 퍼셉션(지각된 이미지)이 리얼리티(현실)라는 인식이다. 사실 여부와 상관없이 대중이 이 사건을 어떻게 믿고 있는가를 정확하게 인식하는 데서부터 모든 캠페인은 시작돼야 한다. 믿지 않는 것을 믿게 할 수는 없다. 단, 맥락의 변화로 우선순위가 조정되고 그로 인해 사건이 다르게 보여질 수 있다. 이를 위해서는 정확하고 지속적인 조사가 필수적이다. 선거법에 따라 선거기간 중 여론조사는 선거관리위원회에 실시 이틀 전에 신고해야 한다.

3   정량조사(일반 여론조사)가 '무엇'에 관한 답이라면 포커스 그룹 인터뷰와 같은 정성조사는 '왜'에 관한 답을 줄 수 있다. 이 경우 정량조사를 통해 밝혀진 지지층이나 부동층 중 이번 사건으로 흔들릴 수 있는 이들을 주로 대상으로 할 것이다. 예컨대 그 피해 직원과 같은 연령대의 젊은이와 그 부모 나이대인 50대 부동층을 모집한다. 여론 형성에 영향력이 있는 인물들의 경우 일대일로 심층 인터뷰를 진행해 생각을 들어볼 필요도 있다. 정성조사의 경우 참석자 모집이 짧게는 3, 4일에서 많게는 2주일 이상 걸린다.

길 수 없음

• 물론 언론에 알려서도 안 되고 이런 일들을 PR로 이용하려 하면 역풍이 불 것임. 추후 자연스럽게 알려질 수 있음
• 위기를 모면하려는 행위로 비추어지지 않게 유의

4. 공식 회견을 통해 이슈를 주도: 두 개의 기자회견 준비
  | 담당: 공보실과 대변인
• 부본부장이 오늘 오전 11시 공식 회견을 통해 가해행위에 관한 사과와 부본부장직 사퇴, 모든 법적 책임 감수할 것임을 밝힘. 이 회견을 끝으로 캠프와 부본부장의 모든 관계는 단절됨
• 후보가 오후 3시 예정인 장애인권익간담회에 앞서 기자들에게 사과하며 재발 방지 약속하고 며칠 내 이와 관련 종합보고가 있을 것임을 알림
• 후보 회견 전 캠프 내 모든 친인척 자진 사퇴
• 당선 시 어떤 공직에도 친인척 등용은 물론이고 공무에 개입하지 못하도록 제도화할 것 약속

5. 자체 경위조사 뒤 법적 책임을 검토하고 캠프 차원의 단속 강화
  | 담당: 법률단과 상황실
• 피해자를 보호할 수단은 무엇이고 가해자(부본부장)의 책임은 무엇인지 검토
• 이번 사건에 관한 철저한 조사와 발표
• 캠프 차원의 책임은 없는지 검토

- 피해자 변호인의 시각으로 문제 접근
- 후보가 참석하여 캠프 전체회의를 통해 사과와 재발 방지 약속
- 캠프 팀장급 중심의 교육 강화

6. 과거의 유사한 문제 또는 친인척의 과거 조사 ｜ 담당: 상황실
- 언론과 상대 후보 캠프에서 이와 유사한 상황 조사 가능성
- 부본부장에 관한 검증도 진행될 것임
- 캠프에서 선제적으로 정밀 점검하여 문제점 파악할 필요
- 부본부장은 물론이고 직계가족과 캠프에 참여한 친인척 중 문제가 될 과거의 이력이나 행위가 있었는지 자체 조사
- 상대 캠프에서도 유사한 경우가 있는지 확인하여 자료로 확보

7. 전담 대변인 선임 ｜ 담당: 본부장, 대변인, 공보실
- 대변인은 모든 공보 이슈를 언론에 전달하고 답해야 하는 관계로 이 문제에만 집중할 수 없음
- 이 문제만을 전담하는 대변인 임명을 통해 다음과 같은 효과를 기대할 수 있음
  1) 대 언론 신속 서비스 2) 문제의 전문성 입증 3) 캠프 차원의 심각성 인식 4) 언론창구 단일화로 메시지 충돌과 왜곡의 최소화
- 캠프의 과잉충성이나 별도의 생각을 가진 플레이어들의 네거티브 캠페인을 막을 필요
- 피해자에 관한 네거티브나 부본부장의 변호는 여론을 악화시킬 것 명심

8. 메시지 일원화 | 담당: 기획실과 메시지실

- 후보부터 자원봉사자까지 이 문제에 관한 메시지는 통일되어서 일관되게 반복되어야 함
- 메시지는 단순하게 반복해서 지지자들도 이야기할 수 있도록 함
- 메시지는 크게 세 단계로 나눌 수 있음: 1) (국민과 피해자를 향한) 진정성 있는 사과 2) 이 사건에 관한 구체적이고 종합적인 처리방식과 경과 보고 3) 이 사건의 교훈과 사후예방 방안
- 사과는 대상과 내용이 분명해야 함
- 처리방식과 사후예방에 관해서는 납득할 수 있어야 함
- 메시지는 우리 핵심메시지와 연결고리를 찾을 필요
- 구체적 워딩은 조사결과가 나오면 전달할 예정
- 추상적 사과와 방지대책은 진정성을 의심받게 됨을 유의
- 변명과 방어는 메시지를 방해함을 명심

9. 캠페인의 반영

- 이 사건이 여기서 끝나지 않고 미래와 연결되는 교훈임을 캠페인으로 입증할 필요
- 캠페인 진행을 지금까지의 화려하고 신나는 행사에서 차분하고 진지한 정책간담회 중심으로 전환
- SNS를 우리 메시지의 전파보다는 쓴소리를 청취하고 반영하는 모드로 전환
- 별도의 '리스닝투어'를 기획하여 비정규직 젊은이들과 그 부모

들이 함께하는 자리 마련, 이들의 사회적 애로를 청취하고 정책
팀에서 관련 분야의 정책을 개발해서 주요 공약으로 채택

나는 이 공식 메모와는 별도로 후보에게 문자메시지를 보냈다. 이
메모의 심각성을 확인시키고 후보의 신속한 결단을 돕기 위한 측
면지원이라 할 수 있다.

후보님, 데미지는 발생했습니다. 이런 문제는 지름길이 없습니다.
가장 높은 단위에서부터 즉각적이고 헌신적인 액션을 요구합니다.
후보님만이 할 수 있습니다. 언론보도와 상대 캠프의 발언이 나오
기 전에 실행에 돌입해야 합니다. 우리의 제안을 수용하셔서 실행
과제가 모두 원활히 진행된다 해도 그전 날까지 이어오던 상승세
를 회복할지는 장담할 수 없습니다. 다만 후보님의 인지호감도가 1
등 후보를 제외한 다른 경쟁후보들에 비해 좋았습니다. 타격은 있
겠지만 희망을 갖는 이유가 여기에 있습니다. 국민은 이게 예상치
못한 실수인지 아니면 원래 있어온 문제가 나온 것인지를 향후 일
주일간 우리의 대처를 보면서 판단할 것입니다. 우리 역시 이 실행
과제를 진행하면서 여론의 반응과 변화에 따라 대응해나가야 합니
다. 국민은 후보님이 이 문제를 어떻게 처리하는가를 보면서 대통
령이 된다면 이런 유사한 상황에서 어떻게 처리할 것인가를 가늠
할 것입니다. 후보님과 캠프 전 구성원이 단합하여 이 위기를 진정
성 있게 극복하고 교훈을 얻으려 한다면 국민은 후보님에게 다시
기회를 줄 것입니다. 선거는 아직 두 달 남아 있습니다.

선거캠페인에서
기업은 무엇을 배울 수 있을까?

후보는 이 사고를 잘 수습하고 승리하면서 해피엔딩으로 마무리했을까? 아니면 결국 이 사고가 발목을 잡아 상승세가 꺼지면서 주저앉았을까? 알 수 없다. 예상했겠지만 이건 가상의 상황이다. 그러나 실제 선거캠페인 역시 하루가 멀다 하고 예상치 못한 사고가 터지면서 롤러코스터를 탄다.

선거캠페인은 위기의 대응과 적응의 과정이라 해도 과언이 아니다. 모든 걸 준비했다 해도 그 모든 것 안에 반드시 빠져 있는 그 무엇인가 있다. 우리가 통제할 수 있는 부분은 아주 작기 때문이다.

별것 아닌 것처럼 보이는 작은 사건이 폭발하면서 괴물이 되고 전체 선거캠프를 잡아먹는다.

　사회가 복잡해질수록 불확실성은 증대될 수밖에 없다. 도널드 럼스펠드 전 미국 국방부 장관의 말대로 우리는 '미지의 미지'를 예상해야 한다. 여기에 다양한 이해관계자들의 동시다발적 작용과 반작용이 새로운 상황을 만들어낸다. 그래서 《전쟁론》의 저자 클라우제비츠Carl von Clausewitz의 "모든 훌륭한 계획은 첫 포성이 울리기 직전까지 유효하다."는 말이 지금 더 유효한지도 모르겠다. 어찌할 수 없는 사고를 얼마나 잘 수습하고 원래의 계획을 변화된 상황에 적응시키면서 목표에 집중할 수 있는가는 선거캠페인의 성패에 큰 영향을 준다.

　경영전략은 선거캠페인 전략과는 다르다. 비즈니스와 달리 선거캠페인은 후보자가 모든 중심에 서 있기 때문이다. 기업의 총수가 구속되었다고 그 기업이 하루아침에 망하지는 않는다. 반면 선거캠페인은 후보가 사라지면 캠페인 자체가 성립되지 않는다. 후보는 기업의 시각으로 보면 오너이자 CEO이면서 상품이고 브랜드 이미지이기도 하다. 그래서 모든 것이 후보 중심으로 돌아가면서 후보의 성공이라는 분명한 목표에 모든 계획이 맞춰져 있다. 그리고 캠프의 성공은 상당 부분 대중(또는 여론)에의 이해와 반응에 달려 있다. 그렇다면 어떤 이유로 기업이 선거캠페인 모델을 적용해야 하는 것일까?

스티브 잡스가 선거전략가를 영입한 이유

애플의 CEO 스티브 잡스에게는 거대제국 IBM을 따라잡겠다는
야심이 있었다. 당시는 1980년대 초반이었다. 잡스는 기업의 커뮤
니케이션 방식으로는 본인이 원하는 바를 충족시킬 수 없다고 생
각했다. 그는 이기고 싶었고 최고가 되고 싶었다. 또한 이것이 최고
의 상품 생산만으로 이루어질 수 없음을 잘 알고 있었다. 여론을
주도할 새로운 커뮤니케이션 방식이 필요했다.

하버드대 학부시절에 이미 친구와 함께 기숙사에 조사회사를
차려놓고 유명 정치인들을 자문하기 시작하며 천재소년으로 불리
던 팻 캐들Pat Caddell과 매디슨애비뉴의 일류 카피라이터에서 정치컨
설턴트로 변신한 스콧 밀러Scott Miller는 잡스가 찾던 새로운 방식이
'선거캠페인'이라고 주장했다. 명확한 전략적 관점과 목표, 양자구
도에서는 49퍼센트의 지지를 받아도 패자가 되어 집으로 돌아가야
하는 게임의 룰, 때로는 무명이 한순간에 선두주자로 올라가는 다
이내믹, 모든 걸 갖춘 선두주자라 해도 한두 번의 실수로 후보직을
사퇴하게 되는 냉정한 여론, 매일매일 전쟁과 같은 여론전과 끊임
없이 상대의 약점과 나의 강점을 자신있게 드러내는 비교홍보전,
위기가 기회가 되고 기회가 위기가 되는 흥미진진한 대결. 마오쩌
둥의 말처럼 이것은 '무혈의 전쟁'이었다. 1972년 민주당 대선 예
비경선에서 조지 맥거번의 돌풍을 주도하고 1976년 무명의 지미
카터를 후보와 대통령까지 만들었던 캐들과, 미국은 물론이고 세
계 여러 나라의 선거에도 활발히 컨설팅을 하고 있는 밀러의 전력

이 설득력을 더했음은 물론이다.

매디슨애비뉴의 광고팀과 선거캠페인 전문가들, 그리고 통찰력의 잡스는 애플을 새롭고 도전적이고 야심찬 변화의 도전자 후보로 포지셔닝했다. 동시에 IBM을 모든 걸 다 갖추고도 정체되어 기득권이 되어버린 재선후보로 규정했다. 다윗과 골리앗의 싸움이었다.

선거캠페인에서는 약자가 강자를 이기는 드라마가 가능하다. 여론을 등에 업고 명분과 역동성을 선점하며 조직과 세력의 선두주자를 꺾기도 한다. 이런 이유로 이후에도 선거캠페인의 벤치마킹은 잡스의 혜안에 머무르지 않고 지속적으로 재계로 유입되고 응용되어오고 있다.

최근 실리콘밸리의 스타 기업이면서 악동의 이미지를 얻은 공유기업 우버 역시 선거캠페인 모델을 통해 여론의 반전과 이미지 변신을 꾀하고 있다. 2014년 여름 우버의 CEO 트래비스 캘러닉 Travis Kalanick 은 자신들이 택시업계와 정부관계자들과의 여론 전쟁에서 '공룡'으로 인식되고 있음을 감지했다. 이 프레임을 전환하고 우버에 긍정적 생명력을 불어넣지 못하면 우버의 미래는 밝지 못하다는 것을 잘 알고 있었다. 캘러닉는 2008년 오바마 후보의 캠페인 매니저였으며 이후 백악관 정치고문으로 재선을 준비했던 데이비드 플러프David Plouffe를 전략과 정책을 책임지는 부사장으로 영입했다. 언론은 플러프가 우버의 '캠페인 매니저'로 영입되었다고 논평했다. 플러프는 입사와 동시에 우버를 도전자 후보로 포지셔닝하면서 새로운 정치캠페인에 돌입하고 있다. 오바마의 성공신화를 기업의 영역에서 재현하려는 것이다.

기업활동에서 여론의 중요성이 커지는 것은 사회적 환경변화와 기술발전의 결합과 밀접할 수밖에 없다. 과거 소수의 권력과 언론이 통제하는 사회 기반에서는 그들과의 관계와 소통이 중요했다. 아마도 '땅콩회항' 사건이 10년 전에 일어났다면 지금의 결과까지 가지 않았을지도 모른다. 그러나 사회는 변했고 지금도 변하고 있다. 이미 수십 년 전부터 대중은 사회적 사건을 동시에 간접 경험하면서 공감대를 형성하게 되었다.

9·11테러 당시 세계무역센터에 비행기가 충돌하는 장면은 현장에 없던 사람들에게도 유사한 공포와 충격을 안겨주었고 이 이미지는 미국이 안보 중심 사회로 급속히 이동하는 데 동력을 제공했다. 인터넷은 이미지의 전파를 넘어 메시지의 교류를 실현했고 뒤이어 우리 몸의 일부처럼 되어버린 스마트폰의 등장과 트위터, 페이스북, 유튜브 같은 SNS의 확산은 대중을 생산의 주체로 만들면서 그전까지 제한된 공간에서 논쟁되고 정리될 수 있는 문제를 글로벌화했다.

1960년대 진보학생운동의 지도자 중 한 사람으로 지금은 미디어비평가인 토드 기틀린Todd Gitlin은 월스트리트 점령 운동을 다룬 《국가를 접수하라Occupy Nation》라는 책에서 1960년대에 사회변화에 관한 어젠다가 공론화하는 데 3년이 걸렸다면, 2011년의 이 운동이 사회적 담론을 형성하는 데는 3주밖에 걸리지 않았다고 평가했고 그 공을 SNS에 돌렸다. 물론 그는 의사결정 구조의 본질을 건드리지 않는 방식의 운동은 지속성과 영향력에 한계가 있음을 지적하기도 했다.

SNS는 어젠다 세팅의 힘을 소수 권력에서 대중으로 점차 이동시키고 있다. 새로운 제보와 해석, 인용이 계속된다. 물론 그중 진짜도 있고 가짜도 있다. 사회변화를 열망하는 그룹을 조직하기도 하고 성난 폭도들의 배설장이 되어 온오프라인을 달구기도 한다. 그랬음직하고 그랬어야 하는 상황에 들어가면 하루아침에 '천사'가, 다음 날 '마녀'가 되는 사회다. 이러한 기술적 혁신과 대중의 커뮤니케이션 주도가 한국사회에서 나타나고 있는 장기불황이나 고용 없는 성장, 청년실업과 빈부격차 심화라는 사회적 이슈와 만날 경우 기름에 불 붙듯 타오를 것임은 어렵지 않게 예상할 수 있지 않을까?

어제까지 관대했던 재벌에의 잣대가 오늘부터 갑자기 엄격해진 것 역시 이와 무관하지 않을 것이다. 기업과 경영진의 미래가 여론의 동향과 사회변화에 무관하지 않다면 기업 역시 지금까지와는 다른 시각과 방법으로 여론을 받아들이고 대응할 준비를 해야 한다.

기업과 선거캠프, 쌍방향의 벤치마킹

역사적으로 시장과 기업은 창의와 혁신의 시발점이었다. 커뮤니케이션 기술 역시 그랬다. 이윤이 존재이유인 기업에게 소비자와 투자자를 유혹하고 설득하는 방식에의 집중은 아깝지 않았다. 이에 관한 연구개발은 늘어났다. 막대한 광고비를 지출하면서 "저 중에 반은 낭비인데 그 반이 무엇인지 모르겠다."고 한 어느 기업인의 푸념처럼 살아남기 위해 끊임없이 광고비를 늘렸다. 여기에 발맞추어 해당 분야의 전문가 역시 증가했다.

미국 정치권이 기업의 자본이 아니라 이들의 커뮤니케이션 기술과 전문가들에 본격적으로 관심을 갖기 시작한 것은 지금으로부터 60년이 조금 못 된 1960년대부터였다. 후보의 선출과 당선이 소수의 지도자와 정당의 충성스러운 조직을 통해 결정되던 시기에서 정파성이 약한 다수의 대중이 중요해지는 시기로 넘어가는 때였다. 정당의 세력은 약화되고 텔레비전을 중심으로 대중매체가 유권자의 여론을 지배했다. 정치결정의 선택권이 소수 권력에서 다수 일반에게 넘어가기 시작한 것이다. 미디어를 통해 이미지를 만들고 상품을 구매하게 하는 것이 선거캠페인에도 유효해졌다. 2008년 미 대선을 통해 널리 알려진 '빅데이터' 역시 출발은 소비자를 조금이라도 더 알고 싶은 기업마케팅 영역 연구개발의 성과였다.

미국은 물론 한국 정치 영역에서 조직과 자금은 여전히 중요하다. 그러나 과거와는 달리 여론이 뒷받침하지 못하면 엄청난 조직과 막대한 자금도 지속가능하지 않다. 최근 한국의 정치권에서는 '여의도 논리'와 '일반 여론'이 부딪치면 일반 여론이 이기는 사례가 적지 않다. 한국의 정당에 쏟아지는 '여론조사 만능'이라는 비판도 결국 여론 반영의 필요성을 인식한 정당들의 대응이 낳은 결과이다. 문제는 정당의 폐쇄성과 낙후성을 혁신과 변화를 통해 여론을 제대로 반영하는 정당의 면모를 갖추어 대중의 참여를 이끌기보다는 기존 기득권 체제를 유지하면서 면피를 위한 여론 반영의 방식으로 여론조사를 끌어들였다는 것이다.

　주로 기업에서 정치권으로 진행되던 기술 도입과 인재 영입이 쌍방향으로 이루어지기 시작한 것은 1990년대 말부터였다. 어쩌면 필연이었다. 정치와 선거는 권력을 놓고 다투는 비즈니스다. 선거캠페인은 빠르게 진화했고 적응했다. 걸려 있는 결과는 모든 것을 얻거나 모든 것을 잃는 싸움이었다. 절박했고 올인할 수밖에 없었다. 기업의 방식을 들여와 정치의 방식으로 변환시켰다. 벤치마킹과 기술 도입 30년이 넘으면서 사례도 풍부했고 배출한 전문가도 많아졌다. 이제는 전문가도 자체조달이 가능해졌다. 미국 대선은 웬만한 중견기업 정도의 자본금으로 2년간 운영된다. 유권자의 생각을 알 수 있고 한 사람의 마음이라도 더 얻을 수 있다면 돈이 얼마나 들든 상관없다는 태도다.

　숨가쁘게 달려온 기술의 발전은 정치 영역에 큰 변화를 불러왔다. 텔레비전은 그 시작이었다. 소수의 보스 중심 정치에서 대중의 참여를 이끌고 여론이 좌우하는 정치를 만들었다는 긍정적 평가와 원칙과 이념이 분명한 정당을 약화시키고 내용보다는 이미지가 중요한 가벼운 시대를 열었다는 부정적 평가를 동시에 받고 있지만 누구도 이 영향력을 과소평가하지 못한다. 전화기의 일반화는 여론조사를 편리하게 만들었고 컴퓨터의 대중화는 캠페인을 한 단계 업그레이드했다. 소프트웨어의 발전은 유권자 파악을 용이하게 했고 방송광고를 하루 만에 만들게 했다. 그러다 1990년대에 인터넷이 등장했다.

기업커뮤니케이션과 정치커뮤니케이션 간의 관계가 역방향, 아니 최소한 쌍방향의 관계가 1990년대 말부터 시작되었다고 보는 것은 실리콘밸리 벤처붐으로 인한 새로운 자금의 흐름과 인터넷 등장으로 인한 개별적 맞춤형 소통이 시작됐기 때문이다. 풀뿌리의 역동성이 전통 미디어를 건너뛰면서 후보 구도를 흔들 수 있는 힘을 준 것이다. 정치권력의 심장부라 할 수 있는 미국 백악관을 1993년부터 2000년까지 차지한 듀오가 베이비부머 세대인 빌 클린턴과 앨 고어였다는 것도 이 변화를 상징한다.

마음을 얻지 못한다는 것

전쟁과 선거캠페인은 분명한 목표를 가진다. 그것은 승리다. 이를 위해서는 어떤 희생도 감수할 수 있다. 전쟁과 정치의 가장 큰 차이는 전쟁은 상대를 직접 제압함으로써 승리를 얻지만 정치는 여론을 통해 상대를 제압하거나 명분을 얻는다는 것이다. 승리는 결국 상대보다 최소한 한 표 더 많은 여론의 지지를 의미한다. 승리는 끝인가? 이미 정치는 물론이고 전쟁에서도 평시와 전시의 구분이 의미 없어졌고 현대전에서 여론은 중요한 역할을 차지하고 있다. 미국이 단번에 이라크를 점령하고도 아직도 늪에서 허덕이는 것은 전시 이후의 상황을 준비하지 못했기 때문이다. 물리적 힘의 제압으로 1차적 목표는 달성가능하다. 그러나 여론, 즉 점령국가 국민의 마음을 얻지 못한다면 궁극적 목표 달성에는 성공하기 어렵다.

여론의 뒷받침 없인 국정운영이 가능하지 않다. 대통령의 힘의 원천은 여론이다. 그래서 대통령학자들은 대통령의 가장 중요한 역할을 '설득하는 힘'으로 규정한다. 미언론은 헌법에 미대통령의 주요 권한으로 표현하는 최고 군통수권자Commander in Chief 를 빗대어 최고 소통인Communicator in Chief 또는 심지어 최고 응원단장Cheerleader in Chief 으로 바꾸어 부르기도 한다. 대통령의 임기는 끝나는 날까지 유효하다. 그러나 우리는 임기가 얼마 남았건 언론의 '레임덕' 기사를 본다. 대통령의 힘은 헌법이 보장하는 한 한 치의 변화도 없건만 아무도 따르려 하지 않는다. 심지어 '우리 당에서 나가달라.'는 요구까지 아무렇지 않게 한다. 그 기준점은 여론의 지속적 하락에서 시작된다. 국회의원의 경우도 다르지 않다. 좀 더 종속적일 수는 있으나 승리한 다음 날부터 그다음 플랜을 생각하지 않고 여론에 둔감하면 결국 운이나 바람에 기대는 수밖에 없다. 퍼머넌트 캠페인의 시대인 것이다.

정치인만의 이야기가 아니다. 오늘날 우리는 자기 위치에서 상승이 아닌 최소한의 생존을 위해 각자의 퍼머넌트 캠페인을 벌인다. SNS 시대는 이것을 가속화시켰다. 원한다면 모두가 전문가가 될 수 있고 모든 문제에 개입할 수 있다. 한국사회에선 축구와 텔레비전 그리고 정치는 모두 전문가라는 이야기가 있다. 축구대표팀 코치와 방송연출가 그리고 정치인은 정말 하기 어려운 직업이라는 자조였다. 모두가 다 자기 의견이 있고 전문가를 잘 인정하지 않는다. 어찌 보면 전문가가 없는 시대라 할 수 있다. 전문성은 제한된 정보와 높은 문턱으로 유지되어왔다고 해도 과언이 아니다. 더 이상 비밀은 없다. 한국사회 특유의 지연과 학연의 관계로 비즈니스 커뮤니케이션이나 위기대응이 이루어지는 시대가 점점 저물고 있다. 물론 핵심은 여론이다. 단, 무작정 여론을 추종하는 것은 답이 아니다. 명확한 전략적 목표가 있어야 한다. 그 목표에 입각한 여론을 파악해 그 목표가 현실가능한지 그리고 그 목표에 도달하기 위해서는 어떻게 여론의 흐름을 타야 하는지에 관한 로드맵을 만들어야 한다.

여기서 여론은 몇 가지로 나눌 수 있다. 우선 종합적인 여론이 있다. 이들의 생각은 사실과 다를 수 있다. 그러나 그것이 여론이다. 정치커뮤니케이션에서 가장 먼저 기억해야 할 것은 퍼셉션perception은 리얼리티라는 것이다. 그것을 인지하고 인정하는 가운데 출발해야 한다. 대중이 부정확한 정보 입력으로 잘못된 여론을 만들고 있다 해도 이것이 현 시점의 여론임을 인식하는 것은 중요하다. 정확한 정보 입력을 통해 대중의 생각을 바꾸는 것은 또 다른 영역의 일이다. 그래서 객관적 여론을 확인하는 것은 중요하다. 정확한 조사는 실제와 가까운 여론을 보여준다. 정확한 혈액검사가 실제와 가까운 건강상태를 보여주는 것과 유사하다 하겠다.

다음은 타깃층 여론이다. 이들은 나의 목표 또는 하고 있는 일에 영향을 미치는 층이다. 내가 소통해야 하는 핵심청중Core Audience인 셈이다. 선거캠페인의 경우 보통 조사된 그룹을 크게 세 그룹 또는 다섯 그룹으로 나눈다. 지지층과 반대층 그리고 부동층이다.

다섯 그룹일 경우는 지지층과 반대층을 강, 약으로 다시 나누는 셈이다. 지지층은 동기부여가 메시지의 핵심이고 부동층은 설득이다. 반대층의 경우는 반대의 약화 또는 중성화가 목표가 된다. 그들이 누구인가를 알고 이해하는 게 전제되어야 함은 물론이다. 캠페인의 목표가 어딘가에 따라 어디에 자원이 투입되고 어디에 집중해야 하는지의 로드맵이 나오는 것이다.

다른 카테고리로는 주변부 여론과 오피니언층 여론이 있다. 나와 자주 접하는 사람들의 생각은 전체 여론 또는 타깃층 여론과 중복될 수 있지만 다를 수도 있다. 그 때문에 오히려 캠페인이 혼란을 겪을 수 있다. 오피니언층 여론은 모든 여론에 영향을 줄 힘이 있다. 그러나 이들이 항상 일치하지도, 사실관계를 정확히 알고 있지도 않다. 여론을 파악하기 전 가장 유의해야 할 것이 확증편향과 동기화된 추론이다. 인간이 위기의 상황에서 판단하거나 중요한 결정을 할 때 이성적이지도 합리적이지도 않다는 것은 최근 행동응용과학자들의 연구결과를 통해 속속들이 밝혀지고 있다. 인간은 믿고 싶은 것만 믿는다. 내가 생각하는 것과 비슷한 이야기 위주로 귀를 열고 마음을 연다. 그러곤 그것이 일반적 여론이라 믿는다.

어떤 문제의 해답을 찾는 경우에도 유사하다. 원하는 답을 찾기 위한 과정을 거치고 결국 원하는 답을 찾는다. 첫출발이 어긋나면 결코 제대로 된 답을 찾을 수 없다. 전략적 목표 달성을 위해서는 편견을 최대한 배제한 상태에서 가장 냉정하고 객관적인 여론 진단이 필요하다.

21세기의 권력은 여론이다

선거캠페인의 시작이 전략 조사에서부터 시작되는 것은 어쩌면 지극히 당연해 보인다. 여론을 상대로 전쟁을 치르고 실제의 사실관계보다 대중의 인식의 문제가 더 중요하기 때문에 그 인식을 제대로 파악하지 못하면 제대로 된 진단이 나올 수 없기 때문이다. 이런 결과를 토대로 프레임을 구성한다. 어떤 사안이 발생했을 때 그 사안이 가지는 성격은 하나로 국한되지 않는다. 어느 각도에서 어떻게 바라보는가에 따라 입체적 성격을 띤다. 그렇다면 선거캠프 입장에서 가장 설득력 있는 프레임을 구성하는 것이다. 물론 이것이 하고 싶다고 마음대로 되지는 않는다.

대중이 믿지 않는 것을 통제가 가능하지 않은 미디어 환경에서 짧은 기간에 관철해내는 것은 불가능하다. 우리가 사는 사회에서 전략의 전제가 여론의 조작이나 왜곡에 있거나 언론의 전면적 통제나 컨트롤에 있다면 처음부터 전략 자체가 틀린 것이다. 현명한 선거캠페인은 할 수 있는 것과 할 수 없는 것을 빨리 구분하고 할 수 있는 것에 집중하면서 여론의 흐름을 타려고 노력한다.

전략 조사를 통해 현재의 상황과 대중의 인식을 파악하고 그것을 기반으로 프레임을 구성했다고 해서 모든 게 해결된 것은 아니다. 그 프레임 안에서 구체적인 액션플랜이 나와야 한다. 커뮤니케이션 전략에서 상당 부분의 액션플랜은 '말'(몸짓도 포함)에 있다. 캠페인에서는 이를 '메시지'라고 부른다. 그러나 그 말(또는 메시지)이 성공적이기 위해서는 의도나 내용은 필수조건일 뿐이다. 충분

조건은 그 환경을 이해하고 적합한 매체를 선택하는 것이다. 대중과의 소통은 무엇을 말하는가에서 어떻게 말하는가로, 또 어떻게 들리는가로 변해왔다.

중요한 건 내가 무슨 말을 하는 것이 아니라 상대가 내가 말한 의도대로 받아들일 것인가이다. 그러기 위해서는 메시지의 내용뿐만 아니라 그것의 전달통로와 환경과 맥락이 그 못지않게 중요하다. 마셜 매클루언Marshall Mcluhan은 이미 1960년대 메시지의 내용보다도 그것을 전달하는 매체에 집중해야 한다고 주장했다. 매클루언이《미디어의 이해》에서 정리했던 학문적 개념들을 현장에서 가장 잘 적용했다고 평가받는 미디어컨설턴트 토니 슈워츠Tony Schwartz는 자신의 저서《공명이론Responsive Chord》에서 효과적인 메시지가 되기 위해서는 일방적인 주장의 전달이 아니라 설득하고자 하는 상대방의 마음과 전달매체의 특성을 미리 알고 거기에 맞는 메시지를 디자인하고 전달해야 한다고 말했다. 조사를 통한 프레임 설정과 메시지 디자인의 중요성을 보여준 슈워츠의 이 공명이론은 선거캠페인뿐만 아니라 각종 소비자마케팅에도 적용되면서 효과를 입증해왔다.

대중은 정치인이 손석희 앵커처럼 말해주기를 바란다. 그러다 어느 순간 손석희 앵커가 정치인이었으면 하고 바란다. 드라마에서 멋진 정치인 배역이나 따뜻한 기업인 배역을 맡은 배우는 단숨에 주요 정당 영입 경쟁에 이름을 올린다. 대중이 정치인의 이미지를 대중매체와 격의 없이 교차시키는 것처럼 기업의 이미지 역시 의인화해서 바라본다. 착한 기업과 나쁜 기업이라는 구분처럼 복잡함을 단순화하는 경향도 강하다. 대중은 가치창출을 기대하고 사회와 함께 지속가능한 기업을 희망한다. 사회가 힘들고 아프면 같이 나누고 공감하길 기대한다.

"기업이 돈만 잘 벌면 되지 않느냐"고 강변하는 CEO는 자리를 지키기 어려운 시대다. 이런 걸 기업에 요구하는 게 맞느냐고 물을 수 있다. 왜 말도 잘하고 이미지도 신경 써야 하느냐고 강변하는 정치인이 성공하기 어려운 것과 비슷하다 할 수 있다. 과자 만드는 회사 사장 아들의 품행이 과자 매출을 떨어뜨리고 자동차 만드는 회사의 과거 친일행적이 회사 이미지를 추락시켜 주가에 영향을 준다면 맞고 틀리는 문제로 접근할 수 없다. 선택만이 있을 뿐이다. 한국사회에서 기업이 20세기형 권력의 눈치를 보며 그들에게 비용을 지불해왔다면 이제 대상이 바뀐 것이다.

긍정적 평판과 여론이 죽어가는 기업을 살린다는 보장은 없다. 훌륭한 CEO와 가족의 품행 또는 그 회사의 사회적 공헌과 참여도 시장경쟁력 없이는 생존할 수 없기 때문이다. 그러나 그 반대의 경우 그 회사의 경쟁력을 죽일 수는 있다. 이제 대중이 원하는 기업이 되지 않으면 생존할 수 없다. 원하는 게 있다면 대중의 기대를 충족시켜야 한다. 21세기 권력은 여론인 것이다.

모든 위기는 같다,
그러나 모든 위기는 다르다

앞서 언급한 가상의 선거캠페인 상황이 '땅콩회항' 사건으로 불리는 대한항공 조현아 전 부사장 사건과 얼마나 다를까? 어찌 보면 가상의 대선캠프에서 벌어진 사건은 캠프나 부본부장 입장에서 변명의 여지가 더 있다. 그러나 두 사건이 근본적으로 다른 지점은 사건 발생 시 대선캠프는 분명한 전략적 목표가 있었다는 점이다. 최종목표는 대선승리이고 지금 발생한 위기로 인한 타격을 최소화해야 했다. 최종결정자인 후보만큼 승리를 갈망하는 사람은 없을 것이다. 그것을 위해 뭐든지 해야 했다. 그만큼 절박했다. 단, 모든 판단기준은 여론에 맞춰져 있다. 물론 가상의 선거캠프에서 처방을 내릴 당시 정확한 여론을 파악하지 못한 상태였다. 실제로 하루가 멀다 하고 터지는 위기 발생에서 바로 객관적 여론을 파악하기는 어렵다. 그러나 그 순간에도 최대한 여론은 어떨 것인지를 자문하고 여론의 시각에서 상황을 파악하고 대처하려는 시선을 놓쳐서는 안 된다.

벌어진 상황에서부터 일부분을 복기해보자. SBS 〈그것이 알고 싶다〉에서 전직 승무원이 이런 일이 언론에 보도되는 것 자체에 놀랐다고 한 발언을 신뢰한다면 사건이 벌어졌을 때 대한항공에서 사건 자체를 위기로 보기는 어려웠을 수 있다. 언론에 이 사건이 제보되고 언론사에서 이를 확인하는 연락이 왔을 시점부터 사건은 발생한 것으로 간주할 수 있다. 그렇다면 첫 번째로 최고결정권자에게 이 사안의 내용이 그 심각성과 함께 전해졌어야 한다. 동시에 최고결정권자에게 지금 상황에서 결정할 수 있는 옵션과 신속한 대응의 중요성, 그리고 이것을 무시했을 경우 발생할 최악의 시나리오가 함께 전달되었어야 한다. "재벌 오너 딸이 땅콩 때문에 비행기를 돌려 승무원을 내리게 했다."는 한 프레임으로 이번 사안이 어느 기업에나 최악의 위기임을 직감했어야 한다. 오늘 한국사회에서 일반인들의 정서적 코드를 건드린 이 프레임은 웬만한 방법으로는 전환하기 힘든 위기였다.

우리는 대한항공이 어느 시점에서 이 문제를 '위기'로 인지했는지 또 그에 합당한 내부적 액션을 취했는지 알지 못한다. 물론 최고결정권자가 제대로 된 상황보고와 신속한 대응을 제안받고도 무시했는지 다른 내용과 해결방안이 제시되었는지도 알지 못한다. 그러나 땅콩회항 사건이 발생하고 3일 만에 나온 입장자료 한 장은 대한항공이 이 사건을 대하는 인식과 태도를 보여주었다. 당연히 여론은 악화되었고 언론의 보도는 꼬리에 꼬리를 물었다. 그러나 어떤 것도 너무 늦은 것은 없다. 그 시점에라도 그 시점에서 할 수 있는 최선의 일을 해야 한다. 그게 위기대응의 중요한 관리 방안이다. 지나간 일은 후회하고 돌이키려 해도 돌아오지 않는다. 늦게라도 컨트롤타워의 소집 요청이 이루어졌어야 한다. 최고결정자가 참석하든지 아니면 컨트롤타워의 의견을 최종 전달받을 수 있도록 최고결정권자의 동의 아래 회의가 이루어졌어야 한다. 이때 냉정히 상황을 진단하고 사회 분위기를 점검해 늦게나마 회사 차원의 징계, 개인 차원의 사과, 피해자에게 진심 어린 배려와 위로 등이 뒤따랐다면 더 악화되는 상황은 막을 수 있지 않았을까 조심스럽게 생각해볼 수 있다.

조현아 살리기, 여론에 답이 있었다

대한항공이나 조현아 전 부사장 입장에서는 결국 모든 걸 다 했다고(조현아 전 부사장의 전 직책 사임, 거듭된 사과와 박창진 사무장 자택 방문, 조양호 회장의 사과, 회사 차원의 사과광고 등) 억울해할 수 있으나 그 와중에도 어떻게든 사건을 축소해보려는 시도가 부정적 잡음으로 계속 터져나왔다. 타이밍과 진정성이라는 정치커뮤니케이선에서 핵심적 요소를 간과한, 마지못해 따라가는 대응이 초래한 결과였다.

여론을 살펴보고 경영진에게 자문하는 것과 경영진의 바람을 관철시키기 위해 여론을 구성해보려고 노력하는 것은 엄청난 차이가 있다. 그러나 경영진이 여론의 의중을 알기를 원하지 않고 말 잘못했다가 자신의 직을 내놓거나 최소한 불이익을 감수해야 하는 조직문화라면 여론 살피기는 가능하지 않은 일이다.

선거캠페인의 필요성은 여기서 다시 한 번 제기된다. 2006년 버락 오바마는 이미 대중적 스타였다. 오바마는 2004년 상원의원 선거에서 당선되어 워싱턴에 들어온 지 2년밖에 되지 않은 신인 중의 신인이었다. 그는 2008년 대선을 이야기하는 언론의 질문에 "이제 상원의원이 되었고 상원의원에 전념할 것"을 약속하고 대선과 분명한 선을 그었다. 그러나 그는 시간이 갈수록 미국사회에 변화를 가져올 인물로 기대를 모았다. 어딜 가나 사람들을 구름처럼 몰고 다녔다. 민주당의 큰손 몇몇은 은밀하게 오바마의 출마를 권유하기 시작했다. 젊은 민주당원들은 8년 만에 공화당으로부터 백악관을 찾아오려면 훨씬 더 새로운 선택이 필요하고 그것은 오바마라는 확신을 가지고 그의 출마를 공개적으로 요구했다.

오바마는 상황의 변화 속에서 대선불출마 약속에 심경의 변화를 느끼고 있었다. 그가 마음을 바꿔 대선준비에 나서려고 할 때 데이비드 액설로드David Axelrod는 《신봉자, 나의 정치인생 40년Believer, My Forty Years in Politics》에서 오바마에게 대선출마는 쉽게 결정하는 것이 아니라면서 이런 말을 한다. "저의 우려는 의원님이 대통령 출마에 충분히 집착하고 있지 않은 것 같다는 겁니다. 전 힐러리하고도 일해봤습니다. 에드워드하고도 일해봤습니다. 그 사람들은 새벽 4시에 일어나 쉬지 않고 캠페인을 벌일 겁니다. 아무리 죽을 것처럼 아파도 말이죠. 왜냐하면 그들은 대통령이 되어야 하니까요. 그들은 대통령이 되기 위해 뭐든지 할 준비가 되어 있습니다. 의원님에게서는 이런 의지를 보지 못합니다. 의원님은 야심이 있습니다만 그 야심을 대통령이 되어서 충족시켜야 할 필요는 없습니다. 가족과 함께 시간을 보내고 여유 있게 스포츠 중계를 보고. 어쩌면 대통령 출마를 하기에 의원님은 너무 정상적인지도 모릅니다."

오바마는 이 충고를 받아들였고 마음을 단단히 먹고 출마 결심을 했다. 이제 그는 재선에도 성공한 미국의 대통령이다. 선거에 출마한 후보자에게 당선보다 중요한 것은 없으며 오로지 승리에 공헌할 일만이 유효하다. 역으로 당선을 방해하는 일이라면 어떤 것도 대체가능하다.

만약 대한항공이 앞서 서술한 가상의 캠페인 본부와 같이 위기에 대처했다면 어떤 결과가 나왔을까? 대한항공에 여론은 얼마나 중요했을까? 기업에서의 사고나 스캔들은 선거와 달리 성패를 좌우하지 않는다. 복귀할 수 있는 오너 일가를 희생양으로 삼자고 나서는 임원이 있다면 용기 있다기보다는 무모하다고 할 수 있다. 전략적 목표를 조현아의 희생이 아니라 조현아를 살리는 것에 두는 것은 맞았다. 그런데 살리는 방법이 잘못됐다. 답을 여론에서 찾아야 했고 그랬다면 오너와 회사의 선택은 달랐을 것이다.

다시 말하면 대한항공의 '조현아 살리기'는 목표로서 정당했을 수 있다. 그러나 대한항공의 대응방식을 보면, 그 실행이 여론에 입각해 이루어지지 않았고 전략적이지도 않았다. 오너 일가를 지켜야 한다는 원초적인 보호본능에 입각했거나 오너의 의중을 미리 파악하여 그에 맞추어 모든 판단과 결정이 이루어졌을 수 있다. 결국 전략적 관점에서 여론의 흐름에 맞는 대응을 하는 게 아니라 여론에 밀려 전술적으로 각 사안에 따라 오너의 시각에서 대응하고 의사결정을 한 것으로 보인다.

많은 경우 전략은 선택이 아니라 불가피성에서 나온다. 냉정하고 객관적으로 외부의 상황과 자신의 입장을 분석했을 때 취할 수 있는 방법은 상당히 제한적일 수밖에 없기 때문이다. 그리고 전략이 결정되면 여기에 헌신해야 한다. 경영전략이나 정치전략에서 '단순함'의 중요성이 점점 더 커지는 이유는 유혹과 방해요인의 증가로 전략 방향과 실행에 집중하는 것이 그만큼 어려워졌기 때문이다.

개인이나 조직이나 아무리 준비하고 조심해도 위기는 발생한다. 중요한 것은 위기가 발생했을 때 지켜야 하는 것이 무엇인가를 판단하고 그렇지 않은 것들을 과감하게 포기해야 한다는 점이다. 대한항공 입장에서는 어떻게 해야 여론을 납득시킬 수 있을지 판단할 필요성이 있었다.

위기발생 시 대응의 최우선 수칙은 '더 이상 악화시키지 말라 Do No Harm.'이다. 조현아 전 부사장을 아무 일도 발생하지 않은 것처럼 지키려 했기 때문에 위기대응 제1수칙인 '더 이상 악화시키지 말라.'가 무색할 만큼 매일 상황을 악화시켰다. 만약 사태를 그 수준에서 진정시키려 했다면 자신이 저지른 심각성을 인식하고 여론이 움직이기 전에 먼저 과감하게 포기하고 버리고 엎드려 용서를 구했어야 한다. 그것이 처벌을 포함한 것이라 해도 말이다.

대중에게 카타르시스를 선물해야 국민정서법에 입각해 형량이 가벼워질 수 있었다. 그래야 많은 정치인이 뒤늦게 시도하는 '제2의 첫인상'을 만들 가능성이 생긴다. 그러나 '나는 억울하다.'는 관점에서 무죄를 목표로 했다면 처음부터 결과는 뻔했다.

위기관리에는 창의성과 상상력이 필요하다

정치컨설턴트라는 호칭을 가장 먼저 쓴 조셉 나폴리탄Joseph Napolitan은 《정치컨설턴트의 충고》라는 책에서 "모든 캠페인은 같다. 그러나 모든 캠페인은 다르다."라는 말을 남겼다. 캠페인이 요구하는 본질적 요소는 동일하나 적용하는 방식과 반응은 각각이 처한 상황과 역사와 문화 속에서 다르게 나타날 수밖에 없다는 뜻이다. 나폴리탄의 이야기를 받자면, "모든 위기는 같다. 그러나 모든 위기는 다르다." 위기가 발생했을 때 벌어지는 상황, 그리고 이에 대응하기 위한 준비단계나 여론파악 등은 본질적으로 다르기 어렵다. 그러나 유사한 위기라 해도 동일한 교과서적 해법이 존재하기는 어렵다. 모든 위기는 각자만의 특수성을 지니고 있기 때문이다.

미국의 재선 대통령 두 명의 위기대응전략은 기존의 상식에 반한 것이었다. 빌 클린턴은 자신이 저지른 잘못에 대한 '정직하고 진솔한 사과'를 무시하고 오히려 단기적으로는 거짓말까지 하면서 전혀 다른 프레임을 설정하여 살아난 경우다. 재선을 앞두고 인턴과의 성스캔들이 터져나왔고 그것도 백악관에서 불미스러운 행위가 벌어졌다는 증언이 나왔다. 전문가들은 진실을 고백하고 사과하는 것만이 답이라고 했다. 빌 클린턴은 여론의 추이를 지켜보면서 만약 지금 나가서 진실을 고백하고 사과하면 국민은 자신을 용서하지 않을 것이라고 판단했다. 그러고는 경제호황과 높은 직무평가 결과를 이용해 대통령의 역할에 포커스를 맞추면서 이 문제를 돌파하려 했다. 지지층을 결집하기 위해 보수진영을 중심으로 한 반 클린턴 세력의 활동을 클린턴 죽이기 음모로 규정했다. 또한 개인의 사적인 잘못과 공적인 역할을 구분해 공적인 역할의 지속성을 대중에 호소했다. 국민은 클린턴의 손을 들어주었다. 1998년 중간선거에서 재선대통령 정당이 승리하는 결과를 이끌어냈고, 이를 통해 대중으로부터 정치적 사면을 받은 것이다.

반면 버락 오바마는 편견을 증폭시킬 이슈의 부각을 피하지 않고 정면으로 돌파하면서 성공한 경우다. 2007년 힐러리 클린턴과 치열한 예비경선 중이던 오바마 캠프는 언론에서 자신을 교회로 이끌고 주례를 서기까지 한 제레미아 라이트 목사의 설교 동영상을 보도하고 있다는 보고를 받는다. 라이트 목사는 백인 중심 권력사회의 위선을 공격하면서 거침없이 미국사회를 비판하는 내용으로 설교하고 있었다. 오바마 캠프가 가장 걱정했던 '변화와 희망'의 구도에서 '미국은 흑인대통령을 맞을 준비가 되었는가'로 문제가 전환되려는 위기상황이었다.

오바마 캠프는 처음부터 인종 문제의 부각을 극도로 꺼렸다. 캠프 준비단계에서 심층조사를 통해 여론은 아직 '흑인대통령을 선출할 준비가 되어 있지 않다.'는 결론을 내렸다. 단, 대통령이 시대적 조건에 부합한 인물인데 그의 인종이 흑인인 상황이라면 수용할 수 있다는 결론도 함께 나왔다. 이처럼 작은 차이지만 어떻게 프레임을 설정하고 소통하는가에 따라 차이가 엄청났다. 라이트 목사의 설교 모습과 그가 사용한 언어들은 흑인지도자들의 스테레오타입인 분노하고 거칠고 공격적인 이미지를 그대로 보여주고 있었다. 그에게서 종교를 배우고 그의 교회에서 신앙을 키웠다면 오바마도 그와 다르지 않을 것이라는 중부 백인들의 편견을 극복해야 하는 과제가 생겼다.

오바마는 정공법을 택했다. 캠프에 이와 관련한 연설회견을 준비하라고 알렸다. 캠프의 다수는 반대했다. 인종 문제를 거론하면 득 될 게 없다는 처음부터의 기조가 변할 이유가 없다는 생각에서였다. 그러나 오바마의 생각은 달랐다. 이 문제를 좀 더 큰 차원의 관점으로 바꾸지 못하면 어차피 자신은 대선에서 질 것이라고 판단한 것이다. 승부수였다. 이때 오바마가 한 연설은 그를 한 차원 높은 정치인으로 자리매김시켰고 미국정치사에 명연설 중 하나로 남았다.

재미있는 사실은 두 경우 모두, 소위 전문가들로부터 '정치생명 끝'이라는 판결을 받았다는 점이다. 클린턴의 경우는 곧 자진 사퇴할 것이라는 이야기가 쉬지 않고 방송됐고, 오바마의 경우는 민주당 당연직 대의원들이 힐러리 지지로 돌아설 수밖에 없을 것이라는 전망이 우세했다. 여론의 흐름을 예단하는 소수 권력집단의 한계를 보여주는 예이기도 하다.

위기는 긴급한 대응을 요한다. 그러나 더 중요한 건 정확한 사실관계와 함께 여론의 시각을 이해하는 것이다. 분절적이고 사안별로 반응하는 방식의 대응이 아닌 포괄적인holistic 관점에서의 접근이 필요하다. 사회적 맥락에서 구성원의 자격으로 문제를 바라보고 음미해볼 필요가 있는 것이다. 여론에 경계는 없다. 폭발성을 가지고 잠재되어 있는 여론이 어떻게 응집되고 확산되어 파괴력을 갖게 되느냐는 건 또 다른 문제이다. 그러나 여론이 폭발적으로 확산되는 일이 없길 바라는 건 지나친 희망이다. 희망은 전략이 될 수 없다. 동시에 위기를 대하는 방법 역시 정답이 있을 수 없다. 일반적 위기상황과의 유사점을 찾는 동시에 차이점도 볼 수 있어야 한다. 말처럼 쉬울 수 없다. 직접적, 간접적 경험과 사례연구를 적용하면서 다양한 상상력 속에서 창의적 조합을 만들어내려는 부단한 노력이 요구되는 일이다.

오늘날 사회에서 대기업이나 유명인에게 온전한 경제 문제나 법률 문제는 존재하지 않는다. 모든 게 다 사회 문제이고 대중의 관심사이다. 이것을 온전한 경제 문제나 법률 문제로 만들기 위해서는 정확한 전략적 목표와 여론에 관한 객관적 인식, 대응방안이 전제되어야 한다. 선거캠페인을 통해 얻을 수 있는 교훈은 위기발생 시 여론은 통제할 수 없기 때문에 그 프레임 안에서 전략을 만들고 그 전략에 헌신하고 신속하게 실행하고 단순화하면서 인식의 전환을 만들려고 노력해야 한다는 것이다. 권력과 소수 언론의 힘이 여론의 힘을 압도하는 시대에는 하나의 큰 사건을 다른 더 큰 사건으로 덮으려는 유혹이 제기되기도 한다. 앞으로도 여전히 시도될 것이나 점점 어려워질 것이다. 그리고 대중이 믿지 않는 걸 믿게 할 수 없고 믿는 걸 믿지 않게 할 수도 없다. 문제를 한 방Magic Bullet으로 해결하겠다는 생각은 버려야 한다. 선거캠페인은 그 전제 위에서 기획된다.

3장

더랩에이치 대표로, 조직 및 리더십 커뮤니케이션 컨설팅 및 코칭을 한다. 에델만 한국법인 대표를 역임했다. 카이스트 문화기술대학원에서 기업의 사과에 관한 연구를 진행 중이다. '설득의 심리학' 공인트레이너(CMCT)이며 지은 책으로 《쿨하게 사과하라》(공저) 《쿨하게 생존하라》, 옮긴 책으로 《설득의 심리학 3 완결편》(공역)이 있다.

그들은 과연 「쿨하게」 사과할 수 있었을까?

김호

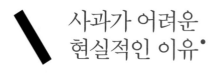

사과가 어려운
현실적인 이유*

"고객에게 최선의 해결책인가?"

결국 마지막 질문은 이것이다. 고객으로부터 돈을 받고 일하는 컨설턴트가 전략을 수립할 때 통과해야 하는 가장 중요한 질문은 무엇이 고객에게 진정한 이득을 주는 해결책인가라는 점이다.

● 본 원고에는 필자가 과거에 여러 언론매체 및 공개 보고서에 기고했던 위기관리 관련 글에서 가져온 내용이 다수 포함되어 있다. 다른 곳에서 옮겨온 내용의 출처는 모두 각주를 달아 밝혀놓았다. 아울러 원고 작성과정에서 의견을 나눠준 공저자들과 에이케이스의 김재은·박지윤 컨설턴트, 김정현 변호사, 그리고 원고를 읽고 꼼꼼하게 피드백을 해준 김정옥 편집장, 김봉수 대표, 허주현 (서강대 신문방송학과 대학원 박사과정)에게 감사의 뜻을 표한다.

친구 중에 존경할 만한 학자의 길을 걷는 교수가 있다. 그는 웬만하면 기업의 초청강연을 받아들이지 않을 뿐 아니라 어쩔 수 없이 기업에 가서 강연을 하게 되더라도 강연료를 받지 않는다고 한다. 이유를 물어보니, 보통 자신을 초청하는 기업은 자신이 진행하는 연구와 직간접적으로 관련이 있는데, 무엇인가 대가를 받으면 연구를 진행할 때 편견이 들어갈 소지가 있고, 논문을 쓸 때 기업들과의 거래관계를 일일이 학회에 신고하는 것도 귀찮아서라고 한다. 기업으로부터 비용을 받고 컨설팅은 물론 강연을 진행하는 나 같은 커뮤니케이션 컨설턴트와는 출발점이 매우 다르다.

대한항공의 '땅콩회항' 사건 같은 기업의 위기 사례를 놓고 이야기할 때에도 크게 두 가지 접근방식이 있다. 하나는 '무엇이 사회적으로 옳은 것인가'라는 방향이다. 이러한 논의는 보통 신문에 실리는 사설, 기자는 물론이고 학자나 시민단체 운동가의 칼럼 등에서 볼 수 있다. 우리 사회가 나아가야 할 바람직한 방향을 제시하는 이런 질문은 반드시 필요하다.

반면 위기가 터진 상황에서 기업 내부의 회의실에서는 '무엇이 사회적으로 옳은 것인가'라는 질문은 나오지 않는다. 기업 회의에서 중요한 질문은 '무엇이 기업에 이득이 되는가'라는 질문인데, 위기상황에서는 보통 '어떻게 하면 기업에 오는 피해를 최소화할 수 있을 것인가'라는 질문이 회의 테이블의 중심이 된다. 만약 컨설팅회사가 고객에게 '무엇이 사회적으로 옳은 일인가'라는 질문을 중심에 놓고 전략을 수립하거나 조언을 한다면, 이 회사는 조만간 문을 닫게 될 것이다.

이 글은 고객으로부터 돈을 받고 일하는 위기관리 커뮤니케이션 컨설턴트 입장에서 쓰여진 것이다. 즉, 무엇이 해당 기업에 오는 피해를 최소화하고 가장 도움이 되는 방식일까 고민하면서 쓴 것이다. 대한항공의 땅콩회항 사례를 중심으로 기업의 위기상황에서 대응전략의 하나로 사과에 관해 말할 것인데, 이 글은 사과가 윤리적으로 옳은 것인지에 관해서는 논외로 한다. 그보다는 사과가 위기에서 궁지로 몰린 기업이나 오너에게 보호수단이 될 수 있는지, 오히려 기업이나 오너를 궁지로 몰아넣는 사과는 무엇인지에 관해 살펴볼 것이다.

조현아를 위한 변명

땅콩회항과 같은 사고가 터지면, 항상 언론에서는 단골메뉴처럼 왜 사과를 제때에 제대로 하지 않는지에 관한 비판이 전문가의 코멘트와 섞여 반복된다. 혹시 이런 궁금증이 든 때는 없었는가? 왜 오너나 기업들은 뻔히 욕먹을 것을 알면서도 제때, 제대로 사과하지 않을까?

이게 사실 말처럼 쉽지 않다. 자신의 잘못으로 사고가 터지고, TV와 신문, SNS에서 자신에 관한 온갖 비판과 공격이 터져나오는 상황에서 쿨하게 자신의 잘못을 인정하고 진심을 담아 사과한다는 것은 생각만큼 쉽지 않다. 사과에 관해 연구한 대표적인 학자이자 정신과 의사인 아론 라자르는 "사람들은 사과를 나약함의 상징처럼 보는 경향이 있다. 하지만 사과의 행위는 위대한 힘을 필요로 한다."[1]고 했다. 멘탈이 웬만큼 강한 사람이 아니고서는 자신의 잘못 앞에서 담대하게 사과하기란 매우 어려운 일이다.

언론을 살펴보면 대한항공 조현아 전 부사장이 사과하지 말았어야 한다고 생각하는 사람은 거의 없는 것 같다. 또한 그녀가 제대로 사과했다고 생각하는 사람도 없는 것 같다. 그녀와 대한항공이 사건 초기에 어떻게 대응하고 사과했어야 하는지에 관한 논의도 이미 수없이 많았다. 여기에서 우리가 한 가지 빼먹은 것이 있다. 왜 땅콩회항 같은 사건에서 오너나 리더가 직접 나서서 제대로 사과하는 것이 힘든지에 관한 것이다. 여기에는 매우 그럴듯한 이유가 있다. 그것도 세 가지나. 이 부분을 읽고 나면 조현아 전 부사장이나 기업의 입장이 조금은 이해가 될지도 모른다.

"너는 위기관리 컨설팅을 하니까, 너에게 문제가 발생하면 잘 관리할 수 있어 좋겠다!" 친구들이 가끔 농담조로 내게 건네는 말이다. 나는 실제 이 부분이 한동안 궁금했다. 직업적으로 기업의 위기관리 컨설팅을 하고, 이에 관한 글을 쓰다 보니 이럴 땐 저렇게 해야 하고, 성공사례에는 이런 것이 있다……고 조언을 하게 된다. 2011년에는 뇌과학자인 카이스트의 정재승 교수와 《쿨하게 사과하라》라는 책을 쓰기도 했는데, 이 책을 쓰면서 부담스러웠던 것은 "나는 내 실수나 잘못으로 인한 위기상황에서 과연 쿨하게 사과할 수 있는가?"라는 질문이었다. 가끔씩 그 질문이 컴퓨터 스크린 오

---

1   Aaron Lazare, "Go ahead, Say You're Sorry," *Psychology Today*, Jan 1, 1995.

른쪽 모서리로부터 45도 방향으로 약 90센티미터 정도 지점에서 나를 바라보고 있는 것 같은 느낌이 들었다. 예를 들어, 과연 내가 조현아 전 대한항공 부사장이었다면 땅콩회항을 저지른 상태에서 처음부터 취재진 앞에 용감하게 나서서 잘못을 인정하고 공개적으로 진심을 담아 사과할 수 있었을까? 내가 컨설팅이나 칼럼 등을 통해 조언하는 것처럼 나도 그런 상황에서 그렇게 쿨하게 행동할 수 있을까?

이 질문에의 답은 신경과학 분야의 수업을 듣다가 우연히 읽게 된 논문[2]에서 나왔다. 일단 내가 실수나 잘못을 저지른 당사자라면 자신의 판단을 자동적으로 의심할 필요가 있다. 인간이라면 이런 경우 제대로 된 판단을 내릴 가능성이 과학적으로 매우 낮기 때문이다. 정상적인 상태라면 우리의 뇌에서는 일종의 컨트롤타워라고 할 수 있는, 이마 바로 뒤에 위치한 전전두엽이 합리적으로 의사결정을 하도록 도와준다. 하지만 땅콩회항처럼 자신이 잘못을 저질러 비난의 대상이 되고, 스트레스가 높아진 상황에서는 전전두엽이 아닌 감정과 관련된 편도체의 활동이 활발해지고 합리적 의사결정은 어려워진다. 이런 상태의 뇌는 상황을 차분하게 성찰하여 판단하기보다는, 즉각적이며 자동적으로 반응하게 만든다. 결국 실수나 잘못을 저지른 당사자의 뇌는 주변 현실을 제대로 판단하기 힘들며, 상황을 과도하게 위협적으로 인식하고, 따라서 방어

2   Arnsten AF., "Stress Signalling Pathways that Impair Prefrontal Cortex Structure and Function," *Nat Rev Neurosci.*, Jun, 2009; 10(6):410-22,(Review, PMID: 19455173)

적이 된다. 그 결과 '어떻게든 되겠지' '나까지 나서서 사과할 필요가 있겠어?' 심지어 '도대체 내가 잘못한 게 뭐야'라는 자기합리화에 이르게 된다.

쿨하게 사과하기 힘든 또 한 가지 이유는 인지부조화cognitive dissonance 현상 때문이다.[3] 흔한 예로 담배가 건강에 해롭다는 것은 누구나 아는 사실이지만, 그래도 담배를 끊을 수 없는 사람은 이런 사실을 그대로 받아들이기 불편해한다. 이처럼 '담배가 건강에 해롭다.'는 사실과 '(그럼에도 불구하고) 나는 담배를 피우고 있다.'는 사실처럼 두 가지 서로 충돌하는 인식을 가지고 있을 때에는 심리적으로 긴장하게 되는데, 이런 상태를 인지부조화라고 한다. 결국, 담배가 안 좋은 것을 알면서도 피우는 입장에서 자신의 마음을 편하게 하기 위해 하는 행동이 자기정당화self-justification이다. "그래도 담배를 피우면서 혼자서 잠시 돌아보는 시간도 갖고, 담배연기를 허공에 내뿜으면 스트레스가 줄어드는 효과가 있는 것 같아."라고 말도 안 되는 합리화를 시도하는 것이다.

조현아 전 부사장의 입장에서도 이러한 자기정당화는 일어났을 가능성이 높다. 고객이 탑승한 비행기에서 소리를 지르고 직원들을 내리라고까지 한 것은 실수였을 수 있지만, 고객서비스를 책임지는 부사장의 입장에서 직원에게 지적한 것이 뭐 그리 큰 잘못일까 하고 말이다. 2014년 12월 8일 대한항공이 보도자료를 통해

---

3 자기정당화의 심리에 관한 아주 훌륭한 책은 《거짓말의 진화》(엘리엇 애런슨·캐럴 태브리스 지음, 박웅희 옮김, 추수밭, 2007)이다. 이 책의 원제는 더 매력적이다. *Mistakes Were Made(But Not by Me)*.

내보낸 첫 번째 입장자료에서 이러한 자기정당화는 그대로 드러난다.

> 대한항공 임원들은 항공기 탑승 시 기내 서비스와 안전에 대한 점검의 의무가 있습니다.
> 사무장을 하기시킨 이유는 최고 서비스와 안전을 추구해야 할 사무장이 1) 담당 부사장의 지적에도 불구하고 규정과 절차를 무시했다는 점 2) 매뉴얼조차 제대로 사용하지 못하고 변명과 거짓으로 적당히 둘러댔다는 점을 들어 조 부사장이 사무장의 자질을 문제 삼았고, 기장이 하기 조치한 것입니다.
> 대한항공 전 임원은 항공기 탑승 시 기내 서비스와 안전에 대한 점검 의무가 있습니다. 조현아 부사장은 기내 서비스와 기내식을 책임지고 있는 임원으로서 문제 제기 및 지적은 당연한 일입니다.

이처럼 뇌의 작동구조나 인지부조화를 극복하기 위한 자기정당화라는 인간의 심리를 고려해볼 때, 내가 만약 조현아 전 부사장의 입장이었다 하더라도, 역시 방어적이 되었을 것이고 쿨하게 사과하기란 과학적으로도 쉽지 않았을 것이다.

결국 위기관리 컨설턴트가 될 수 있는 중요한 필수조건 중의 하나는 내가 그 위기의 당사자가 아니라는 점으로부터 나온다. 달리 말하면, 내가 나 자신을 위해서는 좋은 위기관리 컨설턴트가 되기는 과학적으로 힘들다. 그래서 나의 경우, 안 좋은 일이 생기면 일단 내 판단을 먼저 자동적으로 의심하려 애쓰고, 평소 내가 신뢰

해온 사람들의 판단을 들어보려 한다.

쿨하게 사과하기 힘든 또 하나의 이유는 직언하기 힘든 구조 때문이다. 이는 대한항공만의 문제는 아니다. 내가 만약 대한항공의 임원이었다면 오너 일가의 딸인 부사장에게 처음부터 "직접 나가서 잘못을 인정하고 공개적으로 사과하시는 게 좋겠습니다."라고 말할 수 있었을까? 평소에도 몸을 사리는 소극적인 나의 성격을 생각해볼 때 그렇게 직언하기 힘들었을 것이다.

위기상황에서 의사결정을 제대로 하기 위해서는 직언, 즉 바른 소리를 하는 사람이 반드시 필요하다. 딜레마는 이처럼 꼭 필요한 직언이 현실적으로 불가능한 조직의 내부 정치적 역학관계에 있다.

한 가지 '이상적인' 시나리오를 생각해보자. 대한항공의 한 임원이 조현아 부사장에게 땅콩회항 사건이 세상에 알려지기 시작한 시점에 대담하게 직언을 했다고 치자. "부사장님, 이번 사건은 여러 가지로 상황이 불리합니다. 이미 언론이 SNS나 저희 직원을 통해 상황을 파악하고 있고, 사회적으로는 갑질 이슈가 될 것이기 때문에, 일단 부사장님께서 모든 보직에서 사직하고, 사무장에게도 사과하고, 취재진 앞에 나가서 공개적으로 머리 숙여 사과하시는 것이 좋겠습니다."라고. 오너 일가가 좋아할 직언은 아니지만, 이를 받아들여 처음부터 사과하고 모든 보직에서 물러났다고 가정하자. 재판까지 가지 않았을 수도 있지만, 결국 재판에 가서 조현아 부사장이 집행유예를 받았다고 치자. 과연 오너 일가는 직언을 한 그 임원에게 고마운 마음을 가질까?

이미 결론을 알고 있는 지금 시점에서는 그렇게 생각할 수 있다. 왜냐하면 조현아 전 부사장은 1심에서 결국 징역 1년이라는 실형을 선고받았기 때문이다. 하지만 사건이 벌어진 시점에서는 오너가 제대로 사과하지 않았을 때 실형을 선고받을지, 여론으로부터 어떤 공격을 받았을지 판단하기 힘들다. 오히려 오너 입장에서는 '괜히 처음부터 잘못했다고 사과한 것은 아닐까? 차라리 사무장 잘못으로 돌리고 변명했다면 보직에서 물러설 필요도 없고, 체면도 구기지 않고, 재판까지 가지 않았을 수도 있을 텐데…… 괜히 잘못하지도 않았는데 처음부터 죄를 인정하고 사과해서 오히려 피해만 더 키운 것은 아닐까?'라고 생각하기 쉽다. 결국 직언한 사람 덕에 피해를 최소화할 수 있었더라도 감사나 인정을 받기란 힘들다. 오히려 미움받을 가능성이 훨씬 더 높다.

또 한 가지 시나리오는 훨씬 현실적이다. 일반적으로 임원회의에서 직언은 오너가 반응하기 전에 또 다른 임원이 '인터셉트'하게 마련이다. 직언을 하자마자 직언한 사람을 공격하는 사람이 있다는 뜻이다.

예를 들어 박 상무라는 사람이 오너 일가인 부사장에게 처음부터 보직에서 사퇴하고 공개사과하는 것이 낫겠다고 직언했다고 치자. 순간 모두의 얼굴이 굳겠지만, 오너가 말을 꺼내기도 전에 또 다른 임원은 이렇게 공격을 하게 되어 있다. "아니 박 상무, 부사장님이 뭘 잘못했다고 사퇴하고 공개적으로 사과를 해야 하나? 어떻게 그런 생각을 하지? 당신 우리 회사 사람 맞아? 사무장의 잘못을 지적한 것이 도대체 무슨 잘못이지?" 이런 사람은 오너에게 가서 "저희가 잘 알아서 처리하겠습니다. 너무 걱정하지 마십시오."
라고 말하게 마련이고, 오너는 "잘 알아서 처리해주세요."라고 반
응하는 게 일반적이다. 만약 나의 친구가 회사에서 직언을 할지 말
지에 관해 내 의견을 묻는다면 나는 이렇게 이야기할 것이다. "하
지 마."

법무팀 대 홍보팀 "오너 구속은 막아야 한다!"

내가 조현아 전 부사장의 입장이었어도 이런 사건이 터지면 가장
먼저 전화할 사람은 변호사이다. 법적으로 문제가 될 소지는 없는
지, 만약 법정으로 갈 경우 어떤 보호책이 있는지 조언을 얻어야
하기 때문이다.

　구속은 물론 실형선고를 피해야 하므로 재판준비나 법적인 보
호는 매우 중요한 영역이지만, 위기관리의 전부는 아니다. 위기상
황에서는 법리뿐 아니라 여론이라는 또 하나의 법정을 고려해야
한다.

　이와 관련해 2015년 인기를 끈 드라마 〈펀치〉의 한 장면을 소
개해보면 이렇다. 비리에 연루된 검찰총장이 특별검사에게 "법에
는 무죄추정 원칙이라는 게 있습니다."라고 말하며 자신감을 보이
자, 특별검사가 "약자를 보호하기 위한 조항이죠. 검찰총장이 약자
는 아니죠."라고 답하는 장면이 나온다.

　〈조선비즈〉가 형사사건 전문 변호사에게 의뢰해 땅콩회항 사

건을 분석한 내용[4]이나, 1심 재판 결과를 놓고 보면 자신의 무죄를 주장하기 위해 법정이 피해자라고 인정한 사무장에게 잘못을 돌리고, 자신의 잘못을 인정하지 않는 것이 법정에서조차 유리한 전략은 아니었던 것으로 보인다. 법관이 아닌 여론을 대하면서도 무죄추정의 원칙에 의거하여 자신의 잘못에 관해 침묵하거나 엉뚱하게 피해자를 공격하는 것은 기업에 더 큰 피해를 주게 마련이다. 기업들이 총체적인 위기관리에 실패하는 가장 큰 이유 중 하나는 법리를 가지고 여론을 대하기 때문이다. 쿨하게 사과하면 법정에서는 불리할 수 있다는 생각 때문에 잘못을 인정하는 듯한 모습은 끝까지 보이지 않으려 하고, 이러한 행동은 결국 여론을 악화시켜 법정 분위기에도 영향을 줄 수 있다.

변호사는 법정에서 고객을 보호Legal Protection해주는 전문가이지 위기관리 전체Total Protection를 담당하는 사람은 아니다. 어느 한쪽의 조언에 치우쳐, 심지어 변호사 외의 조언은 듣지도 않고 의사결정을 하게 될 경우 종합적인 위기관리에 실패할 가능성이 높다. 〈조선일보〉의 김영수 기자가 2013년에 쓴 칼럼 〈김승연, 최태원 회장의 경우〉의 한 대목은 위기관리를 해야 하는 기업이 곱씹어봐야 할 부분이다.

이나모리 경영철학을 읽으면서 문득 한화와 SK그룹 회장 재판 과

---

4   최순웅·조지원, 《(조현아 신문분석) ① 형사사건 변호사 "피해자 탓하지 말아야 했다"》; 《(조현아 신문분석) ② 檢, '조현아 반성하지 않는다'는 점 부각》, 조선비즈, 2015년 2월 8일

정이 떠올랐다. 두 회장 모두 일관되게 자기들은 "아무것도 모르는데 잘못에 대한 책임을 지라니 너무 억울하다."고 울분을 토하고 있다. 재판 과정을 살펴보면 두 사람 입장에서 억울한 면도 있고, 분통 터질 일도 있을 것이라는 생각이 든다. 마음의 병이 깊어서인지 김승연 회장은 건강이 심각하게 나빠졌다는 이야기도 들린다. 그러나 이나모리 회장은 "최고경영자란 정글에서 야수와 같은 적들로부터 종업원과 기업을 목숨 바쳐 지키는 기사(騎士)"라고 정의했다. 즉 임직원이 잘못했다고 해도 제 한 몸을 보전하려고 부하에게 책임을 떠넘기는 것은 올바른 모습이 아니라는 뜻이다. 비록 자신이 직접 저지른 일은 아니지만, 모든 책임은 내가 안고 간다는 당당한 모습을 보였다면 정상참작의 여지도 있고, 여론도 호의적이었을 것 같다. 법률 조문에만 매달리고 있는 변호사들이 회장에게 제대로 조언을 해줬을 리 없다. 변호사들에게는 돈이 가장 중요하기 때문에 그들을 너무 믿으면 안 된다. 경영자에게 항상 좋은 날만 있을 수 없다. 언제 어디서 어려운 사건이 터질지 모른다. 곤경에 빠진 환경을 탓하며 남을 원망하며 살 것인지, 먼저 자신을 탓하고 위기를 기회로 바꿀 것인지는 어떻게 마음먹느냐에 달렸다.[5]

현실에서는 위기관리의 의사결정 테이블에서 변호사나 법무팀의 목소리가 절대적이다.[6] 기업에서 여론을 담당하는 곳은 홍보팀이

5   김영수, 〈김승연, 최태원 회장의 경우〉, 조선일보, 2013년 3월 6일
6   김광태, 〈홍보와 법무가 싸우면 누가 이길까?〉, 더피알, 2013년 9월 4일

라 할 수 있는데, 법무팀이나 변호사가 법률에 관한 전문성을 인정받는 것만큼 홍보팀이나 PR컨설팅업체들은 여론에 관한 전문성을 오너나 리더로부터 인정받지 못하는 것이 현실이다. 이러한 힘의 불균형은 결국 위기상황에서 의사결정의 불균형으로 연결된다.

오너와 시스템, 위기관리의 두 방향

여론을 주로 고려하는 위기관리 컨설턴트들은 일반적으로 변호사에 비해 고객에게 사과를 더 권할 수는 있겠지만, 항상 '사과하시는 것이 좋겠습니다.'라고 이야기하지는 않는다. 사과하는 것과 하지 않는 안 중 무엇이 더 여론을 악화시킬지, 혹은 어떤 쪽이 고객을 여론으로부터 보호할 수 있는지를 고려하게 된다.

특정 위기 사건으로 이어지는 기업의 잘못에는 크게 두 가지가 있다. 하나는 의도치 않은 실수mistakes에 의한 것으로, 금융시스템에 문제가 생겨 소비자들이 불편을 겪는다든지, 작업자의 실수로 공장의 화재나 폭발이 발생하는 경우다. 또 하나는 알고도 저지른 잘못wrongdoing으로 임직원의 회계부정이나 성희롱, 기업이 비용 등을 아끼기 위한 목적으로 안전조항을 위반하여 일어난 공장 화재나 폭발 등의 경우다. 땅콩회항 사건을 대하는 시각차를 보면, 조 전 부사장 측은 전반적으로 실수였다는 각도에서 접근했고, 피해자나 여론은 의도하지 않은 실수가 아닌 갑질 관행으로부터 나온 잘못이라는 측면에서 바라보고 있었다.

위기관리 컨설턴트 입장에서는 여론의 시각에서 볼 때 사건이 실수보다는 잘못에 가까울 때, 시설 손상을 넘어서 인명피해가 발생했을 때, 언론 등 사회적으로 관심이 높을 때 사과를 위기대응의 한 카드로 고려하게 된다. 전문 위기관리 컨설턴트의 입장이 아니어도, 땅콩회항의 경우에는 2014년 12월 초 언론에 보도되기 시작했을 시점에 처음부터 제대로 사과하는 것이 나았으리라는 점은 명백했다.

뒤에서 자세하게 살펴보겠지만 2014년 12월 8일에 나온 대한항공의 첫 입장표명은 상황을 급속도로 악화시켰다. 사건 자체만으로도 기업에 큰 부담을 주는 위기상황에서, 엉뚱한 입장문을 통해 '잘못을 오히려 피해자에게 전가하는 오너 일가와 기업'이라는 또 하나의 위기상황을 스스로 만들어 더 심각한 부담을 초래한다. 원래 발생한 위기뿐 아니라 위기관리 과정에서 또 하나의 위기(이를 시작점이 된 위기 사건과 별도로 '위기관리의 위기'라고 부른다)를 기업 스스로 만드는 상황은 컨설턴트 입장에서 볼 때 가장 안타까운 부분 중 하나이다.

'제대로 사과하라.'는 조언은 무조건 사과하라는 말이라기보다는 두 가지를 의미한다. 첫째, 사과를 해야 할 때와 하지 않아야 할 때를 제대로 선별할 줄 알아야 한다. 둘째, 어차피 사과해야 할 경우에는 상황을 완화하도록 해야지 악화시켜서는 안 된다. 사과하고도 상황을 악화시키는 요소는 시점이 늦거나 태도에 문제가 있을 경우, 사과 전후의 행동에 문제가 있을 경우이다. 대한항공의 경우에도 회사, 회장, 당사자인 조현아 전 부사장까지 모두 사과했지만, 상황을 완화시키기는커녕 악화시켰다.

　자신의 실수나 잘못으로 사회에서 주목을 받는 사건이 발생했을 때, 누가 봐도 사과하는 것이 적절한 상황에서조차 제대로 사과해 위기를 완화시키는 경우는 극소수다. 어떤 경우에 제대로 사과할 수 있을까? 이론적으로 두 가지이다. 시스템이 뛰어나거나 사람이 뛰어나거나. 달리 말하면, 위기대응 의사결정 시스템이 제대로 작동하거나 리더가 뛰어난 리더십을 발휘하는 경우이다. 두 가지 중 하나만 선택해야 한다면 무엇이 중요할까?

　앞으로 위기관리 시스템 모델에 관해서 좀 더 자세히 이야기하겠지만, 이 부분은 교과서처럼 다소 이론적일 것이기 때문에 건너뛰어도 좋다. 다만 이 글을 통해 단지 땅콩회항 사건에 관한 분석이 아니라 기업이 위기관리를 제대로 할 수 있도록 좀 더 종합적인 정보를 독자들에게 제공하고자 상세하게 적어놓았다.

　시스템보다 중요한 것은 의사결정자의 리더십이다. 극단적으로 말하자면 별다른 시스템이 없어도 오너나 CEO가 훌륭한 리더십을 발휘할 수 있다면 위기관리는 비교적 성공할 가능성이 있다. 하지만 아무리 훌륭한 시스템이 있어도 리더가 이를 무시하거나 따르지 않는다면 시스템은 아무런 소용이 없다. 오너가 시스템을 무력화할 수 있기 때문이다.

　위기관리 시스템이 아무런 소용이 없다는 말은 아니다. 하지만 시스템 이전에 최고 의사결정자의 마인드와 관심, 적극적인 개입이 없다면 그 시스템은 돈만 들이고 소용이 없을 가능성이 높다. 단적으로 위기관리 시스템에서 가장 중요한 것이 정기적인 실전

훈련인데, 시스템과 리더십이 잘 되어 있는 기업의 경우에는 오너나 CEO가 직접 훈련에 참여한다. 내가 지난 15년간 진행한 위기대응 훈련의 경우 대부분의 외국 글로벌 기업들은 CEO가 직접 위기 훈련에 참여했다. 심지어는 본사 중역이 한국으로 와서 함께 훈련을 하기도 한다.

실무자들끼리만 위기관리 시뮬레이션 훈련을 하면 어떤 문제가 있을까? 시뮬레이션 훈련에서는 가상 위기상황에 관한 의사결정을 연습하고, 이를 실행하는 연습을 한다. 예를 들어 어떤 경우에 공개사과를 해야 하고 또 하지 말아야 할지 연습하고, 사과문을 작성해보기도 한다. 실제 위기가 발생해 시뮬레이션에서 연습한 대로 전략을 짜고, 공개사과하는 것이 바람직한 것으로 실무자들이 판단했다 하더라도, 의사결정자가 승인해주지 않으면 아무런 소용이 없다. 위기관리 시스템은 오너나 CEO의 확고한 위기 리더십 아래에서만 의미가 있다.

1. 라면상무 사건 대 땅콩회항 사건

2013년 4월 15일 인천-로스앤젤레스간 대한항공 비즈니스석에 탑승한 포스코에너지 W 상무는 자신의 옆자리가 비어 있지 않다는 이유로 불만을 제기하기 시작, 아침메뉴에 죽이 없다, 이후 밥이 상한 것 같다면서 결국 라면에 불만을 표출, 들고 있던 잡지로 대한항공 여승무원의 눈 주위를 때린 것으로 알려졌다. 대한항공 기장은 로스앤젤레스에 착륙, 현지 경찰에 W 상무를 신고했다. 미국 연방수사국이 입국 후 수사와 입국 포기 후 귀국 중 선택하라고 하자

W 상무는 귀국을 택했다. 4월 20일 언론에 이 사건이 보도되기 시작했고, 4월 21일 포스코는 진상 조사 및 엄중한 조치 의사와 함께 사과했다. 이어 22일 포스코에너지 상임감사 명의로 다음과 같이 입장을 발표했다.

공식발표문

포스코에너지 상임감사 정지복 상무입니다.

최근 우리 회사 한 임원의 비상식적인 행위로 인해
그동안 애정과 성원을 보내주셨던 많은 분들을 실망시켜드리게 되어
대단히 죄송하게 생각합니다.

당사는 물의를 일으킨 당자자에 대해 금일부로 보직해임 조치하고,
진상을 철저히 파악해 후속 인사조치를 취할 계획입니다.

이와 함께 당사 경영진과 당자자는 향후에라도 해당 항공사와 승무원이 허락한다면
직접 찾아뵙고 용서를 구할 생각입니다.

다시 한 번 여러분께 심려를 끼쳐드린 데 대해 깊이 사과드리며,
다시는 이런 유사한 사례가 발생하지 않도록
회사 임직원들의 윤리 및 인성 교육에 배전의 노력을 기울일 것을 약속드립니다.

2013년 4월 22일

상임감사의 이름으로 잘못에 대한 인정과 함께 상응하는 조치는 물론, 피해자인 승무원에게 용서를 구하겠다고 사과했다. 대한항공의 첫 입장표명이나 사과문과는 달리 적극적이고 구체적으로 사과했다. 물론, 라면상무와 땅콩회항의 경우 잘못의 주체가 임원 한 사

람이라는 점과 오너 일가 부사장이라는 점에서는 비교가 힘들다. '상무가 아니라 가장 높은 자리에 있는 사장이 잘못의 주체였다면 저렇게 빨리 사과할 수 있었을까?'라는 의문을 가질 수 있기 때문이다.

2. 한복 사건 대 땅콩회항 사건

오너 일가와 관련되어 있다는 점에서 2011년 4월 12일 호텔신라에서 발생한 '한복 사건'은 더 좋은 비교 대상이다. 유명 한복디자이너인 이혜순 씨가 저녁식사를 위해 호텔의 뷔페 레스토랑에 갔다가 "한복 차림으로는 입장이 안 된다."는 말을 들었고, 분노한 이 씨가 지인들에게 알린 사실이 트위터 등을 통해 확산되면서 비난 여론이 일었다. 사건 발생 하루 만인 13일 이부진 호텔신라 사장은 이혜순 디자이너를 직접 찾아가 "민망해서 고개를 못 들겠다. 죄송하다."고 사과했다.

이 사건도 직접적인 잘못의 주체가 이부진 사장이 아니라는 점에서는 땅콩회항 사건과는 다르지만, 오너 일가인 이부진 사장이 직접 나서서 적극적으로 피해자에게 사과하고 여론 진화에 나섰다는 점에서는 주목할 만하다.

3. 마우나리조트 사건 대 땅콩회항 사건

또 하나의 오너 관련 사례이다. 2014년 초 발생한 코오롱의 경주 마우나리조트 체육관 붕괴 사건 당시 이웅렬 회장은 사고 발생 아홉 시간 만에 현장에 나타나 유족들에게 사과하고, 적극적인 조치를 약속했다.[7] 이 사건은 대학생 열 명이 사망하고, 100여 명이 부상당한 대형사고였다. 사건 피해규모를 따졌을 때 대한항공의 땅콩회항과는 비교가 되지 않을 정도로 심각한 사태이다. 체육관 붕괴사고 책임자들은 징역 2년 6개월에서 1년을 선고받았다. 두 사건 중 여론의 비난은 누가 더 많이 받았을까?

일단 사회적 주목도에서 비교가 되지 않는다. 이 글을 쓰고 있는 2015년 3월 7일 오전 네이버 뉴스의 검색기능을 활용하여 발생한 지 1년이 지난 '마우나리조트 붕괴'로 검색했을 때 10,452건의 뉴스가 확인되는 반면, 발생한 지 4개월이 지난 '땅콩회항'의 경우 26,160건의 뉴스가 나온다. 더 심각한 위기상황이었음에도 불구하고 코오롱이 대한항공보다 초기 위기대응, 특히 여론의 위기관리에서 더 발빠르고 더 나았다는 점은 인정해야 할 것이다.

코오롱이 대한항공보다 위기관리 시스템이 우월해서 이런 결과가 나왔을까? 위기대응 시스템으로 따지면 대한항공은 항공사라는 특수성 때문에 정기적인 훈련에서부터 매뉴얼까지 더 철저하게 갖춰져 있을 것이라고 추측가능하다. 항공기 사고 발생 시 대형사고로 이어질 가능성이 많기에, 항공사는 사고 처리는 물론 피해자 대응 및 언론 대응까지 철저하게 준비하기 때문이다. 실제 대한항공의 훌륭한 위기 시스템과 시뮬레이션은 과거에 기사화되기도 했

---

7   호경업, 〈초기 위기대응 차이가 부른, 코오롱과 대한항공의 明暗(명암)〉, 프리미엄 조선, 2014년 12월 18일; 김윤구, 〈대한항공 안일한 대응… 리조트 붕괴 코오롱과 대비〉, 연합뉴스, 2014년 12월 12일

다.[8] 언론들이 두 회사를 비교하며 코오롱의 대응이 대한항공의 대응보다 낫다고 하는 것은 시스템이 아닌 오너가 보여준 위기관리 리더십의 차이였다.

코오롱의 마우나 리조트 사건은 피해자 사망이 발생한 대형사건이라는 점에서 대한항공의 땅콩회항 사건과는 위기의 성격이 크게 다르다. 하지만 포스코 에너지의 라면상무 사건은 '갑질'이라는 측면에서, 호텔신라의 한복 사건의 경우에는 오너 일가가 나섰다는 점에서 땅콩회항 사건과 더 가깝게 비교해서 생각해볼 점이 있다. 라면상무와 한복 사건에서 보여준 포스코와 호텔신라의 대응을 대한항공이 땅콩회항 사건에서 보여준 대응과 비교할 때, 이를 시스템의 차이라고 설명할 수 있을까? 리더의 정무적인 상황 판단력의 차이로 보는 것이 더 맞다. 일반적인 위기관리 매뉴얼에서 오너나 CEO가 직접 나서서 사과하거나 기자회견에 나오는 경우는 보통 인명사고의 유무가 중요한 기준이 된다. 하지만 인명사고가 아니더라도 여론의 악화 조짐에 대한 판단에 따라 때로는 오너가 직접 나서서 사과하는 것이 더 나을 때가 있으며, 이를 시스템이나 매뉴얼에 일일이 규정한다는 것은 불가능하다. 위기관리에서 조직의 매뉴얼보다 더 중요한 것은 오너나 CEO의 리더십과 판단력이다.

---

8   이현주, 《(기업 위기관리) 국내 기업 현주소, 위기의식 팽배…'위기대응팀'은 부재》, 한경 비즈니스, 2013년 5월 24일

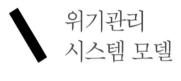

위기관리
시스템 모델

시스템이 제대로 작동하기 위해서는 기업이 어떤 시스템을 필요로 하는지 먼저 알 필요가 있다. 결론부터 말하면 시스템은 시스템일 뿐이고, 이를 잘 작동시킬 수 있는 힘은 최고 의사결정자의 리더십 으로부터 나온다. 다음에 설명하는 시스템은 매뉴얼이나 보고서가 아니라 몸으로 기억해야 한다는 점을 강조한다.

시스템⑴— **위기관리 의사결정의 균형 모델**

위기관리에는 크게 세 가지의 그라운드가 있다. 하나는 실제 사건을 관리하는 것Operational Crisis Management이다. 공장에 화재가 났다면 불을 꺼야 하고, 노사분규가 일어나면 인사팀에서 협상을 해야 한다. 땅콩회항 사건의 경우에는 피해자와의 합의, 국토부의 조사 등을 다루는 영역이 실제 사건의 관리라 할 수 있다. 또 하나는 법정에서의 위기관리Legal Crisis Management이다. 변호사가 전문성을 갖고 있는 영역으로 법정에서 고객인 기업을 보호하는 것이 목적이다. 마지막으로 여론에서의 위기관리Public Crisis Management이다. 주로 대 언론 관계나 여론과의 커뮤니케이션에 대한 전문성을 갖고 있는 컨설턴트가 담당한다.

[그림 1]은 고객에게 위기관리 컨설팅을 해온 경험을 바탕으로 만든 의사결정 균형 모델이다. 여기에서 균형이란 사건, 법정, 여론에서의 위기관리 세 영역의 비중이 똑같아야 한다는 것을 의미하지 않는다. 위기의 성격에 따라 비중은 유연하게 변동할 수 있음을 두 개씩 좌우로 짝지어진 여섯 개의 화살표가 보여준다. 예를 들어 대한항공의 땅콩회항 사건의 경우, 당시 갑질 논란이 사회적으로 큰 이슈였고, 〈미생〉이라는 드라마의 인기를 통해 힘없는 직장인에 관한 사회적 공감대가 무척이나 높은 상황이었다. 이런 상황에서 땅콩회항 사건은 당연히 갑질 프레임 안으로 들어갈 운명이었고, 따라서 여론 중심 위기관리의 비중이 높았어야 한다.

여론의 위기관리 비중이 높을 때, 쿨한 사과의 필요성 역시 현

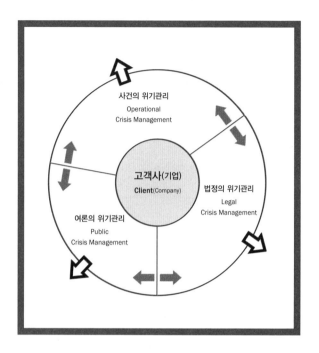

[그림 1] 위기관리에서의 의사결정 균형 모델 (by THE LAB h)

위기관리의 세 영역과 함께 색칠한 여섯 개의 화살표는 세 영역이 사건의 성격에 따라 위기관리에서 차지하는 비중이 달라질 수 있음을 표시한다. 원 밖을 향한 세 개의 화살표는 기업이 위기관리 의사결정에서 세 영역의 균형을 제대로 잡지 않을 경우, 관리해야 하는 위기의 규모가 더 확대될 수 있음을 보여준다.

실적으로 높게 마련이다. 땅콩회항의 경우 사건의 위기관리에 해당하는 피해자와의 위기관리를 제대로 했다면 여론의 위기관리 비중은 커지지 않았을 수 있다. 즉, 박창진 사무장 등 피해자에게 제대로 사과하는 등 적절한 조치를 취했다면 이처럼 일이 커지지는 않았을 것이다. 하지만 1차 입장자료에서 오히려 피해자를 추가로 공격하는 자세를 취해 피해자의 분노를 극대화했고, 조현아 전 부사장이 조사를 받기 위해 출두할 때 임원들이 단체로 나와 도열해 있거나, 심지어 오너 일가의 딸을 위해 조사실 앞의 화장실 청소를 부탁하는 등 사건의 위기관리 과정에서 또 다른 위기(위기관리의 위기)를 만들어내 대한항공의 여론 위기관리 부담이 더 높아졌다. 이와 같은 '위기관리의 위기'는 원 밖을 향해 있는 세 개의 화살표처럼 기업이 감당해야 하는 위기의 규모를 확대시킨다. 화를 자초하는 셈이다.

그럼 여론의 위기관리는 어떻게 할 수 있을까?

시스템⑵― **여론의 위기관리 모델**

땅콩회항이나 마우나리조트 붕괴 같은 위기 사건은 두 가지를 동반한다. 첫 번째는 '정보의 진공' 현상(사건에 관한 사실 정보가 부족하여 벌어지는 현상)이다. 쉽게 말해 위기란 보통 갑작스럽게 발생하는 예상하지 못한 사건이기 때문에 육하원칙(누가, 언제, 어디서, 무엇을, 어떻게, 왜 잘못했나?)의 요소가 채워지지 않은 상태로 있게 된다. 외부의 입장에서 보면 갑자기 여섯 개의 말풍선이 등장하는데 그 안에 대사는 없이 빈 풍선만 떠워져 있는 것이다. 이런 상황에서 언론은 여섯 개의 말풍선을 빨리 채우기 위한 취재 경쟁에 돌입한다. 이때 해당 기업이 말풍선을 빨리 채워주지 않으면, 즉 입장 발표를 회피하거나 지연시키면 언론은 기다리는 것이 아니라 기업 외부의 관련자나 공식 채널이 아닌 사람들을 만나서 어떻게든 빈

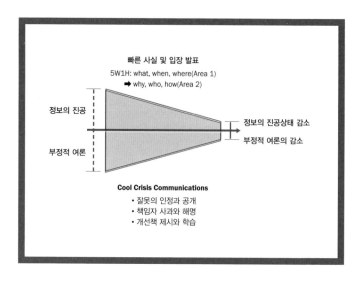

빠른 사실 및 입장 발표
5W1H: what, when, where(Area 1)
➡ why, who, how(Area 2)

정보의 진공

부정적 여론

정보의 진공상태 감소

부정적 여론의 감소

Cool Crisis Communications
• 잘못의 인정과 공개
• 책임자 사과와 해명
• 개선책 제시와 학습

[그림 2] **여론의 위기관리 모델 (by THE LAB h)**
여론의 위기관리를 위해서는 정보의 진공상태를 감소시키고, 부정적 여론을 감소시키는 방향으로 커뮤
니케이션해야 한다. 좌에서 우로 가로지르는 화살표는 바람직한 여론 위기관리의 성공방향을 뜻한다. 위
아래에 위치한 두 개의 박스는 정보의 진공과 부정적 여론을 감소시키기 위해 필요한 요소를 각각 정리
한 것이다.

곳을 빨리 채우려고 노력한다. 위기상황에서의 침묵이 기업에 금gold
이 되지 않는 이유이다.

몇 년 전 미국 출장 중에 백악관에서 근무하면서 전직 대통령
에게 전략과 커뮤니케이션에 관한 조언을 했던 인물과 30여 분간
이야기를 나눌 기회가 있었다. 그에게 위기대응 커뮤니케이션에
관한 경험을 묻자, 위기 사건이 터지면 리더는 즉시 무엇이든 메시
지를 발표해야 한다고 답했다. 여론을 중시하는 정치인이기에 그
렇겠지만, 여론의 중요성이 커진 시대에 기업도 이런 점으로부터

배울 부분이 있다.

기업은 정보의 진공상태를 감소시키기 위해 신속하게 사실 및 입장을 발표해야 하는데, 보통 육하원칙 중에서 무엇이, 언제, 어디서 발생했는지에 해당하는 부분은 사실과 관련된 영역이다. 나는 이를 '위기 입장 발표의 1영역'이라고 부른다. 이 부분은 확인되는 대로 사실에 근거하여 빨리 발표하는 것이 좋다. 나머지 세 요소 즉, 왜 그런 사고가 발생했고(원인), 누가 잘못했으며(책임), 어떻게 보상할 것인지(보상책)는 2영역으로, 이 부분은 1영역처럼 단순한 사실이 아닌 입장 정리가 필요하기에 시간이 걸릴 수 있다. 사건의 성격에 따라 이런 영역에 관한 이해가 달라져야 하는데, 제약회사가 부작용 사건을 만나게 되면 약의 부작용인지 다른 부작용으로 인한 것인지를 조사해야 하기 때문에 2영역을 정리하는 데 꽤 긴 시간이 걸린다. 땅콩회항의 경우 2영역에서 잘못을 빨리 인정할 수 있었음에도 불구하고 오히려 피해자인 사무장을 공격하는 태도를 보였기 때문에 처음부터 위기관리는 실패로 갈 운명이었다.

부정적 여론을 감소시키기 위해서는 쿨한 태도의 위기대응 커뮤니케이션Cool Crisis Communications이 필요한데, 여기에는 여섯 가지 요소가 있다.

1. 인정

쿨한 사과의 핵심문장은 "미안합니다I am sorry."가 아니라, "내가 잘못했습니다I was wrong."이다. 일본이 지난 역사와 관련해 여러 가지 수사학을 동원하여 주변 국가에 유감의 뜻을 표현하고 있지만, 주변

국 누구도 일본의 진정성을 인정하지 않는 것은 자신들의 잘못을 인정하지 않기 때문이다.

2. 공개

사과란 잘못의 투명한 공개를 뜻한다. 땅콩회항의 경우 첫 입장문에 사무장이 잘못했다는 내용이 포함되어 있었는데, 이는 잘못 둔 수였다.

3. 사과

당연히 잘못에 대한 책임을 져야 하는 사람이 사과했어야 한다. 땅콩회항의 경우 회사가 먼저 입장을 밝혔고, 아버지인 회장이 공개 사과를 한 후, 가장 직접적인 책임을 져야 할 조 전 부사장이 나중에 사과를 했다.

4. 해명

사과를 할 때, 외부에 잘못 알려져 오해를 받는 것이 있다면 당당하게 해명을 하는 것도 필요하다. 물론 사실에 근거한 정당한 해명이어야 한다. 거짓해명은 부메랑처럼 돌아오게 마련이다. 다만 해명이 사과에서 차지하는 비중이 너무 높으면 사과문의 진정성을 해친다는 점을 기억하자.

5. 개선

잘못만 인정하는 것이 아니라 향후 어떤 방식으로 피해자에게 보상할 것인지, 잘못된 시스템이나 문화는 어떻게 개선할 것인지 밝히는 것 역시 중요하다.

6. 학습

위기가 지나간 뒤 학습하여 실질적인 개선을 보여주는 부분이다. 오너나 리더가 잘못이나 책임을 인정하지 않게 되면 조직 내부에서는 위기를 학습하기보다는 외면하고 더 이상 이야기하지 않게 된다. 2011년 현대캐피탈은 해킹 사태로 곤욕을 치른 후, 시스템과 위기대응에 관한 학습을 철저히 하고 개선하는 모습을 보여준 바 있다.

이처럼 여론의 위기관리는 정보의 진공현상을 감소시키고 부정적 여론을 축소하는 방향으로 수립, 실행되어야 한다.

시스템⑶─ 위기 발생 이전의 위기관리 모델

미국의 국무부 장관이던 헨리 키신저는 "이슈를 무시하는 것은 위기를 초대하는 것이다."라고 이야기했다. 여기에서 이슈란 아직 사건으로 터지지 않은 잠재된 위기상태를 말한다. 예를 들어 이 책의 1장에서 김용준 기자는 "징후는 없었을까?"라는 질문을 던지는데, 여기에서 징후가 바로 잠재상태의 이슈를 말한다. 특정 기업의 위기관리가 선진적인지 확인할 수 있는 중요한 상징적 장면은 위기가 발생하지도 않은 평상시에 위기관리 프로젝트를 수행한다는 점이다. 리더십 전문가인 노엘 티시Noel Tichy와 워렌 베니스Warren Bennis는 《판단력》에서 "가장 효율적인 리더는 어떤 위기가 발생할지 알기도 전에 위기에 대비해 준비한다."고 썼다. 이러한 준비 노력의 대표적인 것이 정기적인 위기관리 시뮬레이션이다.

2013년 내가 일하는 더랩에이치에서는 기업이 위기 발생 이전에 갖추어야 할 위기관리 네 가지 요소를 보고서[9]와 인포그래픽 동영상[10]으로 발표한 바 있다. 보고서에 소개한 네 요소를 일부 수정하여 옮겨본다.

첫 번째는 '원칙 중심으로 설계한 위기관리 프로세스Principle -based Process'이다. 물론 지키지 않으면 소용이 없지만, 위기관리에도 원칙은 있어야 하고, 이 원칙이 반영된 위기관리 프로세스가 있어야 한다. 위기관리 원칙이라는 것이 도대체 무엇일까? 몇 가지 예를 들어보자.

중요한 위기관리 원칙 중 하나는 '거짓말하지 말라.'이다. 즉, 사실이 아닌 것, 사실로 확인되지 않은 것은 차라리 말하지 말아야 한다. 위기대응 상황에서 나오는 거짓말은 '위기관리의 위기'를 만들어내는 대표적인 항목이다. 위기관리 과정에서 '거짓말하지 말

---

9   더랩에이치, 〈그들은 과연 쿨하게 사과했을까?〉, 2013 THE LAB h® Cool Communication Special Report(http://www.slideshare.net/hohkim/2013-the-lab-h-cool-comm-study-report)

10   4P² for Crisis Management by THE LAB h, https://www.youtube.com/watch?v=-1k4sHPlUM8

라.'는 원칙을 '당연한 윤리적 덕목' 정도로만 생각하는 경우가 있는데, 이는 위기관리의 속성을 제대로 알지 못하는 것이다. 여기에는 중요한 이유가 있다. 오랜 경험과 사례를 분석한 결과, 거짓말은 조만간 다시 그 기업에 더 큰 위험을 가져온다.

땅콩회항 사건의 경우, 대한항공에 '오너 일가의 갑질'이라는 이미지 외에도 피해자를 몰아세우기 위해 사실을 왜곡하는 기업이라는 오명까지 뒤집어쓰게 했고, 초반에 신뢰를 잃어버리면서 여론은 더욱 악화되었다. 외교적, 혹은 법적 이유로 '모든 진실'을 당장 이야기할 수 없는 현실적 순간이 있을 수도 있다. 100퍼센트 솔직할 수는 없는 순간이 있더라도, 어차피 드러날 거짓말을 하는 것처럼 바보 같은 실수는 없다. 사실이 아닌 것은 이야기하지 않는 것이 자신들을 위해서도 좋다. '거짓말하지 말라.'는 위기 커뮤니케이션 원칙은 SNS 시대에 더 적극적으로 발전하여 '투명하게 커뮤니케이션하라.'가 되고 있다. SNS 시대에 현실적으로 실수와 잘못을 숨길 방법이 거의 없기 때문이다.

이 밖에도 최악의 경우를 상정해 위기상황을 리드하라는 원칙은 여론의 '간'을 보면서 소극적 사과, 소극적 사퇴를 했다가 여론에 밀려 더 큰 사과나 사퇴 같은 조치를 하지 말고, 처음부터 여론의 기대를 넘어서는 큰 사과와 조치를 취해야 위기에 끌려다니지 않고 리드할 수 있다는 의미다. '피해자와 싸우거나 소송하지 말라.' '사실 제공을 통해 루머를 줄여가라.'는 것도 위기관리의 중요한 원칙 중 하나다. 위기관리의 프로세스에는 이슈를 모니터링하고, 첫 번째 입장을 내놓고, 사과문을 발표하고, 기자회견을 하는 행동단계들 및 누가 의사결정을 하고, 누가 대변인이 되며, 누가 각 조치들을 담당하는지 등이 들어가게 된다. 위기관리 프로세스는 이와 같은 명확한 원칙을 중심으로 작동할 때에만 의미가 있다.

두 번째는 '위기대응에 관한 훈련이 된 인력People with Practices'이다. 원칙과 프로세스가 있다 하더라도 위기대응을 리드하고, 의사결정을 하고, 실행해나갈 사람들이 없으면 소용이 없다. 글로벌 선진기업에서는 홍보팀의 대변인뿐 아니라 주요 임원들과 대표에게 대변인 훈련Spokeperson Trainning 같은 위기 커뮤니케이션 트레이닝을 정기적으로 실시한다. 즉, 임원이라면 회사를 대변하여 언론과 소통할 수 있어야 한다고 보고 대변인이 아니더라도 훈련을 시키는 것이다. 또한 CEO와 핵심 임원(CFO, COO 같은 최고위임원)은 위기상황에서 리더로서 의사결정을 주도하도록 훈련이 되어 있어야 하며, 위기관리팀 역시 위기상황에서 자신의 역할이 무엇인지를 미리 알고 이를 수행할 훈련이 되어 있어야 한다. 이러한 훈련은 정부와 기업이 최소 1년에 하루 혹은 이틀(8~16시간) 시간을 내어, 미리 준비한 최악의 시나리오를 놓고, 조직 차원에서 어떻게 의사결정 Crisis Decision Making을 하고 대응행동 Crisis Actions과 커뮤니케이션 Crisis Communications을 할지 시뮬레이션하는 것이 핵심이다.

세 번째는 '위기 이전의 예측과 위기 이후의 학습 Pre-crisis Prediction and Post-crisis Review'이다. 학교 수업에서만 예습과 복습이 중요한 것이 아니다. 위기관리에 있어서도 예습과 복습은 중요하다.

A. Pre-crisis Prediction

선진화된 기업일수록 위기가 발생하지 않은 평상시에 위기관리 프로젝트(예를 들면 위기 진단 및 예방 프로젝트)를 실시한다. 위기관리의 90퍼센트는 준비이기 때문이다. 예방과 준비가 되어 있지 않은 조직은 갑작스러운 위기가 닥쳤을 때 그 위기를 제대로 관리하지 못한다. 아무리 옳은 전략과 처방을 해주어도, 위기관리의 원리를 파악하지 못한 경영진이 이를 받아들이지 않고 실행하지 않을 가능성이 높기 때문이다. 위기 진단과 예방의 핵심 중 하나는 향후 조직에 닥칠 수 있는 위기를 예측해보는 것이다. 2013년에는 경제민주화가 중요한 시대정신이자 키워드였고, 2014년에는 '갑질'에 대한 사회적 경고가 여러 차례 있었다. 위기관리가 선진화된 기업들은 정기적으로 경영진이 모여 사회나 시장 같은 외부의 분위기는 물론, 내부 기업문화 등의 변화에 따라 자신들에게 향후 발생할 수 있는 최악의 시나리오가 무엇인지를 찾아보고, 이에 관한 논의와 사전 조치를 취한다.

B. Post-crisis Review

하버드대 경영학과 교수인 막스 베이저먼과 스위스 IMD 경영대학원의 마이클 왓킨스는 "기대하지 않았던 사건이나 위기를 겪고 나면 철저한 애프터액션 리뷰After-action Review를 진행해야 한다."[11]고 강조한다. 위기 발생으로 한동안 부정적 여론이 높다가, 시간이 흐르

11　Max Bazerman & Michael Watkins, *Predictable Surprises*, Harvard Business School, 2004

고 위기상황이 잠잠해지면 정부나 기업에서도 그냥 넘어가는 경우가 많다. 위기 발생 때 위기관리팀이 모이듯이, 상황이 끝나면 리더가 위기의 종료를 내부에 선언하고, 관련자들을 모아 이번 위기로부터 무엇을 배울 수 있는지에 관해 논의해야 한다. 이를 '위기 리뷰 미팅Crisis Review Meeting'이라고 한다. 리더는 위기 리뷰 미팅이 책임자를 처벌하거나 비난하는 장이 되어서는 학습 효과를 거둘 수 없음을 인지해야 한다. 조직이 잘 대응한 것은 무엇이고, 향후 유사 위기 발생 시 더 신경 써야 하는 것은 무엇인지, 또한 시스템에서 (이를테면 위기 매뉴얼) 보완해야 할 것이 무엇인지를 찾아보는 것이다. 위기 리뷰 미팅에서는 타 기업에서 벌어진 위기상황이 우리 기업에서 발생할 가능성과, 만약 발생했을 경우 어떻게 대처해야 하는지도 점검해야 한다.

네 번째는 SNS 상에서 '위기 발생 이전에 기업의 존재감 갖추기Presence before Problems'이다. 소위 '라면상무' 사건이 벌어진 것은 2013년이다. 포스코의 페이스북 페이지(facebook.com/helloposco)에 2013년 4월 21일에 올라온 사과문은 그해 5월 18일에 확인해본 결과 총 118회 공유되었고, 805개의 댓글이 달려 있었다. 또한 포스코 블로그(blog.posco.com)의 2013년 4월 21일자 사과에는 1,349개의 댓글이 달려 있었다. 이런 경우 기업 임원들 중에는 '거봐, 괜히 소셜미디어 채널 만들어놓았다가 엄청난 양의 비난 댓글만 달렸잖아, 이래서 소셜미디어 하는 게 조심스럽다니까'라고 생각하는 사람이 있을 수 있다. 하지만 다시 생각해볼 필요가 있다.

과연 기업에 소셜미디어 채널이 없으면, 그래서 부정적 댓글을 달 수가 없으면 그게 더 나은 선택일까?

기업에 소셜미디어 채널이 없다면 여타 더 많은 소셜미디어 채널에서 그 기업에 관한 부정적 의견이 확산되어나갈 것이다. 위기상황에서 사람들이 해당 기업의 소셜미디어 공식 채널에 들어와 분노와 부정적 의견을 표출하는 것은 위기관리 측면에서 긍정적으로 작용할 가능성이 더 크다. 학부에서 영화를 전공하고 미국에서 변호사가 된 후에 국내에서 정치컨설턴트로 활동하는 이 책의 공저자 김윤재 변호사의 표현을 빌리면 '위기상황에서의 카타르시스'로 작용할 수 있기 때문이다. 기업의 소셜미디어 채널에서 대중의 의견에 귀 기울이고, 그들에게 사과하고, 대화를 시도할 때, 부정적 의견을 감소시킬 여지가 채널이 없을 때보다 더 많기 때문이다.

소셜미디어를 통한 위기 확산에 대비하는 중요한 방법은 소셜미디어 상에서 문제가 발생하기 전에 그 기업의 존재감을 키워나가는 것이다. 여기에서 존재감이란, 평상시 소셜미디어 사용자들과 대화를 통해 신뢰를 쌓아가는 것이고, 신뢰를 쌓는다는 것은 단순히 소셜미디어를 자신들의 장점만을 프로모션하는 공간으로 만들지 않고, 실수나 잘못, 불만 제기에 관해서도 솔직하게 의견을 털어놓는Cool Communication 것을 말한다.

위기관리의 네 가지 요소(위기관리의 4P^2)를 한마디로 줄이면 'Prepare before Problems', 즉 '문제가 발생하기 전에 준비'하는 것이라고 할 수 있다. 2013년 4월 세 명이 사망하고 260여 명이 다친 보스턴 마라톤 테러가 터졌을 때, 보스턴 시당국이나 경찰이 빠르게 대응하여 성공적인 위기관리 사례를 만들 수 있었던 것에 관해 하버드대 케네디스쿨의 보고서[12]는 미국 의회가 9·11사태 이후 2002년에 시작한 국가위험사고관리시스템NIMS과 2006년부터 시작된 보스턴 경찰의 꾸준한 사전준비 노력을 주요 요인으로 꼽았다.

---

12 H. Leonard, C. Cole, A Howitt and P. Haymann, "Why was Boston Strong?", Harvard Kennedy School, 2014. 다음 링크에서 다운로드 받을 수 있음. http://www.ash.harvard.edu/extension/ash/docs/Why_Was_Boston_Strong.pdf(본 리포트는 하버드대 케네디스쿨의 협조 하에 에이케이스, 더랩에이치, 피크15가 공동 번역, 2015년 4월에 출간됨)

위기관리
리더십

위기관리의 다양한 시스템을 제대로 작동시키기 위해서는 조직의 최고 의사결정층(오너, CEO, 대통령, 장관 등)이 직접 나서야 하며, 주무 부서에 힘을 실어주어야 한다. 위기관리 훈련에 최고 의사결정자가 참여하는 것은 필수이며, 리더부터 먼저 훈련을 받을 필요가 있다. 리더가 판을 만들어주지 않으면, 예상되는 부정적 위기상황이 있어도 임원들과 직원들이 이를 공개적으로 건의하기란 현실적으로 불가능하다.

위기 리더십이 제대로 작동하는 경우는 두 가지이다. 사고가 터지고 나서 발휘하는 경우, 사고가 터지기 전에 발휘하는 경우. 두 가지를 나누어서 살펴보자.

사고가 터진 상황에서 위기 리더십을 제대로 발휘하는 경우

국내와 해외 사례를 살펴본다. 현대카드 정태영 사장은 오너 일가에 해당하고, 신발 및 의류업체인 팀버랜드 CEO 제프 스워츠Jeff Swartz는 창립자의 손자이며, 유통기업 타깃의 전 CEO인 그레그 스타인하펠Gregg Steinhafel은 전문경영인이다. 현대캐피탈 사례는 국내 언론에서 많이 다루어졌기 때문에 비교적 간략하게 요약했다.

1. 팀버랜드 CEO 제프 스워츠
2009년 6월 1일은 글로벌 브랜드 팀버랜드 최고경영자 제프 스워츠에게 평생 잊지 못할 날이다. 그린피스 지지자들로부터 무려 6만 5천 통의 똑같은 편지를 받기 시작했기 때문이다. 편지는 팀버랜드가 브라질로부터 사들이는 가죽이 산림 파괴는 물론 노예 노동자 양산, 아마존 토착민 방출 등을 야기하고 있을 가능성을 경고했다. 그린피스는 브라질 농부들이 목초지 조성을 위해 불법으로 아마존 열대림을 훼손하고 있다고 주장했다. 회사를 3대째 물려받은 스워츠 사장에게 임원들은 이렇게 조언했다. 브라질로부터 구매하는 가죽이 7퍼센트에 불과하니 거래처를 돌리고 "앞으로 브라질에서 안 사겠다."고 선언하여 사건을 빨리 종결하라고. 하지만 스워츠 사장은 그린피스가 매우 중요한 질문을 던졌다고 생각했다. 팀버랜드에 가죽을 납품하는 브라질 업체들은 이런 사실을 알고 있는지 궁금해진 것이다. 곧 조사에 착수한 그는 공급업체들이 가죽의 원산지에 대해 신경쓰지 않고 있음을 알게 되었다. 여기서 그는 신선한 접근을 시도한다. 그린피스와 손잡고 가죽의 원산지 추적 시스템을 만들고, 협력업체에 이를 적용해 환경훼손 지역에서 가죽을 공급하지 않도록 한 것이다.

나이키도 이런 접근을 따라 유사한 정책을 채택한다. 결국 2009년 7월 29일 팀버랜드를 압박하던 그린피스는 팀버랜드의 노력에 경의를 표하게 된다.[13]

2. 현대캐피탈 정태영 사장

2011년 4월 현대캐피탈은 175만 명에 달하는 고객정보를 해킹당했다. 노르웨이 출장 중이던 정태영 사장은 일정을 단축하고 급거 귀국, 기자회견을 통해 "고객에게 죄송하고 수치스럽다." "고객정보 보호를 위해 최선을 다하겠다." "책임질 일이 있으면 책임지겠다." 고 말하고 고개를 숙였다. 또한 정보가 유출된 것으로 추정되는 고객들에게 일일이 위험을 알리는 적극적인 조치를 취했다. 이는 비슷한 시기에 마찬가지로 금융사고를 당한 농협의 최원병 회장이 책임을 회피하기 급급하고, 심지어 직원들에게 책임을 떠넘기는 모습과 자주 비교되었다. 정태영 사장의 리더십은 최근까지도 좋

13   김호, 〈굿바이 삼성 vs. 헬로 삼성〉, 한겨레, 2010년 11월 17일

은 위기 리더십 사례로서 다루어지고 있다. 한 가지 주목할 사실은 당시 CEO가 해외 출장 중이었음에도 불구하고, 현대캐피탈 내부의 위기대응 시스템이 제대로 작동하여 경찰에 즉시 신고가 들어갔고, 그들과 긴밀하게 협조하면서 일을 추진했다는 점이다. 위기 리더십과 함께 시스템도 모두 잘 작동한 사례로 볼 수 있다.[14]

3. 타깃의 전 CEO 그레그 스타인하펠[15]

비록 일부 실적 악화와 해킹 사고의 책임을 지고 물러나기는 했지만, 미국의 3대 대형마트인 타깃의 전 CEO 스타인하펠이 보여준 위기 리더십은 되돌아볼 필요가 있다.[16] 2013년 12월 미국 전체 인구의 3분의 1에 해당하는 최대 1억 1천만 명의 고객 신용정보가 해커들에 의해 유출되는 사건이 벌어졌다. 그가 사건을 인지한 것은 일요일인 2013년 12월 15일이었다. 그는 바로 고객정보 시스템 환경의 안전성 및 소비자들의 안전한 쇼핑 가능 여부에 관해 당일 확인을 지시하고 안전조치를 취한 다음, 이틀째에는 사건 조사, 3일째에는 전국 매장 직원들에게 대처 요령 교육, 4일째부터 고객들에게 통지를 하기 시작했다. 이후 한 달 반 동안 총 열한 차례에 걸쳐 고객에게 지속적으로 상황을 업데이트했다. 타깃의 고객정보 유출

14 현대카드 · 현대캐피탈 · 현대커머셜, 《PRIDE》, 이야기나무, 2012

15 타깃의 사례는 〈유사한 개인정보 유출사고, 너무나 다른 韓, 美 기업의 대응〉(김호 · 유민영, DBR 2014년 3월 11일)에서 해당 내용을 옮겨온 것이다.

16 스타인하펠의 위기 리더십과 그의 사임이 꼭 그에게 나쁜 것만은 아님을 알아보기 위해서는 "직장에서 위기가 닥쳤을 때 살아남는 5가지 비결"(Rachel Feintzeig, The Wall Street Journal, May 5, 2014)을 참고하기 바란다.

규모는 사건 초기인 2013년 12월 중순경만 해도 약 4천만 명 수준의 신용카드와 직불카드 번호였다. 하지만 2014년 1월 9일 미국의 사이버범죄 수사 담당 비밀검찰국은 카드 번호 외에 무려 7천만 건의 이름, 주소, 이메일 주소 등의 추가 유출이 있다고 알렸다. 〈월 스트리트 저널〉에 따르면 일부 임원은 회사가 카드 번호가 아닌 다른 데이터 도난 사실까지 공개할 법적 책임은 없다고 말하며 7천만 명이라는 엄청난 숫자에 거부감을 보인 것으로 알려졌다. 하지만 스타인하펠 대표는 1월 10일 이 사실을 공개했고, 3일 후 신문 전면광고를 통해 사과했다.

이 밖에도 스타인하펠 대표는 사건을 인지한 지 나흘째 되는 날 직원들이 만들어온 보도자료가 기업의 입장만을 보호했다고 불만을 제기했다. 결국 직원들은 보도자료를 다시 써야 했다. 스타인하펠 대표는 모든 타깃 고객에게 1년짜리 개인정보 도난보험을 제공하는 방안을 생각했다. 문제는 타깃 고객 중에는 회사가 고객정보를 갖고 있는 경우도 있고 아닌 경우도 있는데, 두 부류의 고객 모두에게 이 도난보험을 무료로 제공한다는 것은 실질적으로 모든 미국인에게 무료로 제공한다는 의미이며 엄청난 비용이 들 수 있다는 점이었다. 하지만 스타인하펠은 이 방안을 실천했다.

이뿐만이 아니다. 타깃의 콜센터로 전화가 수백만 통 몰려 대기시간이 세 시간으로 길어지자 스타인하펠 대표는 일주일 만에 콜센터 투입 자원을 세 배로 늘렸다. 3주 안에 대기시간이 개선될 것이라는 보고를 받고 스타인하펠 대표가 너무 늦다고 불평하면서 내린 방안이었다. 그 결과 대기시간이 8초까지 단축되었다.

평소에 위기 리더십을 발휘하는 경우

함께 일하는 한 글로벌 기업은 매년 꾸준히 위기관리와 관련된 각종 훈련을 실시한다. 실무자 중심의 훈련은 물론, CEO와 고위 임원이 모두 참여하는 위기 시뮬레이션 훈련, 대변인 훈련을 실시한다. 외부 컨설턴트로 10년 넘게 함께 일해왔지만, 이 기업에는 단한 번도 위기가 발생한 적이 없다. 이 회사의 공장에서도 위기 시뮬레이션을 진행한 적이 있는데, 본사에서 요구하는 공장의 안전기준이 한국정부가 요구하는 것보다 훨씬 높은 수준인 점, 고비용에도 불구하고 거의 완벽하게 시설을 갖춰놓은 점을 보고 감탄을 한 바 있다. 2015년에는 본사의 위기관리 담당 임원이 한국에 와서 한국의 위기관리 컨설턴트들과 팀을 이루어 위기대응 훈련을 기획하고 실행했다.

리더십이란 리드lead, 즉 먼저 한다는 의미를 갖고 있다. 위기 리더십에서 중요한 것은 실제 사고가 터지기 전에 미리 준비를 한다는 점이다. 이를 위해 시뮬레이션 훈련, 레드팀과 테러리스트 게임, 전략적 스토리라인, 아웃사이드 인 개념을 소개한다.

위기 준비는 매뉴얼이 아닌 몸으로 익혀야 한다

위기의 완벽한 예방이란 없다. 터졌을 때 어떻게 대응할지 준비해야 한다. 2014년 세월호 사건이 터지기 바로 전 주, 나는 하버드대 케네디스쿨에서 실시하는 일주일간의 위기관리 교육에 참여하고 있었다. 교육 과정 중에 다루었던 성공사례 가운데 인상적인 것은 미국 앨라배마 주의 터스컬루사 시의 사전 시뮬레이션 훈련이었다.[17] 2009년 1월 미국 앨라배마 주의 터스컬루사 시장 월터 매덕스는 시 공무원 66명과 함께 무려 일주일간 메릴랜드에 위치한 연방재난관리청 소속 위기트레이닝센터에 들어가 시뮬레이션 중심의 교육을 받았다. 일부 공무원은 "바쁜 공무원들을 일주일이나 불러서 이게 할 일이야?"라며 투덜거렸지만, 시장이 함께하는 바람에 어쩔 수 없었다.

이 교육은 시 소방대장 앨런 마틴의 치밀한 설득으로 성사된 것이다. 30년 넘는 소방관 경력을 지닌 마틴 대장은 도시 재난관리에 취약점이 있다는 생각을 했고, 2008년 봄 시장이 참여한 가운데 앨라배마 대학 미식축구 경기장에서 발생할 수 있는 위기 시뮬레이션을 실시했다. 이 과정에서 매덕스 시장은 자신이 위기상황에서 제 역할을 할 준비가 되어 있지 않다는 점을 깨닫고, 마틴의 제안대로 일주일간의 대규모 연합훈련을 결정한다. 훈련은 최악의 상황을 가정하여 강도 높게 진행되었다. 이후 마틴 대장이 통합 재난관리 계획을 만들 때, 일부 부서는 반발했지만, 이럴 때마다 시장은 최고 위기관리 전문가인 마틴의 뒷심이 되어주었다. 시 당국은 재난관리 체계를 계속 개선해나갔고, 시장은 정치인으로서 자신의 역할은 전문가들이 위기상황에서 다른 데 신경 쓰지 않고 제 역할

17　이 사례는 〈터스컬루사 시와 운전 배우기〉(김호, 한겨레, 2014년 4월 28일)에서 옮겨온 것이다.

을 할 수 있도록 돕는 것이라는 점을 배웠다. 그는 각기 다른 기관들이 위기상황에서 팀워크를 발휘하려면 훈련 과정에서 밀접한 관계를 쌓는 것이 중요하며, 또한 위기대응 매뉴얼을 '몸으로 기억하지 않으면' 소용이 없다는 점을 강조했다. 또한 위기상황에서 시민들이 원하는 것은 정보라는 것을 깨닫고, 기자회견에서부터 정확한 정보 확산 방법까지 세밀하게 연습했다.

2011년 4월 터스컬루사 시는 12일 간격으로 토네이도가 두 차례 들이닥치는, 영화에서도 보지 못할 최악의 자연재난을 당하게 된다. 53명이 목숨을 잃었지만, 시장과 공무원들은 훈련받은 대로 시민의 목숨과 재산을 지키기 위한 최선의 조처를 했고, 토네이도가 지나간 지 일주일이 되지 않아 도시 시스템의 '정상상태' 전환을 선언할 수 있었다. 후일 매덕스 시장은 자신이 마틴 대장의 제안을 받아들이지 않았다면 이런 대응은 가능하지 않았을 것이라고 밝혔다.

처음으로 자동차 운전대를 잡던 때를 떠올려보자. 운전면허를 따기 위해서는 필기시험만으로는 충분치 않다. 실기시험도 보고 도로연수도 해야 한다. 그러고도 '몸에' 운전기술이 붙을 때까지 1~2년은 걸린다. 위기관리 컨설팅을 하면서 위기관리란 운전을 배우는 것과 같다는 생각을 한다. 운전면허 교재를 갖고 공부해봐야 운전은 불가능하다. 직접 운전대를 잡고 몸으로 익혀야 한다. 위기관리 매뉴얼은 운전면허 필기시험을 위한 교재에 불과하다. 위기대응은 '몸'으로 배워야 한다. 우리 정부나 기업에는 필기시험도 제대로 준비 안 한 곳이 많고, 더 큰 문제는 몸으로 익힌 전문가나 기관은 극히 소수라는 점이다.

레드팀과 테러리스트 게임으로 정기적으로 스스로 공격하는 습관을 가질 필요가 있다.[18] 방송사 내부를 다룬 미국 드라마 〈뉴스룸〉에는 레드팀Red Team이란 조직이 나온다. 뉴스룸 안에 존재하는 특별팀인데 이들은 취재팀이 만든 뉴스의 타당성, 사실 여부 등을 공격하고, 취재팀은 이 공격에 대응하는 과정을 통해 뉴스를 철저히 검증한다. 군대나 기업에서 모의 경쟁팀을 만들어 싸우는 워게임War Game과 비슷하다.

레드팀은 임무 자체가 공격하는 것이기 때문에 더 편하게 직언할 수 있다. 어떤 조직이든 정기적으로 레드팀 활동을 가동해 내부에 존재하는 위험요소에 관해 직언할 수 있게 만들면 더 좋다. 신제품 출시를 계획하고 있는 기업이라면 제품과 관련된 이해관계자, 즉 소비자, 언론, SNS 사용자, 정부의 입장을 잘 아는 내부 직원으로 레드팀을 만드는 것이 좋다. 이들에게 새로 출시될 제품을 공격하는 임무를 맡기면, 출시 과정에서 발생할 수 있는 위험요소의 상당 부분을 찾아내고 대응책을 마련할 수 있다.

위기관리 컨설팅을 할 때 종종 고객사 CEO에게 "저희는 오늘 대표님과 이 회사를 공격하는 언론의 입장이 되도록 하겠습니다." 라고 말하는 경우가 있는데, 이는 컨설턴트가 의도적으로 반대편

---

18   이 내용은 〈만약 대한항공에 '레드팀'이 있었다면…〉(김호, 조선일보, 2014년 12월 20일)에서 옮겨온 것이다. 레드팀에 관한 정보와 아이디어는 이 책의 공저자 중 한 사람인 유민영 대표에게 조언을 얻은 바가 크다.

의 입장을 취하는 '악마의 대변인Devil's Advocate' 역할을 하는 것으로, 일종의 레드팀 활동이다.[19]

테러리스트 게임은 임원들을 모아놓고, 다양한 이해관계자 입장에서 의도적으로 회사를 공격할 이슈가 무엇인지를 토론하고 정리하는 비즈니스 게임이다. 테러리스트 게임을 통해 평상시에는 기업 내부에 잠재되어 있지만 최고경영자가 보지 못하는 위험 이슈를 수면 위로 끄집어내어 예방과 준비 대책을 수립할 기회를 만들고, 위기상황에서는 직언을 좀 더 편하게 할 수 있는 맥락을 만든다.

전략적 스토리라인을 세워라

여론이란 하나의 스토리라인이다. 위기관리 컨설팅을 할 때 커뮤니케이션 컨설턴트로서 중요하게 생각하는 것은 고객이 위기 사건으로 인해 어떤 스토리라인에 들어가고 있고, 이를 극복하기 위해 어떤 스토리라인을 새로 만들어야 하는가이다. 예를 들어, 땅콩회항 사건의 경우 사건 발생 시부터 '오너 일가의 갑질'이라는 스토리라인이 있었다. 이를 극복하기 위해서는 '진심으로 크게 후회하고 반성하는 오너 일가의 부사장'이라는 새로운 전략 스토리라인을

---

19 좀 더 넓은 맥락에서 왜 레드팀 같은 것이 조직에 필요한지에 관해 알고 싶다면 〈바보 같은 집단을 현명하게 만드는 법〉(캐스 선스타인·리드 헤이스티, 하버드비즈니스리뷰 코리아, 2014년 12월, 106~115쪽)을 참조하기 바란다.

구축해야 한다. 전략적 스토리라인이 서야, 어떤 행동과 조치를 취하고 메시지를 전달해야 하는지 구체적인 위기관리 전술이 나올 수 있다.

예를 들어보자. 네이버 이미지에서 '조현아'를 검색하면 크게 두 가지 사진으로 분류할 수 있다. 고개를 든 조현아와 고개를 숙인 조현아. 2014년 12월 8일 땅콩회항 사건이 세상에 알려지고 나서, 조현아 전 부사장이 처음 고개 숙인 모습을 보인 것은 4일이 지난 12월 12일이었다. 조양호 한진그룹 회장이 사과를 표명한 뒤 조현아 전 부사장이 국토부에 조사를 받기 위해 출석했을 때이다. 언론의 집중적인 보도가 시작된 12월 8일 이후 나흘 동안 고개를 든 사진이 TV와 신문, 인터넷 등 각종 언론매체를 통해 나갔고, 시민들은 고개 숙인 조현아의 모습은 볼 수 없었다. 이로 인한 손해는 누가 가져갔을까? 시민들은 분노하며 부정적 에너지를 소모했고, 조현아 전 부사장이나 대한항공은 부정적 여론의 공격을 더 크게 받아야 했다. 양쪽 모두가 지는 게임을 할 필요가 있을까? 대한항공의 초기 대응 실패는 여론의 스토리라인을 자신들에게 불리한 방향으로 잡게 만들었다. 사건 초기부터 열흘간 주요 언론에 나온 사설과 기사를 검색해보면, '오만방자' '적폐' '패악' '갑질' '무릎 꿇리고' '압수수색' '거짓말' '무례한' '영혼 없는' 등의 단어가 헤드라인에 등장한다.

리더십에 있어 스토리라인의 중요성을 강조한 사람은 리더십 전문가이자 세계에서 가장 유명한 연수원인 GE의 크로톤빌을 이끈 노엘 티시 미시간대 경영학과 교수다. 그는 "리더는 가르칠 수 있는 관점을 가져야 한다."는 의미에서 TPOV Teachable Point of View라는 용어를 썼으며, TPOV의 세 가지 요소로서 아이디어(회사의 성공방식), 감성에너지(직원들의 유대 형성과 사기 진작), 가치관(팀 리더들의 행동양식)을 제시했다. 이 중 가치관은 리더의 스토리라인에 큰 비중을 차지하는 것으로 노엘 티시는 워렌 베니스와 함께 리더의 위기 판단력에서 스토리라인의 중요성을 가치관이라는 관점에서 강조하기도 했다.[20]

리더가 평상시 건전하고 확고한 가치관을 갖고 있어야 위기상황에서도 그 가치관에 맞는 스토리라인을 짤 수 있다. 땅콩회항 사건이 치명적인 것은 해당 오너 일가의 과거 스토리라인까지 모두 부정적으로 조명되었기 때문이다. 실제 언론에서는 과거 조 전 부사장 및 오너 일가의 '갑질'에 해당하는 사례를 모두 끄집어냈다.

최근 국내 대기업이 처한 평판의 위기를 스토리라는 관점에서 생각해보았다. 우리나라의 주요 대기업은 이미 제품력에 있어서는 글로벌 시장에서 최고 평가를 받고 있다. 자동차에서 휴대폰, 컴퓨터, 세탁기, 냉장고 등이 최고의 품질과 빠르고 친절한 서비스로 사랑받고 있다. 하지만 평판이나 여론은 좋지 않다. 이 점은 대기업에게 큰 고민거리일 수밖에 없다. 비유하자면 '공부 잘하는데 인기 없는 학생'을 떠올리게 된다. 만약 대기업에서 이러한 부정적 여론을

---

20 이에 관해서는 《판단력》(워렌 베니스·노엘 티시, 김광수 옮김, 21세기북스, 2009)을 참고하기 바란다.

개선하기 위해서 스토리를 활용한다면 과연 어떤 방식으로 접근해야 할까? 결코 쉽지 않은 프로젝트일 것이다. 이에 관해 다음과 같은 스토리를 상상해본 적이 있다.

대기업(기업 이름을 A라고 하겠다.)의 오너는 기업의 투명성을 강화하고 진정성 있는 사회적 책임을 다하기로 결심하고, 이를 통해 소비자뿐 아니라 일반 여론으로부터 사랑받기 위해 노력하기로 했다. 여론의 지지가 없으면 지속가능한 사업에 위협이 될 수 있겠다고 생각한 것이다. A 기업은 신뢰받는 사회학자인 B 교수에게 한 가지 프로젝트를 맡긴다. 이 프로젝트는 시민들의 여론을 객관적으로 조사하여 이 기업에 관해 기대하는 것은 무엇이고 실망하는 것은 무엇인지를 밝혀내는 것이다. 설문과 전문가 인터뷰 등 면밀한 조사 끝에 이 기업은 인권, 노동 관행, 환경, 공정운영 관행, 소비자 이슈, 지역사회 기여 등 각 여섯 개 분야에서 자신들이 여론으로부터 어떤 평가를 받고 있는지 정확하게 알게 된다. 이들은 B 교수와 함께 현재 기업 내부에서 여섯 개 분야별로 현실이 어떤지를 찾아내고, 앞으로 어떻게 개선할 것인지, 그리고 정기적으로 개선 여부를 어떻게 평가할 것인지를 정하는 작업을 한다. 여론조사와 내부 조사에 1년 가까운 시간이 필요했다. 이 기업은 B 교수와 함께 기자회견 형식을 통해 사회 여론조사 결과, 내부의 현실, 그리고 개선책 및 평가 기준 등을 담은 보고서를 발표한다. 그리고 '앞으로 어떻게 개선하겠다.'는 내용은 물론 지금까지 자신들이 부족했던 현실을 투명하게 공개하고, 개선 과정을 지속적으로 평가하겠다고 약속한다.

이러한 상상 속의 시나리오에는 몇 가지 중요한 지점이 있다. 첫째, 대기업들은 정부나 검찰 등에 의해 잘못이 밝혀지고 비난 여론이 집중될 때 개선책 발표 등을 타개책으로 내놓곤 한다. 여론의 입장에서 보면 대기업이 궁지에 몰려 어쩔 수 없이 진행하는 것이기에 당연히 그 진정성을 의심하게 된다. 이러한 스토리가 힘을 얻기 위해서는 기업이 궁지에 몰리지 않은 상태에서 자발적으로 진행하여야 한다. 둘째, 대부분의 경우 기업들은 '이번 일을 반성하겠다.'고 만 하고 구체적으로 어떤 부분을 잘못하고 있는지 스스로 밝히는 경우는 없다. 앞으로 이런 일이 없도록 하겠다, 열심히 하겠다고 하지만 여론의 신뢰를 얻기는 힘든 이유이다. 신뢰성은 투명한 공개에서 나온다. 앞으로 개선하겠다고 이야기할 때, 이 스토리가 신뢰를 얻으려면 현실에 대한 반성이 함께 나와야 하는 이유이다. 셋째, 자신들이 약속한 이야기와 일관된 액션을 지속해서 보여주어야 한다. 기업의 홈페이지에 들어가보면 가치 체계에 있어 흠잡을 곳은 거의 없다. 모두 좋은 스토리 체계를 갖고 있다. 문제는 스토리가 아니라 스토리 그대로 사는가의 여부이다. 유명 글로벌 광고 제작사인 JWT 북아메리카의 공동대표이면서 최고 크리에이티브 담당자였던 몬태규Ty Montague는 저서 《진정한 스토리True Story》에서 광고를 통해 스토리를 전달하는 것보다 액션을 통해 스토리를 실천하는 것이 더 중요하다고 말하면서 '스토리텔러' 대신 '스토리 실행자Storydoers'라는 표현을 사용한다. 어떻게 '멋지고' '잘 팔리는' 스토리를 만들어야 할까가 아니라 어떻게 하면 스토리를 액션으로 살아낼까를 강조하는 것이 중요해지는 시대이다.

아웃사이드 인과 여론 관리

아웃사이드 인Outside-in은 홍보팀의 새로운 역할과 외부 조언자의 필요성과 관련된 개념이다. 우리 기업들이 신제품 개발과 서비스, 마케팅에서 세계 수준에 올라설 수 있었던 것은 시장 소비자의 관점을 끊임없이 연구하고, 제품 개발과 판매에 소비자의 시선을 적극적으로 반영했기 때문이다. 즉 기업 내부의 공급자 관점으로 소비자를 바라보는 것이 아니라, 소비자의 관점으로 제품개발을 하는 기업을 바라보았기 때문에 가능한 일이었다.

기업이 점차 증가하는 사회 여론의 압박에서 혁신을 시도해야할 방향도 우리 대기업들이 그동안 성취해온 성공방정식과 큰 방향은 같다. 즉, 여론의 입장에서 기업을 바라보는 아웃사이드 인 방식을 취해야 하는 것이다. 소비자 입장에서 제품과 서비스를 바라보며 혁신을 주도한 것은 마케팅을 중심으로 한 부서들이었다. 경영전략, 마케팅 및 디자인 등과 관련해 기업이 고용한 외부 컨설팅 회사의 역할 또한 무시할 수 없었다. 앞으로 여론의 입장에서 기업을 바라보며 기업 경영층의 의사결정에 도움을 줄 곳은 어디일까?

기업이 이러한 '정무적' 기능을 위해 신설 부서를 새로 만들수도 있다. 하지만 나는 기업의 최고경영자들이 이 문제를 홍보팀의 혁신으로 연결해주길 바란다. 사실 기업이 혁신에 수많은 노력을 해왔지만, 그 과정에서 홍보팀의 업무는 혁신 노력으로부터 소외된 감이 있다. 또 한편에서는 전통 언론의 약화와 소셜미디어의 등장으로 홍보팀의 정체성이 위기를 겪기도 한다. 하지만 여론에 관해 기업 내부에서 가장 가까운 업무를 하고 있는 부서는 홍보팀이다. 이들의 업무 혁신을 기업의 이익에 도움이 되는 방향으로 연결지으려면 어떻게 해야 할까?

마케팅과 영업, 신제품 개발 부서 등이 소비자에 집중하면서 소비자의 시각으로 제품개발 등을 위해 경영진을 설득하듯이, 홍보팀은 시장 너머에 있는 사회의 여론을 청취하고, 이를 가감 없이 최고경영자에게 보고하고 설득하는 환경이 있어야 한다. 제품이 나오면 보도자료 쓰고, 부정적 기사는 몸으로 막는 홍보팀이 소셜미디어 시대에 과연 얼마나 오래갈 수 있을까? 홍보팀은 외부로는 회사를 보호하지만, 내부에서는 유일하게 회사를 '공격할 수 있는' 부서가 되어야 한다. 최고경영자가 홍보팀에게 "우리 회사가 하고 있는 각종 사업과 정책에 관해 시민 여론의 입장에서 선제적으로 '공격해보는' 리포트를 내달라."고 먼저 제안하면 어떨까? 기업과 경영자가 사회 비난 여론을 맞기 전에 사전에 적극적인 조처를 취하는 데 도움을 받을 수 있을 것이다.

홍보를 뜻하는 영어단어 'PR'은 '공중관계Public Relations'의 약자이다. 홍보팀의 혁신과 변화는 PR의 원래 정의와 기능으로 되돌아올 때 가능하다. 최근 대기업이 겪는 문제의 상당수는 시장 소비자의 외면으로 인한 것이 아니다. 시민 여론의 외면이 기업을 압박하는 것이다. 오너 일가와 기업이 홍보팀을 '제대로' 사용해야 할 때가 오고 있다.[21]

---

21   김호, 〈홍보팀 사용 설명서〉, 한겨레, 2013년 9월 9일

홍보팀의 혁신과 함께, 최고경영자는 기업 내부의 정치적 이해관계와 상관없이 객관적인 입장에서 아웃사이드 인의 시각을 전달해줄 외부 조언자를 두는 것 역시 매우 중요하다. 특히 위기상황에서는 내부의 정치적인 관계 때문에 아웃사이드 인의 시각으로 오너 일가 혹은 최고경영자에게 조언을 하기 힘든 경우가 많다. 평소 신뢰할 수 있는 외부 조언자를 두고, 위기상황에서 리더가 연락하여 외부의 시각을 청취하는 것은 좀 더 자신과 기업을 보호할 수 있는 의사결정을 하는 데에 큰 도움이 된다.

이 책의 구상단계에서 모든 저자가 정기적으로 여러 차례 만나 토론을 했다. 이 책에서 말하고자 하는 한 가지 중요한 핵심 메시지는 기업이 여론에 신경을 써야 할 때가 왔다는 것이다. 이를 위해 위기관리와 관련 여론관리를 어떻게 해야 하는지 풍부한 사례와 통찰을 제공하는 것이 이 책의 중요한 목적이다.

한편, 기업 내부에서 여론관리의 중요성을 주장할 때 한 가지 자연스럽게 나올 수 있는 반응이 있다. "우리가 여론에 신경 쓴다고 주가가 올라가나?" 물론 여론에 신경 쓴다고 주식가격이 오르지는 않는다. 위기관리에 대응을 엉망으로 해서 여론의 비난을 받는다고 꼭 주가가 내려가는 것도 아니다. 하지만 기업이 여론을 무시하고는 향후 지속가능한 발전을 이루기란 힘들 전망이다. 사회 여론과 기업의 다양한 이해관계자의 의견을 무시했을 때 이는 기업의 비즈니스에 엄청난 악영향을 미칠 수 있다.

유명한 경영 사상가인 램 차란Ram Charan은 2007년에 펴낸《노하우》에서 이 문제를 제기했다. 그는 임원들이 CEO가 되기 위한 경력을 쌓으면서 시장 소비자들의 취향에 어떻게 대응해야 하는지에 관해서는 풍부한 경험과 교육을 받지만, 시장 너머 사회의 다양한 이해관계자들의 여론에 어떻게 대응해야 하는지에 관해서는 적절한 경험과 교육을 받지 못하고 있으며, 이것이 향후 문제가 될 수 있음을 경고한다. 기업에서는 미래의 리더를 길러내기 위해 많은 투자를 해왔다. 지금 당장 기업의 임원 교육 과목 리스트를 구해 살펴보기 바란다. 과목의 이름이 무엇이 되었든 기업의 리더들이 기업에 관한 사회 여론을 어떻게 읽어야 하고, 위기상황에서 여론에 어떻게 대응해야 하는지에 관한 교육이 있는지. 없다면, 지금이 바로 이러한 교육을 통해 미래 리더의 중요한 자질을 길러내야 할 때이다.

위기상황에서
오너를 보호하는 방법

2014년 12월 땅콩회항 사건이 벌어졌을 당시 대한항공 내부에서는 당연히 대책회의가 여러 차례 열렸을 것이다. 대책회의에서의 논의와 결정에 따라 대한항공은 지금까지 우리가 보아온 대응을 해왔다. 그리고, 적어도 여론관리의 입장에서 대한항공의 초기 위기대응은 실패로 보는 것이 지배적인 시각이고, 나 역시 그렇게 생각한다. 대책회의에 참여한 사람들은 당시 머릿속에서 무슨 문제를 풀려고 했을까? 당연히 '어떻게 하면 오너 일가를 보호할 것인가?'를 고민했을 것이다. 누구라도 그 자리에 있었다면 내부 임원이든 변호사든 외부 컨설턴트든 간에 그 질문에 관해 생각하는 것이 맞을 것이다.

"보이지 않는 고릴라"[22]와 위기관리

하지만, 이 책을 쓰면서 자료를 검토하고, 사건 이후 기업의 초기 대응을 다시 바라보면서 이런 질문을 갖게 된다. 그 회의에 있던 사람들은 정말 머릿속에서 '어떻게 오너 일가를 보호할 것인가?'라는 질문에 집중했을까? 왜냐하면 정말로 그 질문에 집중하고 대책을 논의했다면 그와 같은 대응을 했으리라고는 상상하기 쉽지 않기 때문이다. 혹시 '어떻게 하면 당장 오너 일가의 심기를 건드리지 않을까?'라는 질문을 떠올리고 있었던 것은 아닐까? 이 두 질문은 비슷한 것처럼 보여도 매우 다른 방향의 질문이기 때문이다.

공학박사로서 오랫동안 미국 남가주대 경영대학원에서 교수 생활을 하면서 위기관리 연구의 선도적 역할을 해온 미트로프와 통계학 교수인 실버는 문제 해결을 위해서는 제대로 된 질문 즉, 문제의 포커스를 어디에 두는가가 중요하다고 말한다.[23]

위기상황에서 의사결정을 위한 회의를 할 때에도 문제를 명확하게 설정하지 않으면 위기전략은 엉뚱한 방향으로 흘러갈 수 있

---

22   크리스토퍼 차브리스·대니얼 사이먼스, 《보이지 않는 고릴라》, 김명철 옮김, 김영사, 2011
23   Ian I. Mitroff & Abraham Silvers, *Dirty Rotten Strategies*, Stanford Business Books, 2008

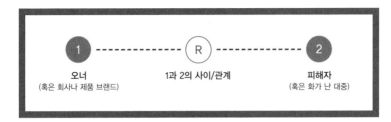

[그림 3] **위기관리의 포커스를 찾기 위한 모델**

기업은 위기관리를 할 때 포커스를 어디에 둘지 결정해야 한다. 세 가지 포커스가 있다. 오너(혹은 회사나 제품 브랜드), 피해자(혹은 화가 난 대중), 그리고 오너(회사)와 피해자 사이의 관계. 바람직한 위기관리는 오너(회사)와 피해자 사이의 관계에 포커스를 둔다.

다. [그림 3]은 스마트폰에 달린 카메라를 상상하면서 만든 모델이다. 카메라에서 스마트폰의 스크린을 손가락으로 터치하면 포커스, 즉 사진의 초점이 잡힌다.

위기관리 의사결정에서 초점을 어디로 잡는가에 따라 대책은 매우 다르게 나올 수 있다. 모든 문제가 그렇지만 빠른 속도로 진행되는 위기상황에서 문제를 잘못 정하면 위기관리는 반드시 실패하게 되어 있다.

여러분은 혹시 "보이지 않는 고릴라"라는 동영상 혹은 책에 관해 들어본 적이 있는가? 금시초문이라면 1분이 살짝 넘는 동영상[24]은 꼭 한 번 보길 바란다. 지금 말이다. 심리학자 차브리스Christopher Chabris와 사이먼스Daniel Simons 두 사람이 고안한 이 비디오에는 여섯

24　동영상 〈보이지 않는 고릴라〉(Selective Attention Test)는 다음의 링크를 참조하기 바란다. https://www.youtube.com/watch?v=vJG698U2Mvo

명의 젊은 남녀가 나온다. 그중 세 명은 청바지에 흰색 티셔츠를 입고 있다. 우리가 해야 할 일은 이 짧은 비디오에서 여섯 명이 서로 공을 패스할 때, 흰색 티셔츠를 입은 세 명이 서로 몇 번 패스하는지만 세면 되는 것이다. 쉽지 않은가? 사람들은 공을 세느라 바쁘다. 1분 20초 정도 되는 이 비디오를 보고 나서 사람들은 패스 횟수를 서로 맞히느라 바쁘다. 그런데 질문이 하나 더 추가된다. "혹시 이상한 것 보신 분?" 실은 여섯 명이 공을 패스하는 도중에 시커먼 고릴라 분장을 한 인형이 화면의 우측에서 좌측으로 걸어 간다. 심지어 중간에 킹콩처럼 우리를 향해 가슴을 치고 지나간다. 하지만 절반 이상(58퍼센트)은 이 고릴라를 보지 못한다. 흰색 티셔츠를 입은 사람들이 공 패스하는 횟수를 세느라 정신이 없었기 때문이다.

이 비디오와 연구는 위기관리에 매우 중요한 교훈을 준다. 특정 주제에 꽂히면, 우리 앞으로 시커먼 고릴라가 지나가도 알아차리지 못할 수 있기 때문이다. 위기관리에서 해결의 포커스를 잘못 잡게 되면 상식적으로 이해되지 않는 대응을 할 수 있다는 말이다.

오너에만 신경 쓰다가 피해자와 여론에 더 큰 분노를 일으켜 결국은 스스로 오너를 더 심각한 궁지에 몰아넣을 수 있다는 말이다. 오너의 심기를 건드리지 않는 방향의 질문, 즉 오너에게 당장 잘 보이기 위한 의사결정을 할 때 포커스는 ①에 가게 된다. 그렇다면 '어떻게 하면 오너 일가를 보호할 것인가?'라는 질문을 놓고 고민할 때에는 포커스가 [그림 3]의 세 개의 원 중 어디에 놓여야 할까? ①에 집중하는 것이 피해자인 ②는 거의 고려하지 않는 것이듯, ②는 피해자에게만 집중하여 기업 입장에서는 불필요하거나 공정하지 않은 피해자 보상까지 해주게 될 수 있다. 위기란 회사와 피해자 혹은 분노한 대중 사이의 관계에 심각한 흠집이 난 상태다. 오너 일가를 진정 보호하기 위해서는 ①도 ②도 아닌 ⓡ에 포커스를 두어야 한다.

"'제'가 아니고 '재'가 잘못했습니다." — 첫 사과가 '쿨하지' 않았던 이유[25]

2010년 미국 CNN은 '완벽한 사과를 하는 법'이란 보도를 했다. 이를 통해 자신이 잘못한 것이 흙 한 주먹 정도라면 이를 산처럼 크게 만들라고 강조했다. 즉 잘못을 축소하려 하지 말고 과장하라는 것이다. 사과 주체가 자기 잘못을 크게 부풀릴 때 여론이나 피해자는 "저 사람이 그래도 무엇을 잘못했는지는 아는가 보군." 하면서 일종의 안심을 하게 된다. 한편, 그렇게 했다가 법정에서 불리해질 수도 있다고 걱정할 수 있다. 과연 그럴까?

땅콩회항의 경우, 자기 잘못을 축소해서 여론을 악화시키고 각종 수사가 더 강화되는 결과를 낳았다. 사과를 회피하거나 잘못된 사과를 하는 것이 오히려 정상참작의 여지를 스스로 줄인 셈이다. 사과는 간을 보면서 하는 것이 아니다. 사과문을 띄운 뒤 일부

---

25 이 부분은 필자가 쓴 다음의 글에서 가져온 것임: 김호, 〈'제' 아닌 '재'로 둘러대고 '잘못' 아닌 '미안' 역효과〉, 주간동아, 2014년 12월 29일, 30~32쪽

직책에서 물러났다가, 여론이 악화되자 직접 나서고 또 모든 직책에서 물러나고……. 사과 횟수를 늘리면서 내놔야 하는 해결책은 점점 커지지만 이처럼 간을 보면서 하는 사과는 효력을 발휘하기 힘들다. 위기대응 전략을 최악의 시나리오에 기반을 두고 짜는 이유도 바로 이 때문이다.

앞서 밝혔듯, 대한항공은 사과 순서에서도 거꾸로 갔다. 회사 사과문 발표 → 조양호 회장 → 조현아 전 부사장 순으로. 사과해야 한다면 잘못한 주체가 먼저 나서는 것이 맞다. 대상도 직접적인 피해자인 사무장과 승무원을 먼저 만나 개인적으로 사과하고, 공개사과로 가는 것이 맞다. 전술했듯, 사과를 제대로 하고 싶다면 "미안합니다."가 아닌 "제가 잘못했습니다."라고 '쿨하게' 말할 수 있어야 한다.

언론을 통해 땅콩회항이 알려진 2014년 12월 8일은 위기관리 측면에서 매우 중요한 시점이었다. 초기 사과가 실패한 가장 큰 이유는 '제(부사장)'가 아닌 '쟤(사무장)'가 잘못했다고 둘러댔기 때문이다. 잘못을 저지른 뒤 잘못된 초기 사과로 여론이 더 악화되면, 그 후 아무리 강도 높게 다시 사과해도 효과를 기대하기 어렵다. 우리가 2014년 12월 8일 대한항공의 첫 번째 입장자료를 돌아봐야 하는 이유다.

사람관계에서도 첫인상이 중요하듯, 위기관리에서도 첫 대응이 많은 것을 좌우한다. 땅콩회항에서 위기대응, 특히 사과문을 분석할 때 회장, 부사장 등 여러 사람의 사과 중에 첫 입장문이 가장 중요하다. 처음에 진정성을 전달하지 못하면 이후의 사과는 모두

떠밀려서 억지로 한 사과가 되기 때문에 위기대응 커뮤니케이션으로서 힘을 갖지 못한다. 2014년 12월 8일에 나온 대한항공의 첫 공식 대응은 그런 점에서 중요한 의미를 갖는다. 그리고 이 입장문을 분석하면 위기관리의 포커스를 ①(오너의 보호)에 두었다는 것이 분명해진다. 사과문을 몇 개로 나누어 분석할 텐데, 대한항공이 내놓은 사과문 전문을 순서대로 따라갈 것이다. 다만 사과문 분석 틀에 따라 끊어 읽는 지점만 다르게 했다.

1. 승객분들께 불편을 끼쳐드려 사과드립니다.
   비상 상황이 아니었음에도 불구하고 항공기가 다시 제자리로 돌아와 승무원을 하기시킨 점은 지나친 행동이었으며, 이로 인해 승객분들께 불편을 끼쳐드려 사과드립니다.

총 23단어로, 유감의 표시이다. 이 입장자료가 나오자마자 SBS의 하현종 기자는 〈취재파일〉을 통해 다음과 같이 지적했다.

'사과'란 표현이 있긴 합니다만 뭔가 문장이 이상합니다. "비상 상황이 아니었음에도 불구하고 항공기가 다시 제자리로 돌아와 승무원을 하기시킨 점은 지나친 행동이었으며" 뉴욕과 미국을 오가는 대한항공 A380이 최신 기종이긴 하나 과거 외화에 등장했던 키트나 에어울프처럼 저절로 움직이는 것도 아닐 것이고, A380 항공기가 승무원에게 내리라고 한 것도 아닐 텐데 표현이 어색하기 짝이 없습니다. 사과의 주체, 즉 조현아 부사장을 언급하지 않으면서

도 어떻게든 사과의 모양새를 취하려다 보니 빚어진 문장 참사입니다.[26]

앞서 소개한 타깃의 스토리에서 스타인하펠 전 CEO가 직원이 준비한 보도자료를 보고, 기업의 입장만을 보호하려고 애썼으며 마치 변호사가 쓴 것 같다고 불만을 제기하여 다시 쓰도록 한 것은 말하자면 이런 문장을 두고 한 말이다. 이러한 '문장 참사'는 위기 관리의 포커스가 과도하게 ①에 집중되어 있다는 것을 보여주는 단면이다.

당시 항공기는 탑승교로부터 10미터도 이동하지 않은 상태로, 항공기 안전에는 문제가 없었습니다.

2. 대한항공 임원들은 항공기 탑승 시 기내 서비스와 안전에 대한 점검의 의무가 있습니다.

해명 혹은 변명에 해당하는 부분이다(23단어). 조 부사장의 잘못이 없었다는 맥락을 깔기 위해 임원의 의무를 적고 있다.

사무장을 하기시킨 이유는 최고 서비스와 안전을 추구해야 할 사무장이 1) 담당 부사장의 지적에도 불구하고 규정과 절차를

26 하현종, 《(취재파일) 대한항공 측 입장자료를 찬찬히 뜯어보니》, SBS, 2014년 12월 9일(http://news.sbs.co.kr/news/endPage.do?news_id=N1002725883&plink=TEXT&cooper=SBSNEW SEND)

무시했다는 점 2) 매뉴얼조차 제대로 사용하지 못하고 변명과 거짓으로 적당히 둘러댔다는 점을 들어 조 부사장이 사무장의 자질을 문제 삼았고, 기장이 하기 조치한 것입니다.

이 지점이 위기관리 측면에서 가장 아쉽게 생각하는 부분인데, 피해자인 사무장을 오히려 공격하고 있다(37단어). 사무장이 "변명과 거짓으로 적당히 둘러댔다"고 했는데, 그 주어가 바뀐 것은 이후 상황을 통해 모두가 알고 있는 바이다. 거짓과 변명을 하게 될 때, 이 위기관리는 성공하기 힘들다. 이 부분은 위기관리의 주요 원칙(다름 아닌 기업의 평판을 최대한 보호하기 위한 원칙)인 '거짓말하지 말라.'와 '피해자를 공격하지 말라.' 모두를 위배하고 있다.

대한항공 전 임원은 항공기 탑승 시 기내 서비스와 안전에 대한 점검 의무가 있습니다. 조현아 부사장은 기내 서비스와 기내식을 책임지고 있는 임원으로서 문제 제기 및 지적은 당연한 일입니다.

다시 한 번 앞서 이야기한 맥락을 반복하며 해명 혹은 변명을 하고 있다(27단어).

3. 철저한 교육을 통해 서비스 질을 높이겠습니다.
대한항공은 이번 일을 계기로 승무원 교육을 더욱 강화해 대고객 서비스 및 안전 제고에 만전을 기하겠습니다.

마지막으로 개선책을 제시하고 있다(22단어). 사과문 작성법으로서 개선책을 마지막에 제시하는 것은 좋은 방식인데, 문제는 여기서도 포커스가 완전히 잘못 잡혔다는 것이다. 앞서 잘못을 피해자 직원에게 돌렸기 때문에 당연히 이런 개선책을 내놓았겠지만, 개선해야 할 것은 대한항공의 승무원 교육이나 고객 서비스가 아니다. 여러 항공사를 이용해본 사람은 알겠지만 대한항공의 승무원 교육이나 고객 서비스는 세계 최고 수준이다.

입장자료 전체를 보면 총 132단어로 이루어졌다. 유감 표명이 17퍼센트(23단어), 해명과 변명이 38퍼센트(50단어), 엉뚱하게 피해자를 공격하는 문구가 28퍼센트(37단어), 포커스를 잘못 잡은 개선책 제시에 17퍼센트(22단어)가 할애되었다. 양적으로나 질적으로나 초기 대응의 사과문으로서는 실패로 갈 수밖에 없는 운명이었다. 공개사과문을 제대로 작성하고 싶다면 다음 세 가지 A를 기억하자.

1. Apology

실수나 잘못을 인정하고 공개하는 부분이다.

2. Apologia

사과를 뜻하는 apology와 비슷하지만 방어의 뜻을 갖고 있다. 외부에서 오해하는 부분이 있다면 사실에 근거하여 해명하되, 전체 사과문에서 이 부분은 20퍼센트 이내로 유지하는 것이 좋다. 이 부분이 길어지면 사과가 변명으로 오해되기 때문이다.

3. Actions

가장 중요한 부분으로, 이미 발생한 위기에 관해서 기업이 단기적으로 어떤 조치를 취하고 있으며, 장기적으로는 어떤 개선책을 내놓을지에 관한 부분이다.

앞서 소개한 하현종 기자가 〈취재파일〉을 마무리하면서 추신으로 단 글도 공감하며 주목할 수밖에 없다.

ps. 기자로서, 한 명의 직장인이자, 또 미생으로서 이런 식의 '입장 자료'를 '쓸 수밖에 없었을' 대한항공 측 담당자께 진심 어린 위로와 사과 말씀 드리고 싶습니다.[27]

결론: 누가 쿨하게 사과할 수 있을까?

오너 일가를 진정으로 보호하고자 했다면, 그리고 이러한 정확한 목적 아래 전략을 수립하려면 오너(①)가 아닌 오너와 피해자/여론의 사이인 ⑧에 포커스를 두어야 한다. 왜 그럴까? 여기에서 위기관리에 관한 새로운 인식이 필요하다. 오너 일가를 제대로 보호하기 위해서라도 말이다. 2008년 나는 미국 디트로이트 시를 방문해 위기관리 전문가로서 꼭 한 번 보고 싶었던 짐 루카셰프스키Jim

---

27   하현종, 앞의 글(주 26) 참조

Lukaszewski[28]의 위기관리 워크숍에 참여한 적이 있었다. 이때 그는 위기관리의 정의를 새롭게 해야 한다고 주장했는데, 그것은 다름이 아니라 위기를 "갑작스러운, 기대하지 않은 피해자의 발생"으로 바라보아야 제대로 된 위기관리를 할 수 있다는 것이다. 그는 어떤 사건이 위기로 발전하는 것은 바로 피해자의 발생 때문이며, 여기에서 피해자란 법적으로 엄밀한 의미의 피해자가 아니라 스스로 피해자라고 주장하는 사람이 언론의 주목을 받고, 여론이 피해자로 인식하는 '인식된 피해자'를 의미했다. 위기를 피해자라는 측면에서 규정하게 되면 위기관리는 피해자와의 갈등을 줄이는 방향으로 수립하게 된다.[29] 땅콩회항 사건이 처음 났을 때, 대응책을 '사무장이라는 피해자'에 집중하고, 그의 분노나 그와의 갈등을 줄이는 방향으로 수립했더라면 어땠을까? 조현아 전 부사장이 처음부터 그에게 사과를 하려고 노력했다면 상황은 어떻게 바뀌었을까? (그녀는 실제 사무장의 집까지 찾아갔지만, 그때는 이미 여론이 악화될 때로 악화된 뒤였다.)

기업의 경영전략이라는 측면에서 볼 때, 우리 기업들이 우수한 제품과 서비스를 통해 세계적인 수준으로 시장의 소비자를 만족시켜왔듯이, 당장 우리에게 주가 인상을 해주거나 이익을 안겨주는 것은 아닐지라도 사회의 여론을 전략적인 차원에서 읽어내고 위기가 발생하기 이전이나 이후에 대응할 원칙과 자원과 능력을

---

28 위기관리에 관심이 있거나 자료가 필요하다면 그의 홈페이지(e911.com)를 방문해보기 바란다.

29 위기관리에 관한 그의 관점을 보려면 책 《Lukaszewski on Crisis Communication》(Rothstein Associates Inc., 2013)을 참고하기 바란다.

가져야 한다. 여론 대응에 실패할 때 기업들은 하고자 하는 프로젝트를 접어야 할 수도 있고, 이에 따른 엄청난 재정적 손실을 감수해야 할 수도 있으며, 때로는 오너 일가임에도 불구하고 자리에서 물러나야 할 수도 있다.

이번 사건은 우리 기업이 갖고 있는 전통적인 위기관리의 패러다임을 다시 생각해보게 만든다. 난 이런 권유를 하고 싶다. 위기관리에 있어 무엇이 기업에 진정 이득이 되는 것인지, 무엇이 정말 오너 일가를 보호하는 것인지에 관해서 이번 사건을 다시 살펴보고, 이로부터 새로운 교훈을 얻자고. 정말 오너를 보호하기 위해서는 오너를 감싸는 것이 아니라 오너와 피해자 그리고 여론의 사이(間)에 집중해야 한다고. "위기를 기회로 만드는 열 가지 비책"이라는 부제를 달고 있는 마수취안(馬樹全)의《위기 십결》에 보면 부득탐승(不得貪勝, 이기려면 이기기를 탐하지 말라.)과 봉위수기(逢危須棄, 위험에 처하면 모름지기 버려라.)라는 대목이 나온다.

취미로 목공을 배우면서 위기관리의 지혜를 떠올린 적이 있었다. 첫 주에 못질과 톱질을 배우는데, 목공 선생님은 계속 손목에 힘을 빼야 잘된다는 점을 강조했다. 힘을 주면 오히려 못질이나 톱질이 제대로 되지 않는다.

위기관리도 힘을 빼야 가능하다. 땅콩회항의 초기 위기대응을 보면서 힘을 너무 주고 있다는 느낌을 받았다. 정말 오너를 보호하기 위해서는 힘을 처음부터 스스로 뺐어야 하는데, 결국은 여론이 강제로 힘을 빼는 상황으로 흘러갔다.

조직 내부의 힘의 관계가 모든 것을 움직인다. 조직문화는 물론이고 위기관리에서도 최고결정자가 어느 쪽으로 마음과 힘을 실어주느냐에 따라 모든 것은 크게 바뀐다. 아무리 좋은 전략이라도 최종적으로 오너가 거부하거나 그런 분위기를 조성하면 실행 불가능이다. 기업이 위기상황에서 자신들에게 오는 피해를 최소화하고, 자신들의 이익을 지키는 방법이 무엇인지, 오너 일가를 제대로 보호하는 방법이 무엇인지를 '다시' 고민해야 할 때가 왔다. 왜 '다시' 해야 할까? 사회에서 힘의 패러다임이 크게 바뀌었기 때문이다. 소셜미디어에서 오너와 경영자가 주목해야 할 단어는 미디어가 아니라 소셜이다. 소셜이란 관계에 관한 것이다. 관계의 다이내믹이 바뀌면서, 즉 힘있는 사람이 일방적으로 일을 추진하는 것이 불가능해지고, 시민과 종업원들은 좀 더 힘을 갖게 되면서, 여론은 기업경영의 전략적 측면에까지 영향을 주게 되었다.

소셜 이전에는 일방적인 위기관리, 오너에 포커스를 둔 위기관리가 상책이었다. 이제는 오너(기업)를 보호하기 위해서 평상시에는 오너(기업)와 여론, 위기상황에서는 오너(기업)와 피해자의 관계에 포커스를 두어야 한다.

상사 지시에 무조건 따라야 하고 자유로운 의견 개진이 어려움. 경영층에서 직원을 대하는 일부 태도는 보수적이다 못해 하인 취급일 수도 있음. 위에서 찍어누르는 식의 지시나 성질대로 소리 지르는 임원들의 행태는 사라져야 함.

특정 기업에서 실제 일한 경험이 있는 전현직 직원들만이 그 기업을 무기명으로 평가할 수 있는 한 기업평가사이트에 2014년 9월 19일에 올라온 글이다.[30] 이 글은 대한항공에 실제 근무한 직원이 무기명으로 내부 문화에 관해 올린 것이다. 뉴욕의 공항에서 땅콩회항 사건이 벌어진 12월 5일로부터 정확히 77일 전에 올린 것이다. 과거에는 이런 '엉뚱한' 소리를 하는 직원은 찾아서 제재를 가하는 것이 기업에 이득이었다. 그래야 외부에 이런 소리를 하지 못하기 때문이다.

소셜의 시대에는 이들을 찾아내고 제재를 가하게 될 경우 기업에 오히려 불이익이 갈 수 있다. 소비자, 시민, 종업원, 협력업체(을)들이 과거처럼 '고분고분'하지 않기 때문이다. 언론보도에 따르면,[31] 박창진 사무장과 함께 땅콩회항 당시 비행기에 있었던 피해자 김도희 승무원이 미국 법원에 대한항공과 조현아 전 부사장을 상대로 민사소송을 제기했다. 남양유업 사태(2013년), 라면상무 사태(2013년)에 이어 대한항공의 땅콩회항 사태에 이르기까지 '미생'들도 더 이상 당하지만은 않고, 소셜미디어를 통해 고발하고 확산시키면 자신들도 큰 힘을 발휘할 수 있다는 것을 깨달았다. 이처럼 특정 집단이 협동하여 무엇인가 행동에 옮기면 일정 수준의 성취

30 이미지, 〈"직원을 하인 취급" "급여 많지만 혹사"… 까발려지는 기업의 민낯〉, 조선일보, 2015년 3월 7일. 이와 같은 기업평가사이트에 관한 논의에 대해서는 아래 글도 참조하기 바란다. 박헌정, 〈내 일터를 고발합니다〉, 한겨레21, 2015년 3월 5일

31 이동휘, 〈'땅콩회항' 피해 대한항공 승무원, 뉴욕 법원에 조현아 상대 소송 제기〉, 조선일보, 2015년 3월 11일

를 할 수 있다고 믿는 것을 집단 효능감Collective Efficacy[32]이라고 하는데, 소셜미디어는 '미생'들의 집단 효능감을 상당히 높여주었다. 기업은 이러한 집단 효능감이 최근 벌어진 기업의 위기 사태에 미치는 영향에 관해 심각하게 고민해볼 필요가 있다.

그렇다면 소셜의 시대에는 이런 '엉뚱한' 글을 올리는 직원을 어떻게 조치해야 할까? 그 직원을 찾아내거나, 기업이 기업평가사이트에 전화해서 부정적 평가를 삭제해달라고 요청하는 것은 오히려 더 부정적 반응을 높일 것이다.

이러한 글들은 경영자의 입장에서는 또 하나의 '아웃사이드인' 시각이다. 직원의 입장에서 기업의 현실을 바라볼 수 있다. 경영자 입장에서 속은 많이 쓰리지만, 그러한 글들 중에서 현재 자신이 경영하는 기업의 문제를 잘 반영한 것은 없는지, 이에 관해 경영자가 바꾸어야 할 것은 없는지 성찰해보는 것이 소셜의 시대에 리더의 생존전략이다. 성인군자 같은 소리라고 여길 사람도 있을지 모르겠다.

2007년 3월 국립중앙박물관에서 열린 한 세미나에서《드림소사이어티》의 저자인 롤프 옌센Rolf Jensen의 강의를 들은 적이 있다. 그의 발표 마지막 슬라이드에 나온 문구가 인상적이었다. "미래를 맞바람처럼 느낀다면 당신은 잘못 가고 있는 것이다If you feel the future as headwind, then you are moving in the wrong direction." 소셜의 트렌드로 인한 위기관

---

32 '집단 효능감'이란 용어의 개념을 내게 처음 소개해준 사람은 연세대 커뮤니케이션학부 김용찬 교수이다. 감사의 뜻을 전한다.

리의 새로운 패러다임이 '역풍'처럼 느껴진다면 자신이 잘못 가고 있는 것은 아닌지 생각해봐야 한다. 땅콩회항과 같은 기업의 위기, 위기관리, 그리고 위기관리의 위기는 이번 한 번으로 충분하다.

"그들은 과연 '쿨하게' 사과할 수 있었을까?" 이 장의 제목으로 물었던 질문이다. 그들은 앞서 길게 설명한 여러 가지 이유로 인해 쿨하게 사과하기 힘들었을 것이다. 그렇다면 이런 질문은 어떨까? "누가 과연 쿨하게 사과할 수 있을까?" 이들은 새로운 소셜의 트렌드를 맞바람이 아닌 순풍으로 느끼고 있는 새로운 마인드의 리더들이다. 쿨하게 사과할 수 있는, 새로운 소셜의 시대에 생존할 수 있는 강력한 오너이자 리더는 누구일까? 짐 콜린스Jim Collins의 《위대한 기업은 다 어디로 갔을까》를 거의 다 읽어갈 즈음 부록의 한 문단에서 그 해답을 발견했다. 바로 '창문'과 '거울'을 구분하는 성숙한 사람이다.

회사가 잘 돌아가고 있을 때 적합한 사람은 창문을 가리키고 자신이 아닌 다른 요소에 공을 돌린다. 성공에 기여한 동료를 칭찬하며 스스로 우쭐대지 않는다. 그러나 회사에 문제가 생겼을 때에는 환경이나 다른 사람을 탓하지 않고 거울을 가리키며 말한다.

"제 책임입니다."[33]

4장

전략 커뮤니케이션 컨설팅 회사인 피크15 커뮤니케이션의 대표를 맡
고 있다. 한국존슨앤드존슨과 CJ를 거쳐 WK Marketing Group의 수
석 컨설턴트로 근무했으며 ICT, 전자, 금융, 식음료 등의 산업군에서 브
랜드 마케팅 컨설팅을 수행해왔다.

위기의 시대, 위태로운 브랜드 전략

김봉수

높이 날던
대한항공의 불시착

"미국, 어디까지 가봤니?"라는 카피로 시작하던 캠페인(2012년)은 상당히 인상적이었다. 2010년 스타리그 결승전을 대한항공의 격납고에서 치러내던 마케팅 맥락 역시 훌륭했다. 오래된 브랜드가 빠지기 쉬운 진부함과 낡음, 권위적인 이미지를 희석하는 동시에 진취적이면서도 여유로운 '젊은 대한항공'으로 브랜드 리포지셔닝을 하는 작업은 어느 정도 성공적이라고 볼 수 있었다.

조현민 (당시) 상무는 2011년 서울영상광고제 그랑프리를 수상한 "일본에게 일본을 묻다"와 2012년 TV부문 파이널리스트에 오른 "케냐-지상 최대의 쇼"를 소개하며 광고전략을 설명했다.

"광고가 좋아서 저곳에 가고 싶다는 생각은 들게 하지만 대한항공을 꼭 이용해야 하는지는 전달되지 않는 것 같다."는 의견에 조 상무는 호탕하게 웃으며 "분야에서 1등이기 때문에 가능한 일"이라고 답했다. 조현민 상무는 "단독노선만 하기에는 광고의 폭이 좁다."며 "대한항공은 마켓셰어가 높기 때문에 여행에 대한 욕구를 자극하는 광고로 소비자 니즈를 높이면 대한항공에 이득이 될 수밖에 없다."고 전했다.[1]

대한항공은 대한민국 광고대상에서 4년 연속 대상을 수상하는 영예도 안았다. 2011년 "우리에게만 있는 나라" 캠페인으로 인쇄부문 대상을 수상한 이래, 2012년에는 케냐 캠페인과 캐나다 캠페인으로 각각 인쇄부문과 라디오부문 대상을, 2013년에는 스리랑카, 몰디브 캠페인으로 온라인부문 대상을 수상했다.

조현민의 자신감은 허언이 아니었다. 그만큼 가시적인 성과가 있었다. 2014년 대학생 대상의 설문조사에서 대한항공은 다니고 싶은 회사 1위였다. 그리고 땅콩회항 사건이 터졌다. 다시 같은 설문조사가 이루어진다면 대한항공의 순위는 어떻게 될까? 근래 진행된 캠페인의 성과는 이제 존재하지 않는다. 젊은 대한항공 이전의 진부함과 낡은, 권위적인 이미지는 소비자의 기억 저편에서 폭

---

1   http://www.worldweb.co.kr/articles/articles_view.html?idno=15551

발적으로 소환되었고 그 위에 나쁜 평판들이 덧씌워졌다. 이제 대한항공은, 사람으로 치면 상종 못할 형편없고 경우없는 '공공의 적'이 되었고 대한항공의 태도는 사회적인 문제를 넘어 법적인 문제로까지 비화되었다. 사실 상황이 여기까지 왔다면 브랜드와 마케팅 관점에서 이 사건을 복기하는 것은 어찌 보면 사치스러운 일일지도 모른다. 하지만 브랜드와 마케팅을 업으로 하는 사람에게 꼭 필요한 작업이다. 앞으로 이런 사태는 더 자주 발생할 것이기 때문이다.

대한항공은 얼마나 추락했을까?

2008년 선스 오브 맥스웰Sons of Maxwell이라는 캐나다 출신의 형제 듀오는 유나이티드 에어라인을 이용해 헬리팩스에서 오마하로 이동했다. 도착 후 기타가 파손된 것을 확인한 선스 오브 맥스웰은 배상을 청구했으나 항공사는 이를 거절한다. 2009년 7월 선스 오브 맥스웰은 〈유나이티드가 기타를 박살냈네United Breaks Guitars〉라는 노래를 발표했고 이는 삽시간에 유튜브를 통해 확산되어 1개월 만에 500만 회 이상 시청되었다. 〈타임스〉는 〈유나이티드가 기타를 박살냈네〉 발표 후 나흘 만에 유나이티드 에어라인의 시가총액이 10퍼센트 빠졌고 이로 인해 주식 보유자들은 1억 8천만 달러의 손실을 입었다는 기사를 냈다.

그렇다면 대한항공이 이번 사건으로 입은 피해는 얼마나 될까? 실제 대한항공 브랜드가 입은 타격을 대한항공 외부에서 정확하게 측정하는 것은 어려운 일이다. 또한 브랜드의 속성상 사건 직후의 몇 개월 사이에 피해를 추산하는 시도는 부적절하기도 하다. 그럼에도 땅콩회항 사건으로 인해 대한항공이 입은 피해를 추정하려는 시도는 사건 직후부터 산발적이긴 하나 계속 있어왔다.

'땅콩회항' 등의 여파로 지난해 국내선 탑승객 수가 감소한 대한항공이 올해 들어 티몬, 위메프, 쿠팡 등 소셜커머스 업체에 제주행 저가항공권을 대량 공급하기 시작했다. (중략) 여행업계에서는 이른바 '땅콩회항' 사태 이후 이미지가 악화되고, 실제 지난해 국내선 탑승객 수가 감소하면서 저가항공사들이 주로 이용하던 소셜커머스의 문을 두드린 것으로 분석하고 있다.

실제 대한항공은 그간 소셜커머스에 물량을 제공하는 것을 꺼려왔다. 가격은 서울-제주 편도의 경우 3만원대에 불과하다. 지난주 판매에 들어갔던 티몬의 경우 총 2만 장 가량의 항공권을, 쿠팡과 위메프의 경우도 각각 1만 장 이상을 판매하는 등 고객들로부터 호응을 얻은 것으로 알려졌다.

인천공항공사와 한국공항공사 통계에 따르면 대한항공의 지난해 12월 국내선 이용객은 전년 동기에 비해 6.6퍼센트 감소한 것으로 나타났다. 반면 아시아나항공의 경우 같은 기간 13.2퍼센트가 늘었다.[2]

---

2   http://bizn.khan.co.kr/khan_art_view.html?artid=201502030741541&code=920100&med=khan

3개월이 지난 2월 11일 두 항공사의 주가를 비교해보면 대한항공
은 3만 5,000원대에서 4만 6,000원대로 약 30퍼센트 올랐고, 아
시아나항공은 4,500원대에서 8,800원대로 95퍼센트 급등했다.
주가 추이를 보면 아시아나항공의 경우 지난 연말부터 꾸준한 상
승세를 유지하고 있다. 대한항공 주가는 12월 8일 조현아 부사장
에 관한 국토부 조사에도 4일 연속 상승을 이어가면서 '땅콩회항'
이 큰 영향을 미치지 못하는 것처럼 보였다. 하지만 사건 보도가 이
어지면서 12월 12일부터 힘이 빠지기 시작, 12월 30일 구속영장이
발부되자 주가는 나흘간 약 10퍼센트가량 하락한다. 대한항공의
주가가 주춤한 것은 유상증자와 겹친 탓도 있지만 '땅콩회항' 사건
이 대한항공 주가에 일정 부분 영향을 미친 것으로 보인다.[3]

대한항공 브랜드 가치는 '땅콩회항' 탓에 곤두박질쳤다. 31일 브랜
드 가치평가 회사인 브랜드스탁에 따르면, 1분기 대한민국 100대
브랜드에서 대한항공은 브랜드 가치평가 지수$_{BSTI}$ 860.0점으로 작
년 종합 순위(6위)에서 45위로 주저앉았다. 무려 39계단 하락한 것
이다. 이에 따라 대한항공은 경쟁사인 아시아나항공(19위)에 항공
사 1위 브랜드 자리를 빼앗겼다. 아시아나항공은 BSTI 883.9점으
로 작년 종합 순위(22위)보다 3계단 도약하며 대한항공을 제쳤다.[4]

3   http://m.bizn.khan.co.kr/view.html?artid=201502210945541&code=920501&med=
4   http://news.heraldcorp.com/view.php?ud=20150331000040&md=20150331072257_BL

반면 이런 기사도 있다.

대한항공이 '땅콩회항' 사건으로 곤욕을 치르고 있지만, 신입 객실 여승무원 공개 채용 인기는 여전히 높았다. 10일 대한항공에 따르면 지난달 29일부터 전날(9일)까지 지원서를 접수받은 올해 1차 신입 객실 여승무원 채용의 경쟁률은 100대 1을 기록했다. 지난해 진행된 세 차례 채용의 평균 경쟁률과 비슷한 수준이다.[5]

과점 형태에 가깝게 운영되고 있는 시장의 현실과 마일리지라는 든든한 보호막이 존재하는 상황을 고려할 때 지금 당장의 재무적 손실은 크게 문제 되지 않을지도 모른다. 하지만 이러한 판단은 중요한 몇 가지를 놓치고 있다. 브랜드에 관한 연상, 이미지, 평판은 소비자가 느끼는 만족감에 직간접적인 영향을 미친다. 승객들이 체감하는 대한항공은 사건 이전과 이후가 분명히 다르다. 예를 들면 사건 이전에는 만족스럽게 여겼을 대한항공의 우수한 서비스에 관해 '얼마나 혹독하게 교육받았을까?'라는 생각을 떠올릴 수 있다. 소비자 만족감의 저하는 브랜드에 연쇄적인 균열을 불러오게 된다. 고객 충성도의 하락, 티켓 가격의 하락, 시장점유율과 매출 및 이익의 동반 하락…… 이런 이슈가 장기적으로 어떻게 전개될지는 불분명하지만 대한항공이 결코 쉽지 않은 문제에 봉착했다는 점만은 확실해보인다.

5   http://news.mt.co.kr/mtview.php?no=2015021017594483167

다른 관점에서 생각해볼 수 있는 타격은 '유통에 관한 영향력'의 문제다. 강력한 브랜드는 소비자의 지지에 힘입어 유통에 대한 강한 교섭력을 확보할 수 있다. 일반 소비재와 다른 항공산업의 특성을 감안할 때 유통을 공항이나 규제당국 정도로 바꿔서 생각해볼 수 있다. 규제당국과의 '밀고 당기기'에서 대한항공은 이전과 같은 교섭력을 발휘할 수 있을까? 구속, 실형의 수순으로 가는 과정에서 교섭력은 너무 안이한 이야기가 되어버렸다.

마지막으로 언급하고 싶은 타격은 '봉쇄된 브랜드 확장의 가능성'이다. 강력한 브랜드에는 브랜드 확장의 가능성이 열려 있다. 대한항공에 이제 그 가능성은 매우 좁아졌다. 숱한 반대에도 불구하고 거의 성사될 것으로 여겨졌던 칼호텔의 경복궁 옆 7성 호텔 신축 계획은 사실상 백지화된 것으로 보인다.

기획력에서 대응력으로

땅콩회항 사건을 브랜드 마케팅 관점에서 복기하기 위해서는 다소 돌아가더라도 브랜드 커뮤니케이션의 프레임 변화에 관해 곰곰이 생각해봐야 한다. 과거의 프레임은 브랜드의 메시지를 정하고 이를 미디어에 태워 보내면 소비자에게 반복적으로 노출이 되면서 인지도와 선호도가 형성되는 개념으로 구성되어 있었다. 여전히 금과옥조로 여겨지는 일관성 Consistency, BI Brand Identity, IMC Integrated Marketing Communication의 개념은 이 프레임을 떠받치는 핵심적인 기둥

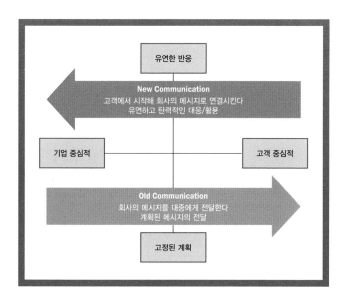

[그림 1] 마케팅 커뮤니케이션 프레임의 변화

증대된 복잡성과 불확실성은 과거 마케팅 커뮤니케이션 방식의 효과성, 효율성을 떨어뜨리고 있다. 계획된 메시지를 대중에게 전방위적으로 전달(IMC)하는 개념은 이제 지워야 한다. 계획된 메시지까지 핵심청중을 어떻게 끌고 올 것인가에 집중해야 한다.

이다. 하지만 어느 시점부터 이 프레임에 금이 가기 시작했다.

브랜드가 소비자보다 압도적으로 많은 정보를 가지고 있던 시대는 끝났다. 소비자의 화제 및 트렌드 주기는 가파르게 짧아지고 있다. 소비자는 실시간으로 작동되는 전지구적인 커뮤니케이션 채널과 커뮤니티를 가질 수 있게 되었다. 상수로 존재했던 마케팅 커뮤니케이션의 조건들은 죄다 사라지고 모두 변수로 바뀌어버렸다. 이제 브랜드 커뮤니케이션의 통제권은 브랜드 내부에 존재하지 않는다. 통제권의 상실을 간파한 브랜드 커뮤니케이터는 브랜드의 메시지를 어떻게 소비자에게 전달할 것인가가 아닌 브랜드의 메시지까지 소비자를 어떻게 끌고 들어올 것인가의 프레임으로 갈아탔다. 어디에 사람들의 관심이 집중되고 있는가, 무엇에 관해 사람들이 이야기하고 있는가를 빨리 포착해서 이를 브랜드와 연결시키는 작업으로 마케팅 커뮤니케이션이 변모하고 있다. 남들보다 빨리 화제와 관심사를 찾아내는 능력과 이를 브랜드와 유연하게 연결시키는 능력이 중요하다. 이전 프레임에서 브랜드 커뮤니케이션의 핵심역량이 기획력이었다면 새로운 프레임에서는 대응력이다.

'삼시세끼' 만에 광고가 만들어지다

SK텔레콤은 2015년 1월 26일부터 tvN의 〈삼시세끼 어촌편〉의 배경, 캐릭터를 그대로 차용한 '삼시세끼 광고'[6]를 내보냈다. 〈삼시세끼 어촌편〉의 방송 시작일은 1월 23일이었다. 과거의 프레임으로는 불가능한 전개다. 여전히 기획력은 중요하지만, 기획력은 대응력을 전제할 때에만 의미가 생긴다.

미국인 브랜든 스탠턴은 "Humans of New York"[7]이라는

---

6   이런 유형의 광고를 Footage(특정한 사건을 담은 장면) 광고라고도 부른다. 유명 드라마나 영화 등의 배경과 등장인물을 그대로 광고에 활용하는 기법이다.

7   브랜든 스탠턴이 운영하는 페이스북 페이지. http://www.humansofnewyork.com. 뉴욕의 거리에서 만난 사람들의 내러티브를 사진 한 장과 인용구로 담고 있다. 2015년 2월 6일 기준. 12,102,137명이 좋아하는 페이지.

이름의 페이스북 계정을 운영하며 뉴욕의 거리에서 만난 사람들의 사진과 소개문구를 업데이트한다. 어느 날 거리에서 한 아이를 만나 가장 영향을 많이 받은 사람이 누구인지 물었는데, 아이가 교장선생님이라고 답하자 브랜든은 아이의 학교로 찾아가 교장선생님과 선생님들을 직접 만나고 페이스북에 그 내용을 게시했다. 이어 브랜든은 크라우드 펀딩 사이트에서 아이들에게 성공의 동기를 주기 위해 하버드대를 견학하도록 숙식과 교통비를 지원하는 프로그램 "Let's Send Kids to Harvard"를 시작한다. 10만 달러 모금을 목표로 했으나 후원금이 100만 달러를 넘어가게 되고 이 미담은 언론과 소셜미디어에 확산된다. 일주일 후 오바마 대통령은 브랜든과 학생, 교장선생님을 백악관으로 초청한다. 그 모습이 "Humans of New York"에 게시되고 백악관 페이스북이 이를 공유한다. 여기에 오바마의 교육철학 메시지가 추가된다.

당신의 성(姓)이 무엇인지, 당신의 피부색이 어떤지, 어떤 가정에서 태어났는지, 종교가 무엇인지는 중요치 않습니다. 중요한 것은 노력과 실력입니다. 이것이 미국의 약속입니다.

오바마의 디지털 전략실은 뉴미디어에서 화제가 되고 있는 스토리를 포착한다. 그리고 그 주인공을 초대하고 그들의 이야기와 백악관의 메시지를 결합시킨다. 유연한 대응력, 즉 스토리의 포착과 관계 구축, 맥락 설정과 자기 메시지로의 귀결로 설명되는 새로운 커뮤니케이션 프레임의 대표적인 사례로 꼽을 수 있다.

앞의 두 사례는 평시의 커뮤니케이션 프레임이 적용될 때의 개념을 설명하고 있다. 이제 반대로 위기 시의 커뮤니케이션 프레임에 관해 생각해보자.

대한항공은 급작스레 소비자의 이목이 집중되는 부정적 사건의 중심에 서게 되었다. 브랜드의 메시지까지 소비자를 어떻게 끌고 들어올 것인가, 브랜드와 소비자의 관심을 어떻게 연결할까를 고민해온 것과는 완전히 다른 대응이 필요해졌다. 대중과 커뮤니케이션을 한다는 행위 자체에는 다를 것이 없지만 평소의 방향과는 180도 다른 방향으로 커뮤니케이션이 전개되어야 한다. 어떻게 대응해야 하는가? 부정적 사건과 브랜드 사이의 연결고리를 어떻게 희석시킬 것인가? 부정적 사건의 여파가 브랜드로 전이되는 것을 어떻게 방어해야 하는가? 실제 대한항공의 대응을 살펴보자.

대한항공 매체 광고비	
2013년 1~3월	9,258,204,000원
2014년 1~3월	10,041,842,000원
2015년 1~3월	52,598,000원

이 표는 사건 발생 직후인 2015년 1월부터 3월까지 5대 매체 광고비 내역과 과거 동기의 비교다. 신문 지면에 실린 사과 광고비를 제외하면 실제적인 광고비는 거의 집행되지 않았다. 그렇다면 소셜미디어에서 대한항공은 어떻게 대응했을까?

12/8 금일 오전 기상악화로 인해 국내선 일부 항공편 결항 및 비정상 운항이 예상됩니다. 해당 항공편 이용고객께서는 대한항공 홈페이지 또는 모바일앱을 통해 출발 전 운항정보를 꼭 확인하세요.

대한항공 공식계정 트위터, 12월 7일

광활한 대자연의 나라 호주로 힐링캠프 떠나보세요! 최고의 휴양지답게 완벽한 해변가에서 아무것도 하지 않은 채 그저 자연을 감상하는 자유를 찾아 삼만리♪

대한항공 공식계정 트위터, 12월 8일

실제 여론의 법정에서 매일같이 대한항공이 도마에 오르고 온라인의 여론이 들끓고 있는 상황에서도 대한항공의 트위터 멘션을 보노라면 아무 일도 일어나지 않은 것 같은 일상적인 정보와 잔잔한 마케팅 메시지의 연속이다. 본격적으로 미디어에 보도가 된 직후인 12월 8일자 소셜미디어에서 회자된 대한항공 관련 트윗들은 상당히 신랄했다. 직접적으로 대한항공과 조현아 부사장을 타깃으로 삼은 비판적 코멘트 일색이었다.

12월 8일 트위터에서 배우 김의성은 "매뉴얼 좋아하시는 부사장님, 항공사 간부가 서비스 부실을 이유로 승무원을 내리게 하기 위해 여객기를 되돌릴 수 있다는 매뉴얼이 있습니까?"라고 물었고, 정치인 노회찬은 "이분 내려야 합니다."라는 멘션과 함께 〈세계일보〉 기사 웹페이지 주소를 게시했다. 트위터 주소 @OcecilO는 "조선시대 왕족 행세하는 재벌에게 모든 사람은 종으로 보입니다."

라고 반응했고, @steppenwol는 "대한항공은 97년 외환위기 때 죽사발 난 걸 공적자금(세금) 투입해서 살려놨더니 족벌경영으로 딸래미들이 아주 분탕을 치고 있구나."라고 했다. 고려대 교수 강수돌은 "따님 두 분이 이렇게 이슈를 만드는데, 아드님은 뭐하시나 싶어 검색했더니"라는 멘션과 함께 2005년 조양호 회장의 장남 조원태의 70대 노인 폭행 사건 기사를 언급했다.

대한항공의 대응력이 제로가 된 이유

사건 이후 대한항공의 기내지 〈모닝캄Morning Calm〉에는 어떤 내용이 실렸을까? 대한항공의 SNS 대응과 크게 다르지 않다. "평정심을 유지하고 하던 일을 계속하라Keep Calm & Carry on."[8] 모드다. 어디에도 이번 사건에 관한 대한항공의 공식적인 입장이나 사과는 없다. 〈모닝캄〉 2015년 1월호(2015년 1월 8일 발간)의 첫 페이지를 장식하는 내용은 "Our airline is all about you."라는 헤드카피가 달린 대한항공의 광고다. 모두가 당신(대한항공)에 관해 이야기하고 있는데 정작 대한항공은 엔터테인먼트와 맛있는 기내식, 서비스에 관해 이야기하고 있다. "Making your experience perfect is our

---

8   "Keep Calm and Carry On"은 영국정부가 제2차 세계대전이 발발하기 몇 개월 전인 1939년에 대규모 공중폭격이 예고된 가운데 영국 시민들의 사기를 돋우기 위해 제작한 동기부여 포스터이다. 이 포스터는 2000년에 한 서점에서 발견된 이후 다양한 물품의 디자인으로 사용되었으며 많은 패러디를 양산했다.

commitment to you(당신의 경험을 완벽하게 만드는 것이 당신에 대한 우리의 책무입니다)."라는 광고문구는 공허하다. 대중의 분노에 응답하는 것이 대한항공의 책무인 타이밍인데 말이다.

초기의 잘못된 회사 차원의 커뮤니케이션이 사태를 더 악화시킨 직후부터 광고, 소셜미디어, 기내지까지 대한항공의 공식적인 마케팅 커뮤니케이션 채널 어디에서도 부정적 사건의 여파가 브랜드로 전이되는 것을 방어하기 위한 시도는 보이지 않는다. 사실상 무대응으로 일관하고 있다.

커뮤니케이션 기술의 발달과 이에 따른 커뮤니케이션 채널의 진보는 커뮤니케이션의 방식을 바꾸어놓았다. 전술한 바와 같이 이제 '유연한 대응력'이 마케팅 커뮤니케이션의 핵심역량으로 부각되고 있다. 대중의 정서와 생각을 읽어내고 이에 관해 탄력적으로 대응해야 하는 긴박한 위기 시점에는 더더욱 중요한 역량이다. 이 중요한 타이밍에 대한항공의 대응력이 제로가 되어버린 이유는 무엇인가?[9]

기존의 브랜드 전략에 의심을 품어봐야 한다. 2014년 12월 이후 대한항공의 브랜드 커뮤니케이션을 마주칠 때, 대한항공의 서비스를 경험할 때, 대한항공의 유니폼을 마주칠 때 사람들은 땅콩 회항을 떠올릴 것이고 폭압적인 오너의 봉건성을 떠올릴 것이다. 2014년 12월 이후 대한항공 브랜드는 엄청나게 버겁고 부정적인

---

9 위기대응 커뮤니케이션을 법무부서에 완전히 일임하는 '한국적인 관행'이 상당 부분 영향을 미쳤을 것으로 보이나 이 장에서는 브랜드 마케팅 커뮤니케이션 범주로 국한해 논의를 전개하고자 한다.

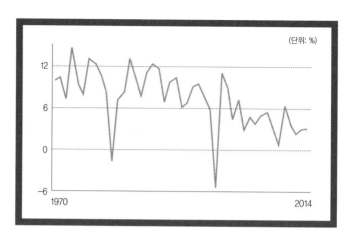

(단위: %)

12

6

0

-6

1970   2014

[그림 2] 1970~2014년 GDP 성장률

성장률은 지속적으로 떨어지고 있다. 기업의 대응은 원가절감과 비용축소 등으로 이어지고 있다. 소비자의 불만, 사업 파트너와의 마찰로 이어질 개연성이 높은 흐름이 지속되고 있다.

연상을 달고 다니게 됐다. 이 '불시착'을 기존의 브랜드 전략으로 어떻게 설명할 수 있을까? 우리가 평소에 고민해온 여러 개념과 원칙들에서 문제가 생겨서였을까? 가령 일관성이라든가, IMC라든가, 체험이라든가 하는 것들 말이다.

땅콩회항으로 인해 대한항공 브랜드가 입게 된 타격은 우리가 익숙하게 사용하던 브랜드 전략과 개념으로 설명하기엔 부적절하다. 우리의 브랜드 전략은 어떻게 하면 다른 브랜드보다 더 매력적으로 비쳐질 것인가, 어떻게 하면 소비자와 더 나은 관계를 형성하고 긍정적인 연상과 포지셔닝을 획득할 것인가에 관한 원칙과 논리로 구성되어 있다. 우리의 브랜드 전략은 미움을 받고 있을 때, 이슈상황에 처했을 때, 대중으로부터 고립되었을 때 어떻게 처신을 해야 하는가에 관해서는 준비를 하지 않고 있다. 대한항공의 브랜드 커뮤니케이션이 위기상황에서 아무런 역할을 하지 못하고 있는 이유는 우리의 브랜드 전략이 반쪽짜리이기 때문이다.

한국 경제가 고성장을 구가하던 시절, 더 비싸게 팔기 위해서 도입된 브랜드 전략은 더 고가의 상품을 만들어 고급 수요를 창출하기 위한 도구이자 방법론으로서 채택되었다. 그러나 현재의 한국 경제는 과거의 낙관적인 전망이 더 이상 유효하지 않은 상황이다. 많은 기업이 파이를 키우는 경영으로 이익을 창출하지 못하게 되자, 비용을 줄이면서 이익을 유지하는 경영으로 선회하고 있다. 2013년의 남양유업 대리점주 폭언 사태도 한국 경제가 돌입한 구조적 현실을 반영하는 하나의 에피소드로 해석이 가능하다.

위기, 이슈상황에 자주 노출될 수밖에 없는 구조적 상황은 SNS로 인해 점화되고 증폭된다. 이제 성장 관점의 브랜드 전략과 더불어 방어 관점의 브랜드 전략이 함께 고민되어야 할 시점이다.

대한항공의 브랜드 방어전략은 무엇이 되어야 할까?

땅콩회항 사건 직후부터 지금까지 대한항공의 브랜드 방어전략은 제대로 작동하지 못했다. 이미 많이 늦었지만 다시 대한항공의 브랜드가 과거의 위상을 되찾으려면 어떻게 해야 할까?

과거의 위기관리 가이드라인에는 브랜드가 카메라에 잡히는 것을 막으라는 내용이 있었다. 아주 예외적인 경우가 아니라면 이 가이드라인은 이제 유효하지 않다. 2013년 9월 태국 방콕의 수완나폼 국제공항에 착륙하던 타이항공 여객기가 활주로에서 미끄러지는 사고를 냈다. 사고 직후 현장의 실무진이 항공기 앞부분과 꼬리부분에 있던 타이항공 로고를 지웠다. 타이항공 대변인은 로고를 지운 것은 타이항공이 속한 스타얼라이언스의 '위기관리 커뮤니케이션 지침'의 프로토콜에 따른 것이며, 이는 타이항공과 스타얼라이언스의 다른 멤버 항공사들의 이미지를 보호하기 위한 것이라고 밝혔다. 그러나 스타얼라이언스 대변인은 사고 발생 시 로고를 지우는 프로토콜은 위기 가이드라인에 적혀 있지 않으며, 이는 스타얼라이언스의 정책이나 위기관리 프로토콜이 아니라고 부인했다. 타이항공의 로고 은폐작업은 부정적인 보도를 피하기 위한 것이었지만 작은 단신으로 지나갈 수 있었던 것을 메이저 뉴스로 바꿔버렸다. 로고를 검은색으로 칠했다고 해도 타이항공 특유의 보라색, 분홍색, 금색으로 칠해진 동체는 누구나 알아보기 쉬운 것이었고, 방콕 공항에는 다른 타이항공 여객기도 많아 비교하기도 쉬웠다. 맞을 때는 소나기도, 폭우도 그대로 맞아야 한다.

대한항공의 땅콩회항 사건 역시 마찬가지다. 브랜드에 덧씌워진 부정적인 이미지와 연상이 시간의 연금술로 퇴색되기를 바라야 하는가?(이것이 현재 대한항공의 스탠스다.) 대한항공은 이슈 속으로 들어가야 한다.

전략 1. 변명이 아닌 철저한 자기반성에서 출발하라

일반적으로 위기가 발생했을 경우, 브랜드와 사건, 브랜드와 문제의 인물을 분리하는 것이 첫출발이 되어야 한다. 하지만 이미 엎질

러진 물이다. 더구나 문제의 인물은 오너 일가다. 사건과 브랜드의 분리가 불가능하다면 철저한 진상 조사부터 시작해야 한다. BBC 의 진상 조사와 후속조치 사례를 살펴보자.

2011년 BBC의 간판 코미디언이자 DJ였던 지미 새빌이 사망한다. 그의 사망 후 1년이 지난 시점에 그가 수많은 여성을 성추행했다는 사실이 밝혀지면서 논란은 시작된다. 피해자에는 다수의 미성년자까지 포함되어 있었다. 오랜 기간 BBC의 간판으로 활약한 지미 새빌과 BBC의 관계를 생각할 때 사태는 매우 심각했다. 지미 새빌의 성도착증 관련 의혹을 보도하려 한 BBC 뉴스의 시도를 데스크에서 무산시켰다는 사실이 밝혀지면서 사태는 최악으로 치달았다. 성범죄의 묵인과 은폐 시도, 위계에 의한 보도 통제……공영방송 BBC의 핵심적 브랜드 가치,[10] 공공성과 신뢰성은 순식간에 바닥으로 곤두박질쳤다. BBC는 이 위기 사건을 진화하기 위해 두 명의 외부인을 책임자로 선임한다. 전직 판사인 데임 재닛 스미스Dame Janet Smith를 발탁해 BBC 내부의 관행과 조직문화에 관한 진단과 조사를 실시하고 이와 별개로 닉 폴러드Nick Pollard를 발탁해 과거 지미 새빌의 성도착증 관련 보도가 불방된 사건에 관한 조사를 실시한다. 데임 재닛 스미스는 영국을 떠들썩하게 만들었던 연

---

10   BBC가 스스로 정의하고 있는 여섯 개의 가치는 다음과 같다. 1. 신뢰가 BBC의 토대다. 우리는 독립적이고 공정하며 정직하다. 2. 우리가 하는 모든 것의 중심에 시청자가 있다. 3. 우리는 양질의 가치를 전달하는 것에 자긍심을 가지고 있다. 4. 창의력은 우리 조직의 생명력이다. 5. 우리 모두가 최선을 다할 수 있도록 서로 존중하고 서로의 다양성을 기쁘게 받아들인다. 6. 우리는 하나의 BBC다. 우리가 함께 일할 때 대단한 것이 이루어진다.

쇄살인의 재판을 담당한 판사로 당시 대중적 인지도를 가지고 있던 인물이다. 닉 폴러드는 BBC의 경쟁사인 스카이뉴스의 대표를 맡았던 인물이다. 대한항공의 내부 진상 조사에 전직 아시아나항공 대표를 책임자로 선임한 것과 같은 경우다.

데임 재닛 스미스는 BBC의 조직문화 및 관행에 관한 광범위한 조사를 전개하면서 새빌의 부적절한 행동으로 인해 피해를 본 당사자들로부터 증거를 수집했고 새빌의 스캔들에 관련된 사람이 290명 이상이라고 밝혔다. 닉 폴러드는 2011년 12월에 새빌에 관한 의혹들을 〈뉴스나이트〉에서 방송하려고 한 것을 저지했던 데스크의 결정은 잘못된 것이지만, 그것이 새빌을 비호하기 위함은 아니었다고 결론지었다. 다만 BBC의 사장 조지 엔트위슬이 새빌의 추문에 관한 제보를 무시한 것은 명백한 잘못이라고 비판했다. 결과적으로 당시 〈뉴스나이트〉의 에디터였던 인물들이 해임되었고 얼마 후 조지 엔트위슬까지 대표직을 사임하게 된다. BBC는 이 모든 과정과 결과를 여러 채널을 통해 대중에게 투명하게 공개했고 현재도 이 사건에 관한 웹사이트(JIMMY SAVILE SCANDAL http://www.bbc.com/news/uk-20026910)는 유지되고 있다. BBC는 지미 새빌 조사에 500만 파운드(한화 약 80억 원) 이상을 지출했다고 밝히고 있다.

땅콩회항 사건과 지미 새빌 사건은 동일선상에서 비교하기 어렵다. 사건의 내용, 피해자, 피해의 규모, 윤리적 파장 등의 측면에서 그 차이가 크기 때문이다. 그러나 대중의 관심과 분노에 근거한 '여론 재판'이라는 차원에서 접근한다면 지미 새빌 사건과 땅콩회항 사건은 유사한 경로를 밟고 있다. 대한항공이 BBC의 단호하고 신속한 조치를 눈여겨봐야 하는 이유이다.

전략 2. 브랜드와 소비자 사이의 '균열'을 수습하라

사건에 관한 진상 조사와 함께 취해야 할 조치는 사과다. 브랜드는 소비자와 관계를 맺으며 존재한다. 그 관계는 브랜드에 관한 기대감과 신뢰, 정서적 연결고리 등으로 구성된다. 땅콩회항과 같은 위기 사건은 이 관계에 균열을 만든다. 소비자와 브랜드 사이의 관계는 브랜드마다 고유하게 구성된다. 사과의 내용과 '톤 앤 매너'에 하나의 정답이 없는 것은 이 고유한 관계성에 기인한다. 성공적인 사과 메시지의 교범으로 회자되는 마텔 사의 사과문을 잠시 살펴보자. 바비인형으로 유명한 마텔은 지난 2007년 인체에 해로운 납 성분이 검출된 이후 장난감 수천만 개에 강력한 리콜을 세 차례에 걸쳐 진행했다. 그리고 CEO가 직접 나서 상황을 지휘하며 3차 리콜 이후 9월 11일 〈월스트리트 저널〉에 성명을 게재했다. 강력한 행동과 함께 진심의 커뮤니케이션이 이어졌다. 3차 리콜 후 마텔의 주가는 급상승했다.

당신의 아이들 역시 우리의 아이들이기 때문에
'마텔에 무슨 일이 벌어지고 있는 건가요?' 지난 몇 주간 기준치 이상의 납 성분이 포함된 제품들의 리콜을 단행하면서 수많은 사람이 내게 한 질문입니다. 걱정스러운 표정의 제 부모님과 우리 회사의 직원들, 이웃들, 옛 동료들과 나의 아이들까지도 모두 궁금해했습니다.

네 명의 아이를 둔 아빠로서 저는 부모들이 무엇을 원하는지 잘 알고 있습니다. 바로 안전한 장난감입니다. 아이들이 가지고 노는 장난감이 확실한 안정성 검증이 되었는지 믿고 싶어하죠. 최근 납 성분이 함유된 페인트는 부모들의 최고 관심사일 것입니다. 저는 마텔이 지금 조치를 취하고 있음을 부모님들이 분명히 알아주셨으면 합니다.

첫 번째 리콜 이후 납 성분이 페인트에 들어가는 것을 막기 위해 우리는 다음과 같은 세 가지 단계를 통해 품질관리를 강화했습니다. (중략) 하지만 한 사람의 부모로서, 추가적인 문제가 발견된다면, 어떤 작은 문제라도 그냥 넘어갈 수 없습니다. 우리는 고객들에게 최대한 빨리 널리 이 사실을 알려서 그들이 적절한 행동을 취할 수 있도록 도울 것입니다.

지난 몇 주간의 장난감 테스트에 관해서 이야기가 많았습니다. 저는 이번 일을 계기로 마텔이 앞으로 사람들이 우리에게 기대하는 것과, 우리가 나아가고자 하는 방향에 관해 이야기하게 되었으면 합니다. 이번 일로 우리에 대한 신뢰에 금이 갔지만 우리에게 더 나아질 것을 요구하는 시험으로 알고 겸허히 받아들이겠습니다. 제가 시카고의 교외에서 자랄 때, 아버지께선 이렇게 말씀하셨습니다. "신뢰를 얻기 위해서는 말이 아니라 행동을 보여줘야 한다." 오늘날 저 역시 우리 아이들에게 말합니다.

"말이 아니라 행동이다."

이것은 마텔이 앞으로 나아가야 할 행보의 원칙입니다. 우리는 말이 아닌 행동으로 여러분의 신뢰를 다시 찾아오겠습니다.[11]

브랜드와 소비자 사이의 관계, 소비자가 브랜드에 기대하는 바와 그 맥락을 충분히 반영한 사과문의 전형이다. 대한항공의 첫 번째 입장자료("철저한 교육을 통해 서비스의 질을 높이겠습니다.")는 물론이고 두 번째 사과문("그 어떤 사죄의 말씀도 부족하다는 것을 절감하고 있습니다.") 역시 소비자와 대한항공 브랜드 사이에 발생한 균열에 제대로 사과하지 못하고 있다. 절대다수의 소비자가 박창진 사무장 등에 감정이입을 한 상황이라면 피해자를 대상으로 하는 적극적이고 진실한 사과가 소비자와 브랜드 사이의 '균열'을 최소화하는 가장 확실한 방법이 된다.

전략 3. 위기를 허비하지 말라

대한항공이 제대로 된 사과 이후 취해야 할 조치는 무엇일까? "경영자들은 대개 '사과를 하고 고개를 숙이면 문제는 사라질 것'이라고 낙관하지만 사실은 절대로 그렇지 않다. 사과를 한 다음에는 반드시 무언가를 해야 한다." 2009년 최악의 위기 사태를 겪은 도미

---

11   번역글의 출처는 http://acase.co.kr/2013/11/20/crisis31/

노 피자의 CEO 패트릭 도일의 말이다. 도미노 피자는 가맹점 직원이 코 안에 넣었다 뺀 치즈를 음식에 올려놓는 동영상이 유튜브에 올라오면서 최악의 위기에 빠졌다. 사태 발생 이틀 후 CEO가 직접 사과하는 동영상을 유튜브에 올렸다. 이후 도미노 피자는 대대적인 고객 간담회를 개최해 고객들의 불만을 수용했고 품질 개선에 돌입했다. 이 혁신 프로젝트는 도미노의 위기를 기회로 바꿨다. 3년 연속 마이너스 성장을 기록하던 도미노가 2009년 반등에 성공한 것이다.

일부 위기전문가는 위기 사건을 '기회'로 활용하라고 조언한다. '최악의 상황에 대비하라.'는 위기관리 불문율을 감안할 때 이 조언은 지나친 측면이 있다. 하지만 '위기를 허비하지 말라Don't waste any crisis.'는 도미노 CEO 패트릭 도일Patrick Doyle의 조언은 충분히 되새겨볼 만하다. 위기를 겪은 후 브랜드에 실체적인 변화를 만드는 과정은 반드시 필요한 작업이며 아울러 위기 직후 조직에 조성되는 위기감은 더디게 진행되던 브랜드 혁신의 촉매 또는 동력으로 작용할 수 있기 때문이다. 땅콩회항 이후 대한항공의 가시적인 조치는 보이지 않는다. 혹시 너무 빨리 평상심으로 돌아간 것은 아닐까?

전략 4. 브랜드 커뮤니케이션을 본격 가동하라

2015년 3월 현재, 대한항공의 브랜드 커뮤니케이션은 정상적이지 않다. 통상적인 광고채널Paid Media은 작동을 하지 않고 있으며 자체 보유 미디어만이 작동하고 있다. 온 국민의 관심이 여전히 쏠려 있음에도 자체 보유 미디어는 매우 일상적인 커뮤니케이션만을 반복하고 있다. 소비자의 브랜드에 관한 인식이 비정상적인 상황에서 일상적인 커뮤니케이션에 집중하는 것은 다분히 정상적이지 않다.

2005년 4월 25일, JR(Japan Railways의 준말이며, 1987년 4월 1일에 일본국유철도가 민영화됨으로써 발족한 7개 주식회사의 총칭) 후쿠치야마선의 쾌속열차가 탈선해 일부 차량이 선로 옆 아파트에 충돌하는 사고가 발생했다. 106명의 사망자를 낸 이 사고는 JR 역사상 최악의 사고로 기록되고 있다. 여기서 주목할 점은 JR 서일본의 웹사이트(https://www.westjr.co.jp)가 10년이 지난 현재까지도 후쿠치야마선 사고에 관한 사과문과 사고 개요, 사고 후 대책에 관한 내용을 메인페이지의 핵심 콘텐츠로 제공하고 있다는 사실이다.

'전략 3'에서 언급했듯이 대한항공은 땅콩회항이 만들어낸 브랜드와 소비자 사이의 균열에 관해 제대로 된 관점과 반성, 약속을 대 소비자 커뮤니케이션에 녹여내야 한다. 사과는 '했다'의 문제가 아니라, '전달되었는가'와 '받아들였는가'의 문제이다. 탑승객이 비행기를 타는 수 시간 동안 대한항공이 변하려 한다는 사실을 납득시키고 그 실체적 증거를 제시해야 한다. 대한항공을 이용하는 거의 모든 승객이 땅콩회항을 상기할 것이라는 점을 전제하고 승객이 비행기에 탑승한 시간을 승객의 인식을 바꾸는 시간으로 활용해야 한다. 이런 관점에서 대한항공의 기내지 〈모닝캄〉은 매우 중요한 미디어다. 〈모닝캄〉 특별호를 발행하는 것은 어떨까? 이번 사건의 개요와 교훈, 새로운 약속으로 채워지는 〈모닝캄〉을 일정 기간 기내에 비치하고 업데이트하는 작업은 어떠한 메시지도 건네지 않고 무대응으로 일관하는 현재보다는 좋은 반응을 얻어낼 가능성이 크다. 기장의 안내방송에서도 짧게라도 이번 사건과 관련한 사과의 메시지를 포함시키고 정중한 사과의 메시지와 새로운 의지를 담아낸 '마카다미아 사과킷'을 제작해 탑승객에게 선물하는 소소한 실행 아이템도 생각해볼 수 있다.

전략 5. 내부 구성원을 케어하라

위기는 브랜드와 소비자 사이의 균열만 만들어내는 것이 아니다. 위기는 브랜드의 중요한 요소인 내부 구성원에게도 심한 내상을 입힌다. 위기상황을 맞닥뜨린 모든 기업은 이의 극복을 위해 내부 구성원의 단합된 힘을 필요로 한다. 위기의 성격에 따라 자연스레 단결된 힘으로 결집이 되는 경우가 있는 반면 조직에 불신과 불만이 폭발하는 계기가 될 수도 있다. 땅콩회항 사건의 경우는 전형적인 내부 불만 폭발형 위기다. 이번 사태와 유사한 여러 상황에서 상처를 받았을 대한항공 직원들에 대한 케어가 필요하다. 그들이 받았을 상처를 경청하고 공감하며 개선책을 찾아보는 작업을 빠르게 시작해야 한다. 항공산업은 인적 서비스가 중심이 되는 감정노동의 산업이다. 대한항공의 직원은 고객이 체감하는 브랜드 퀄리티를 좌우하는 결정적인 요소이기도 하기 때문에 내부를 향한 따뜻하고 솔직한 커뮤니케이션과 케어 프로그램이 필요하다.

위기의 시대, 브랜드 매니저를 위한 제언

위기의 시대, 성장만을 목표로 질주하는 반쪽짜리 브랜드 전략은 위태롭다. 브랜드는 지금보다 더 자주 이슈상황에 처하게 될 것이다. 나머지 반쪽의 브랜드 전략, 방어 관점의 브랜드 전략을 위해 많은 것이 준비되고 많은 것이 바뀌어야겠지만 단 하나만 허락된다면 브랜드 워스트 시나리오Brand Worst Scenario를 추천하겠다.

대부분의 위기는 수많은 징후와 전조를 동반한다. 브랜드에서 발생가능한 위기도 마찬가지다. 아직 위기로 확대되지 않은 브랜드 내부의 작은 이슈를 그냥 흘려보내지 말고 이를 징후 관점에서 체크해봐야 한다. 브랜드의 품질에 관한 이슈, AS에 관한 이슈, 브랜드의 프로모션이나 캠페인에 관한 이슈 등 자신이 관리하는 브랜드에 발생할 수 있는 잠재적 이슈를 목록화하고 발생가능성과 예상 피해규모가 큰 잠재 이슈를 중심으로 브랜드 워스트 시나리오를 작성하고 이를 예방, 수습하는 방안을 준비해두어야 한다.

잠재 이슈를 발견하는 방법은 크게 네 가지다. 첫째, 소셜미디어에 존재하는 브랜드에 대한 공격적이고 부정적인 메시지 모니터링이다. 모니터링을 통해 소비자 불만의 지점이 어디인지, 어떻게 확대되고 있는지 일상적으로 체크하고 목록화해야 한다. 둘째, 브랜드가 정기적으로 수행하고 있는 브랜드 트래킹 조사에 이슈 항목을 포함시키는 방법이다. 현재의 브랜드 트래킹 조사는 'to be' 중심으로 설계되고 실행되고 있다. 일부 항목은 'not to be' 관점에서 설계되어야 한다. 브랜드가 '되고 싶은 모습'이 되는 것도 중요하지만 '되고 싶지 않은 모습'을 피하는 것도 중요하기 때문이다. 셋째, 자사가 과거에 경험했던 이슈상황에 관한 리뷰다. 사업의 내용과 구조가 크게 바뀌지 않았다면 과거에 발생한 이슈는 다시 발생할 가능성이 높다. 과거에 겪었던 자사의 위기 연표를 작성해보는 것을 권장한다. 넷째, 경쟁사 또는 해외 동일업종의 기업이 겪었던 이슈상황 체크다. 경쟁사 또는 해외 동일업종의 기업이 겪은 이슈상황은 자사에서도 발생할 가능성이 높기 때문이다.

발견된 잠재 이슈는 발생가능성과 예상 피해규모를 기준으로 우선순위를 부여해 다섯 개 내외의 브랜드 워스트 시나리오로 개발되어야 한다. 마지막으로 브랜드 워스트 시나리오에 따른 브랜드 대응 시나리오를 준비하고 이에 따라 주기적으로 훈련을 해야 한다.

브랜드매니저에게 이슈/위기관리는 생소한 개념이다. 하지만 땅콩회항 사건은 기업의 위기가 브랜드의 명운에 직접적인 영향을 미치는 요인이라는 점을 여실히 보여주었다. 이슈상황, 위기상황의 빈도와 강도가 점차 높아질 것으로 예측되는 경제환경을 고려할 때 브랜드매니저는 이슈/위기관리에 익숙해져야만 한다. 소비자와 브랜드 사이의 접점을 만들어가는 사람은 평시에도, 위기 시에도 브랜드매니저이기 때문이다. 기업의 브랜드 전략에 관한 인식 전환과 브랜드 위기관리를 위한 철저한 준비가 필요하다. 공들여 쌓은 탑, 허무하게 무너뜨리지 않도록 말이다.

5장

전략 커뮤니케이션과 위기전략을 컨설팅하는 에이케이스 대표로 국내
외 기업, 정부, 국회, 언론, 협회, 시민단체와 의사결정자의 대중전략고
위기관리를 자문하고 있다. 청와대 보도지원 비서관을 지냈다.

위기관리를 위한 경영전략

유민영

땅콩회항 전,
한국사회에 던지는 질문

2014년 말과 2015년 초, 김호 대표와 나는 '평판사회' '여론전략'
'위기전략'이라는 과제들 속에서 보냈다. 어느 기업의 회의 테이블
에 올라갈 대한항공 위기관리 케이스 분석을 했고, 어느 날은 승계
의 최전선에 선 CEO를 위해 평판관리라는 새로운 그림을 그렸다.
다른 날에는 새로운 CEO들에게 메시지 트레이닝을 했다. 또 대기
업을 위협하는 나쁜 뉴스에 관한 여론 전쟁을 시뮬레이션화하고
그 해결책을 제시했다. 어느 광고회사에는 다중의 이해관계자와
기업외교에 집중한 새로운 PR전략을 제안했다. 시간이 흐르자 대

외협력, 커뮤니케이션, 법무를 포괄하는 새로운 평판전략을 세우려는 흐름에 많은 기업이 가세했다. 2015년 봄 김 대표와 나는 대관업무, 대관협력은 물론 전략 커뮤니케이션을 담당하는 새로운 부서와 시스템의 모델, 인력구조를 짜기 시작했다.

우리는 페이스북과 트위터의 조직을 분석해보았다. 그들에게는 대체로 '공중정책' 혹은 '공공정책'을 담당하는 팀들이 있었다. 또한 우버는 오바마 대통령 캠프의 전략 담당 핵심 참모 데이비드 플러프를 정책·전략 담당 수석 부사장으로 영입했으며, 아마존은 제이 카니 전 백악관 대변인을 공공정책과 커뮤니케이션을 총괄하는 수석 부사장으로 전격 영입했다.

기업은 소비자와 미디어, 그리고 대중과 직접 연결되어 있었다. 우리는 비로소 위기관리 업무를 '공중의제관리Public Issue Management'라는 이름으로 설명할 수 있게 되었다. 물론 전통적인 경영/재무/인사/법무 부서에서는 여전히 이런 영역의 컨설팅 효과에 관해 의문을 제기하고 있는 것이 사실이고 여론전략을 지원부서인 홍보팀에서 맡아서 하는 언론관계라고 국한해 사고하고 있다. 또한 많은 CEO가 강력한 개인과 고객의 요구에 의한 쌍방향 협력과 능동적 대처라는 변화를 체득하지 못하고 일방향으로 그어진 기획-조직-인사-실행-통제를 반복하고 있지만 말이다.

과거의 전략과 경험, 습관을 가진 CEO는 현재와 미래의 시간에 대응할 수 없다. 기업에는 이제 다른 질문이 필요하다. '새로운 언어, 새로운 관계, 새로운 세계'에 적응하고 대응하기 위해 대중전략을 전통적 경영전략에 반영했는가? 여론 전쟁에 대비할 인식과 시스템을 확보했는가? 사회적 관계와 명분은 축적되어 있는가? 훈련된 인적 자원과 실제 상황에 대비를 했는가? 이러한 질문에 대안이 필요하다. 땅콩회항 사건을 기점으로 한국사회에 사전 질문을 던져보자.

1. 세월호의 분노를 삭이지 못한 사회는 다른 사건을 어떻게 바라보는가?

2014년 4월 16일 발생한 커다란 재앙을 조절과 타협으로 해결하지 못한 우리 사회는 다음 문제를 함께 해결할 방도를 알지 못했다. 9·11테러 이후 미국은 엄청난 정신적 충격을 준 새로운 위험 앞에서 애국심과 함께 '하나의 팀, 하나의 목소리'라는 새로운 가치를 찾았다. 또한 이러한 위험을 모든 제도와 문화와 관습에 대입해 과거의 사건을 현재로 만들고 미래로 확장시켰다. 우리는 세월호 사건에서 슬기로운 해법을 찾지 못했고 출구는 사라졌다.

2. 한국사회에서 대기업은 국민 정서와 어떻게 충돌하는가?

마이클 샌델의 《정의란 무엇인가》와 토마 피케티의 《21세기 자본》이 공전의 히트를 쳤다. 불평등과 불공정은 사회적 분노의 출발점이 되고 있다. 경제민주화와 분배정의에 관해 높아진 요구는 끊임없이 타깃을 찾고 있다. 통제할 수 없는 인터넷과 소셜미디어 환경에서는 오너의 일거수일투족이 공공의 레이더망에 들어가 있다. 대중정서법의 프리즘으로 들어간 대기업과 오너는 방어와 추락의 담장 위를 걷고 있다. 결국 대기업은 재벌 봐주기에서 재벌 혼내기의 표적으로 전환되어 있다. 선대의 실패와 성공을 자신의 가치로 자산화하지 못한 대기업의 3세대, 4세대 오너는 선대의 오너보다 오히려 더 큰 표적이 될 수 있다.

3. 여론이라는 거대하고 급격한 변화의 실체는 어디서 시작되었는가?

정보의 자유로운 이동, 느슨한 연결의 극대화, 개방형 모델의 확산, 실시간의 지구적 동시성의 시대에 개인은 기성 언론에 대등하게 권력화되었다. 스마트폰과 인터넷은 모든 것을 과잉으로 연결한다. 모든 것이 노출되는 투명감옥은 폭력적 태도와 함께 타인의 언어와 생각을 감시하고 통제하려는 경향을 극대화했다. "지금보다 더 나은 모습일 수도 있겠다고 생각할 때, 동등하다고 여기는 사람들이 우리보다 더 나은 모습을 보일 때, 우리는 불안을 느낀다."고 알랭 드 보통은 말한다. 불안은 상대를 공격하고 있다. 힘과 권력을 가진 개인 또는 열정적 소수는 아주 작은 사건도 때로는 과장되게 미화하고 무도하게 미워하는 경향과 함께 여론을 타고 움직인다.

4. 청중과의 협력은 왜 우리 기업의 전략이 되지 못했는가?

알리바바의 마윈은 말한다. "3 WIN을 생각해야 한다. 우선 고객이 가장 먼저 잘돼야 한다. 그리고 협력파트너가 잘돼야 하고, 마지막으로 당신 자신도 잘돼야 한다. 어느 하나 부족해도 안 된다. 늘 고객에게 좋은가를 먼저 생각해야 한다. 엔지니어가 좋은 제품이라고 말했다고 이야기하지 말라. 참여자(협력파트너)에게 기회가 주어지는지도 봐야 한다. 마지막으로 당신이 살아남을 수 있는지를 봐야 한다." 페이스북, 아마존, 구글, 에어비앤비, 우버는 청중과 소비자, 투자자를 기반으로 자신의 사업과 가치를 만들어간다. 사용자에 초점을 맞춰 일체형 협력모델을 추구한다. 사용자가 광고도 하고 사람도 끌어온다. 그것이 새로운 산업의 미래다. 그렇다. 우리는 아직 마케팅 전략과 목표와 방향을 세워 일렬로 선 다음 한 방향으로 화살을 쏜다. 현대의 산업은 청중과의 대화다. 이것이 우리 기업문화에서는 약하다. 대한항공과 조현아 부사장이 만든 위기는 산업구조의 변화를 이해하지 못한 책임도 크다. 획일화된 오너 체제는 그렇게 여론의 전쟁에서는 화를 키우는 불쏘시개가 될 뿐이었다.

5. 불온한 미디어 환경은 어떻게 사건을 극단적으로 몰아가는가?

순식간에 사건은 폭발한다. 속도와 확산의 측면에서 여론 핵전쟁이라고 해도 과언이 아니다. 한국사회에서는 진영논리를 하나 더 추가해야 한다. 사실과 진실이라는 최선의 가치, 합리와 타협이라는 중재의 순간이 적대적 진영 효과로 인해 존재하지 않게 되는 것이다. 관음증과 노출증은 적대적 매체라는 특성과 연결되어 즉각 폭발한다. 아주 빠른 시간 안에 매우 단순한 방식으로 극단적 경향성을 확보하게 된다. 적대적 진영 효과는 사건을 '단순, 무식, 과격'이라는 틀 안으로 가두는 초기 세팅의 시스템이 된다. 집단분노와 극단적 양상 강화는 같은 배를 타고 폭력적으로 움직인다. 출구 없는 집단분노는 서로의 표적을 꿰뚫을 뿐이다. 위기를 겪고 있는 다수의 언론은 진실보다 시청률과 구독률의 포로가 된 지 오래다. 일부 채널의 '모든 것의 전문가'를 자처하는 평론가들의 테이블에 올라선 순간, 땅콩회항 사건은 제어장치를 가질 수 없었다.

6. 내부에서 상식의 질문을 던질 수 있는 사람은 누구인가?

이 문제는 중요하다. 한 사람이라도 협소한 '터널시야'[1]를 갖지 않는다면 새로운 계획을 수립할 발판이 되기 때문이다. 한국사회에서 혈연자본주의는 획일적 통제시스템과 연결되어 있다. 이렇게 되면 순수한 질문은 가능하지 않다. 오너의 실수는 단순한 실수가 되고 오너 이외의 실패는 용납되지 않는다. 내부의 대화는 통제의 시스템으로만 작동한다. 결국 상식의 질문은 질문될 수 없고 협력은 지시와 복종의 개념으로 전환된다. 수평적 협력 없는 사내 질서는 철저하게 위기대응력을 감퇴시킨다. 위기대응은 자발성과 협업의 산물이기 때문에 더욱 그러하다. 오너가 키를 쥔 성과 위주의 마케팅에서 개방형 소통과 공감은 철저히 배제된다. 소통과 공감은 위기해결의 결정적 방아쇠인데, 소통과 공감의 부재는 위기강화의 핵심적 방아쇠로 작동한다. 스스로를 타깃화해 포커스 그룹이 되고 알파 테스터가 되고 실험재료가 되기도 하는 시대가 되었다. 즉 스스로가 타깃이 되고 청중이 되는 시스템의 출현, 우리의 오너 구조는 그것을 막고 있다. 땅콩회항 사건은 블라인드가 걷혔을 때 발생할 수 있는 상황의 효시다.

---

1   데이브 그로스먼·로런 W. 크리스텐슨, 《전투의 심리학》, 박수민 옮김, 플래닛, 2013

7. 그들은 왜 스스로 나쁜 이야기가 되었는가?

'왜 사실은 부정적 서사의 도구로만 작용하는가?'와 같은 질문이다. 대기업은 평시관리가 위기관리라는 것을 인식하지 못하고 있다. 평소의 작은 이야기가 위기 때 큰 방벽이 된다는 것을 알지 못한다. 내부 직원, 함께 일한 이해관계자가 위기 때 가장 큰 적이 된다는 것을 이해하지 못한다. 하나의 잘못된 사실이 기업문화에 대한 평판으로 연결되며 걷잡을 수 없는 이야기로 발전한다. 사실 하나하나는 막을 수 있지만 이야기는 분절해서 정리하기가 어렵다. 구조적 문제가 된 것이다. 소셜미디어는 선하거나 악하지 않다. 스스로 정의해서 미리 대처하지 않으면 나쁜 이야기의 구렁텅이에 빠질 뿐이다.

8. 불확실성 시대의 대응전략, 어디서 시작해야 하는가?

경계 없는 확장성, 인내심 없는 대중의 관심, 결과보다 중요한 속도와 과정, 예측성의 결여, 과도한 연결과 복합적 협력은 세계의 기업과 우리 기업이 직면한 불확실성의 내용들이다. 전략적 통찰은 먼미래의 일에 관한 사고라기보다는 순간성과 탄력성에 기초한다. 과거와 미래의 현재화와 즉각적 대응이라고 할 수도 있다. 이러한 산업구조의 변화와 여론의 결합을 이해하지 못한 채 과거의 성과와 안전한 경영에 갇힌 CEO는 새로운 경영 전쟁과 평판사회를 이해할 수 없다. 지금까지 성장한 방식이 미래에 대한 도전 방식이 되지 않는다는 것을 이해하는 것이 새로운 대응전략의 전제다.

이제 우리 기업들은 위기전략에 관한 기존의 관념과 경영전략에 관한 기존의 관성을 버려야 한다. 기업의 실패는 능력과 경험의 부족이 아니라 변화에의 거부로부터 올 가능성이 높아졌기 때문이다.

신고선수 출신의 2014 프로야구 MVP 서건창 선수에게 기자가 물었다.

"어떤 식으로 생각을 보완한 건가?"

답은 명쾌했다.

"생각을 바꿨다."

조현아 부사장의 지시에 의한 항공기 회항은 '시대와의 불화'로 빚어진 사건이다.

위대한 기업의 가치는 자기 시대의 모순을 극복하고 과거 시대의 성공에 안주했던 낡은 경영을 혁신하는 데 있다. 지금은 대한민국 대기업 오너와 CEO가 생각을 바꿀 때다.

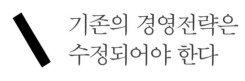

기존의 경영전략은
수정되어야 한다

사건 열흘 후 12월 15일, 아는 분에게서 문자가 왔다. 거센 태풍이 몰아칠 때 피하지 말고 잘 두드려 맞는 것이 적절한 대책이라고 생각하고 있을 때였다.

> 대한항공과 조 부사장이 지금 상황을 종결하기 위해 필요한 조치를 정리해줄 수 있어요?

우선 다음과 같이 문자메시지를 보냈다.

전략 홍보 대관 모두 멘붕 상태

그들은 오너만 바라볼 수밖에 없는 상황임

백약이 무효

스스로 짊어져야 함, 오너가

그러고 나서 정리해서 문자 메모를 보냈다.

사과 — 성찰 — 혁신

사건의 정의

1. 오너에 의한 휴먼 에러, 휴먼 크라이시스

2. 다른 자녀와 조양호 회장 포함한 추가 상황 발생 가능

3. 사회적 중요성 + 대중의 관심 최고 사안

4. 사건의 발생과 과정관리라는 두 개의 위기 발생

5. 기업문화와 정체성에 관한 근본적 위기로 발전

6. 신뢰와 평판의 측면에서도, 3세 경영 측면에서도 회사 전반에
   관한 가치 붕괴 단계

7. 예상치 못한 추가 상황 발생가능성

목표: 단기간에 사건을 잠재울 수 없으므로 비판을 수용하면서 더 이상의 상황이 발생하지 않도록 관리

- 자녀교육, 3세 경영 포함한 다양한 형태로 이슈가 발전, 언론도
  특집기획으로 다양하게 확대할 예정

- 특히 형사 문제로 발전할 경우, 법률적 판단으로 여론을 관리하면 심각한 상황이 발생할 가능성 우려됨

키메시지

- "변명의 여지가 없습니다. 제 책임입니다."
  (다른 자녀의 2선 배치 고려)
- "끝없는 자기성찰 통해 거듭나겠습니다."

솔루션어프로치

- (내부에 해결가능한 사람 없음) 객관적이고 신뢰할 수 있는 외부 인사에 의한 성찰과 혁신
- 외부 인사에 전권 부여해 직원들부터 감싸안아야 함
- 상징적인 한 사람이 많은 것을 결정할 것임

키솔루션: 신뢰할 수 있는 인사와 전문가로 구성된 성찰과혁신팀 구성

- 1차 과제: 조직문화 조사, 직원들과의 유대감, 공감대 강화
- 이 과정에서 2차 위기가 발생할 수 있지만 감당해야 함

얼마 후에, 메모를 요청한 사람도 필요한 조치와는 반대로만 흘러가는 상황에서 무엇도 할 수 없어 난망하고 말았다는 이야기를 들었다.

평판의 위기가 증가하는 이유

2015년 벽두 월급생활자들의 마음을 흔든 '연말정산'이라는 충격 앞에서 우리는 '심리적 회계Mental Accounting'[2]라는 개념을 수용해야 했다. 정책결정 과정도 문제였지만, 악화의 고리는 여론과 평판이었다. 생존을 흔든다는 인식, 그리고 정책결정자에 관한 평판, 이것이 상황을 급속도로 혼돈으로 몰고 간 것이다. 그렇다. 경제는 신뢰 산업이다.

> 경제는 언제나 신뢰의 게임이다. 우리는 상업과 교역을 금이나 은이 뒷받침하는 것으로 간주했지만 실제로는 언제나 그보다 더 중요한 예비자원인 '대중의 신뢰'가 뒷받침해왔다. 이 믿음이 강건할 때 경제는 번영하고 미래의 전망도 밝다. 대중의 믿음이 깨진다면 경제는 추락하고 미래는 어둡다. — 제러미 리프킨, 《3차 산업혁명》

투자가치, 회계와 재무, 실적을 중심으로 하는 기존의 경영전략은 수정되어야 한다. 법정의 전략으로 여론을 관리하는 위기전략은 수명을 다했다.

평판 위기의 증가 원인으로는 다음 네 가지를 들 수 있다.

첫째, 모두가 뉴스다. 누구나 가십과 뉴스와 콘텐츠를 만들고 전달할 수 있게 되었다. 그 결과 보도와 유사 뉴스가 엄청난 규모

---

2   강형구, 〈줬다 뺏으면 누구라도 기분 나쁘지〉, DBR, 2015년 2월 15일

로 증가했다. 전통의 저널리즘을 뛰어넘어 모든 사람, 모든 기업이 뉴스가 되는 미디어의 시대가 도래한 것이다.

둘째, 출구 없는 분노가 확장되었다. 압축성장 시대의 마감과 저성장 시대의 출현, 양극화의 확대는 집단적 분노의 근거가 되었다. 해결되지 않은 분노가 광범위한 양의 걸러지지 않은 뉴스와 매우 분절된, 오해 다분한 내용과 만나 매 순간 폭발하고 있다.

셋째, 새로운 대중이 출현했다. 인터넷과 스마트폰으로 무장한 개인이 소셜미디어와 함께 강력한 네트워크를 갖게 되었다. 누구나 방아쇠를 당길 수 있고 권력과 대등하게 싸울 수 있게 되었다.

넷째, 모든 것이 연결되었다. 분리된 세계, 이슈, 사건, 정보가 하나로 이어져 24시간 움직이며 폭발성을 내포하는 무대가 구축되었다. 실시간으로 24시간 언제 어디서나 연결된 과잉연결사회는 무엇이든 연결하고 단순화했다. 연결을 통한 개입은 모든 문제를 모두의 문제로 만들었다.

이러한 네 가지 요인은 결국 새로운 영역의 신뢰 문제로 이어진다. 제품과 서비스의 품질과 안전 같은 전형적인 기업 이슈에 더해 도덕적, 윤리적 요인 혹은 예상하기 어려운 복합적 요소에 의한 지형이 구축되며 공중의 영역에서 평판 문제가 늘어나는 것이다. 그런데 한국에는 재벌과 오너라는 특수한 문제가 이를 더 강화하고 있다. 한국에서 더 강력하게 신뢰산업이라는 의제가 등장하는 이유다.

여기서 비즈니스 측면을 덧붙이자면 이렇다. 알리바바의 마윈은 이야기한다. 제품과 서비스를 파는 시대에서 이제 경험과 체험을 파는 시대가 되었다고. 애플과 삼성이 다른 것은 애플은 가치를 팔고 삼성은 상품을 판다는 점이다. 스타벅스와 일부 커피체인점의 차이는 스타벅스는 문화를 팔고 일부 커피체인점은 커피를 판다는 점이다. 이어서 마원은 인터넷으로 연결된 사회에서는 고객의 이익이 우선되고 협력사에 이익이 되고 스스로에게 이익이 되는 구조를 사업가치로 삼아야 한다고 설명한다. 기업이 고객에게 더 가까이 가고 고객의 요구를 구현하는 것이 아니라 기업이 원래 고객의 위치에서 고객의 욕구와 필요를 실현해가는 것이다.

이러한 환경의 변화가 결국 기업을 고객의 요구에서 출발하게 한다. 이것이 평판의 위기와 만나 '신뢰'라는 새로운 기준점을 만든다. 이러한 기준점은 일방향의 시혜적 사회공헌이라는 소극적 태도와 충돌한다. 산업구조의 변화와 더불어 평판사회의 도래가 만든 현상이다. 믿을 수 있는 신뢰기업, 효과적인 평판관리가 중요한 경영전략이 된 이유다. 기업은 더 좋은 평판을 만들어야 하고, 더 좋은 신뢰를 만들어야 한다. 그것을 기업과 제품, 서비스로 연결해야 한다. 그래야 좋은 제품과 서비스가 산다. 그러니 버려야 할 것은 경영의 고전이고 습관이다.

평판관리에 관한 오해들

새로운 환경에서는 오너의 아주 작은 해프닝도 심각한 의제로 확산된다. 다중의 박탈감은 공격적이고 집단적인 분노로 연결되어 거대한 사건을 만든다. 개인과 스마트폰을 통해 연결된 미디어는 선악을 넘나들며 무서운 속도로 단편화한다. 여론은 매우 공격적으로 사건을 거대한 범죄로, 작은 일을 거대한 서사로 바꾼다.

이제 기업과 오너는 공중/여론/평판의 그라운드에 서야 한다. 평판과 여론을 포용한 경영전략을 제시하고 실천해야 한다.

그러나 한국사회의 오래된 경영자들은 새로운 변화를 체득하고 구현하고 실천할 기회를 갖지 못했다. 새로운 실적을 가진 CEO들도 투자와 실적, 인사에 관해서는 중요성과 지식을 함께 갖추고 있는 반면 평판관리에 관해서는 철학과 기술 양면에서 충분한 이해와 역량을 지니고 있지 못한 것이 사실이다. 이는 습관과 오해로부터 시작된다. 한국사회의 독특한 오너 체제에 관해서는 이 책의 1장을 참고하도록 하고, 여기에서는 모든 기업이 직면해 있는 평판관리의 잘못된 인식부터 시작해보자.

가장 큰 문제는 경영 장부 상에 등장하지 않는 영역에 관한 것이다. 즉, 여론과 평판이다. 전통적으로 여론전략과 평판관리는 기업의 핵심역량으로 취급되지 않는다. 지원부서의 작은 기능 중 하나라고 인식된다. 아직도 홍보팀은 오직 기자들과 술을 마시고 광고와 기사를 통해 언론과의 좋은 관계를 유지하는 일만을 한다고 생각하는 것이다.

기업의 위기관리 과정에서 만난 CEO들 또한 평판관리에 관해 이런 경향을 보였다.

첫째, 좋은 평판은 좋은 제품과 서비스를 제공하면 자연스럽게 따라오는 것이다. 둘째, 기업문화는 내부의 일이고 외부의 평판과는 무관하다. 셋째, 문제가 있으면 전통적 관계 안에서 관리되어 온 끈끈한 조직과 관계가 문제를 해결해줄 것이다. 넷째, 결국 여론은 지나갈 것이며 법정에서 이기는 것이 중요하다. 위기관리는 법무팀과 변호사들에게 맡기면 된다. 다섯째, 언론관리 잘하고 대관 업무로 보완하면 된다. 여섯째, 평판관리는 그저 우리만 잘못하지 않으면 된다는 의지가 있으면 된다.

그러나 이런 모든 기대는 틀렸다.

평시의 적극적인 평판관리는 기업과 CEO에게 반드시 필요하다. 그리고 무엇보다 중요한 것은 평판관리의 책임이 기업 경영자들에게 있다는 것이다. 기업 안과 밖에 있는 가족, 측근, 동문, 변호사, PR 전문가가 책임을 지는 일이 아니라는 것이다.

외국에서도 그렇고 한국에서도 마찬가지다. 대부분의 기업에서 평판관리는 홍보팀에 위임되는데 이렇게 되어서는 안 된다. 경영전략의 주요 의제에 평판관리가 주요 과제로 설정되어야 한다. 왜냐하면 평판이 기업의 중요한 자산 중 하나일 뿐 아니라, 회사의 존망과 미래를 결정하는 중요한 영향력을 발휘하는 시대로 변모했기 때문이다. 소비자와의 관계를 설정하는 측면에서 그렇고, 기업의 제품과 서비스에 가치를 구현한다는 점에서 그렇다. 그렇기 때문에 경영 의제에 평판관리가 전략적 측면에서 배치되어야 한다는 것이다. 평판관리에서 홍보팀이 중요한 역할을 하는 것은 맞다. 그렇기 때문에 커뮤니케이션 부서가 '전략 커뮤니케이션'을 이해하고 설계하고 실천하는 부서로 다시 조정되어야 한다. 더불어 평판이 이제 실질적인 사업과 연관되어 있고 구조적으로 소비자와 연결되어 기업의 가치와 실적을 좌우하는 요소로 작동하기 때문에 기업의 CEO가 평판관리를 자신의 의제로 인식하고 책임을 져야 한다. 실적과 인사와 마찬가지로 평판관리는 기업 내에서 전략적으로 배치되어야 하고 기업의 전략, 조직, 문화에 반영되어야 한다.

그러나 특히 권위적 오너 체제의 우리 기업에서는 평판관리가 굉장히 어렵다. 더욱이 경영전략에 제대로 등장한 적이 없고, 경영과 마케팅 실적에서 우선순위에 밀리는 경우가 많으며, 일상적 업무에 치이다 보면 우선순위는 주요 과제에서 밀리는 것이 현실이다. 또한 위기 과정에서의 평판관리 자체 특성 때문에 더욱 어렵다. 그래서 이러한 점이 먼저 강조되어야 한다.

첫째, 대중과 여론에 관한 높은 수준의 전략적 이해가 필수적이다. 둘째, 순간적 탄력성과 민첩성이 필요하다. 셋째, 평판은 내부를 포함해 다양한 이해관계자, 그리고 소비자와 잠재적 고객으로부터 발생한다. 넷째, 미디어와 이익집단도 직접적이고 공격적인 자세를 취한다. 다섯째, 잠잠하던 이슈도 행동으로 옮겨지며 순식간에 폭발한다.

평판관리는 어렵다. 징후가 있을 수 있지만 예측가능하지 않고 언제 어디서 어떤 방식으로 기업을 위기로 몰지 모르기 때문이다.

기업의 평판은 다양하고 복잡한, 또는 단순하고 간단한 이유로 인해 남들이 기업에 관해 하는 말로 시작된다. 현대사회에서, 이러한 말과 행동은 내부 직원, 사업파트너, 고객에 한정되지 않고 본질적으로 대중을 포괄한다. 따라서 성공적인 평판관리는 내부자들

의 불만과 생각을 이해하는 능력과 더불어 외부 이해관계자들의
관점과 시각을 예측하는 능력을 필요로 한다. 대중은 직접적인 이
해관계가 없다 하더라도 제품과 서비스 외의 영역에서 발생하는
한국사회 대기업에 대한 정서와 개인적 동기 때문에 기업의 정책
과 행동에 노골적으로 적대적일 수 있다.

위기관리 담당부서에 전하는 당부

기업의 전략팀이 위기관리의 시점에서 지양해야 할 태도, 지향해
야 할 자세는 이렇다.

1. 아무 일도 일어나지 않을 것이다, 또는 이것 또한 지나갈 것이
   라는 희망적 사고는 금물이다. 사전 예방과 관리가 모든 것을
   결정한다.
2. 평판은 공중의 영역에서 대중에 의해 이루어지는 것이다. 평판
   은 단지 고객과 다른 이해관계자들을 잘 대하면 따라오는 결과
   가 아니다.
3. 여론과 평판의 영역에서는 불합리한 이유로 언제든 대기업과
   CEO가 '기본이 악당'[3]인 사람들이 될 수 있다는 것을 이해해
   야 한다.

---

3   Daniel Diermeier, *Reputation Rules*, McGrawHill, 2011

4. 평판관리가 최고경영자의 의제임을 인식해야 하며 평판관리를 지원파트의 업무에서 전략상의 업무로 승격해야 한다.

5. 훈련으로 단련된 전략적 접근과 감정적 의연함은 위기 시 평판 관리의 기본 자세와 태도임을 인식해야 한다.

6. 다른 사업의 문제와 마찬가지로 평판관리도 리더십과 기업문 화에 구현되어 있는 정교한 과정과 역량을 통해서 다루어질 수 있다.

7. 법적인 위기가 더 중요한가, 평판의 위기가 더 중요한가에 정 답은 없다. '그때 그때 달라요.'가 정답이다. 때로는 법률전략과 여론전략을 통한 평판관리를 동시에 진행해야 할 수도 있다.

8. 주요 언론에만 포커스를 맞추지 말고 이너서클로 인식되는 오 랜 친구들에게 의존해서도 안 된다.

9. 외부의 관점에서 객관적 시각을 가진 팀과 일해야 한다.

10. 고객과 대중은 기업의 요청이 아니라 미디어 혹은 다른 제3자 들이 제공한 팩트와 의견의 조합에 기초해서 기업에 관한 태도 를 형성한다.

11. 평판은 전략을 지형에 맞추는 것이다. 환경의 변화에 따라 새 롭게 출현하는 산업, 의제, 이슈, 정책, 조직문화의 맥락에 대응 해 변화해야 한다.

12. 평판지형[4]은 사회적 중요도보다 대중적 이해가 우선한다. 대중

---

4 노스웨스턴대 켈로그 경영대학원에서 평판 및 위기관리를 가르치는 대니얼 디어마이어 교수는 《Reputation Rules》(주 3)에서 대중의 관심도(Audience Interest)와 사회적 중요도(Societal Significance)를 각각 X축과 Y축의 지표로 하는 평판지형 모델을 소개했다.

적 이해에 기반한 해법을 구사하며 사회적 중요성을 고려해 대응해야 한다. 결국 핵심청중과 함께 대중을 설득해야 한다.

13. 핵심청중과 우선적으로 대화해야 한다. 피해자가 발생한 사건이라면 유족이 핵심청중이 될 가능성이 크다.

14. 한 사람 뒤에 천 사람이 있다. 네트워크와 미디어로 연결된 강력한 개인을 왜곡된 소수로 이해해서는 안 된다.

15. 내부 평판과 외부 평판은 동시적이며 개별적이다. 내부 평판과 외부 평판을 대등하게 고려하고 예측해야 한다.

16. 평시의 평판관리가 위기 시의 평판을 관리한다는 것을 기억해야 한다. 기업의 가치와 CEO의 캐릭터는 스토리로 대중에게 인식되어 있어야 한다.

17. 시나리오 플래닝과 시뮬레이션 리허설로 무장된 인력과 시스템이 준비되어 있어야 한다. 위기 때 평판관리는 몸으로 기억하는 인력이 대처하는 것이다.

18. 좋은 이야기가 필요하다. 대중은 사건과 캐릭터와 정책을 종합해 이야기를 보고 듣는다.

19. 대기업과 CEO는 약자의 위치와 대중의 동정심을 기대해서는 안 된다. 대부분의 경우, 피해자를 구조하고 지원하는 역할만이 가능할 뿐이다.

20. 두드려 맞아야 할 때도 있고 무대응해야 할 때도 있다. 불필요한 오해를 강화하는 상황에서는 시간을 기다리는 '무대응의 기술'이 필요하고, 설명해도 악화되는 상황에서는 제대로 두드려 맞아야 한다.

21. 마지막으로 '고객이 성공해야 내가 성공한다.'는 믿음을 가져야 한다. 그것이 새로운 시대의 철칙이며 가치다.

최고경영자에게 전하는 당부

CEO와 오너는 위기가 터졌을 때 위기전략의 문법과 과정을 이해하고 있어야 한다. 처음 경험하는 심각한 위기에 부딪혔을 때 어떻게 할 것인가? 위기의 순간, CEO는 모두가 자신을 지켜보는 상황에서 무대에 오르는 것과 같다. 짧은 시간이나마 이전에는 받아보지 못한 미디어와 여론의 관심을 한몸에 받게 된다. 일거수일투족을 어떻게 하느냐에 따라서 2차 위기를 초래할 수도 있고, 평판이 이전보다 좋아지는 반전을 꾀할 수도 있다. 어떤 마음가짐을 가질 것인가?

첫 번째 과제는 자신이 행동해야 할 일을 판단하는 것이다. 코오롱의 이웅렬 회장과 신라호텔 이부진 사장의 예를 들어보자. 부산 어느 대학의 신입생 환영회가 열리고 있던 경주의 마우나리조트가 붕괴되어 인명사고가 발생했다. 이 회장은 주저하지 않고 현장으로 달려갔다. 신라호텔 레스토랑에서 한복디자이너 사건이 발생했을 때 이 사장은 직접 사과하기 위해 빠르게 피해자의 집으로 달려갔다. 직접 행동할 것인가를 결정하는 것이 가장 선행되어야 한다. 이것은 이성의 절차가 아니라 몸이 먼저 반응하는 것과 같은 체현이어야 한다. 조현아 부사장과 조양호 회장은 몸이 움직이지 않은 것이다.

두 번째 과제는 무엇일까? 대중과 함께 문제를 해결한다는 것을 인식하는 것이다. CEO들의 메시지 트레이닝을 하면서 우리는 언론과의 대화는 기자에게 하는 대답Talk To이 아니라 그 뒤에 있는 대중과의 대화Talk Through라는 점을 강조한다. 사실이 아니라며 대중을 가르치려 하거나 장막에 숨어서 회피하려는 순간 사건은 커진다. 가수 이효리는 자신이 기른 콩 판매와 관련해 유기농 인증 논란이 났을 때 더 크고 분명하게 사과했다. 무엇보다 이 과정을 자신이 운영하는 블로그라는 미디어를 통해 대중과 공유했다. 대한항공은 기존의 관계에 의존했으며, 대중의 영역에서 발생한 문제라는 점을 애써 외면했다.

세 번째 과제는 위기 안의 기업문화를 파악하라는 것이다. 대한항공 사건은 내부의 평판과 협력사의 관계, 그리고 외부의 평판이 어떻게 작동하는지를 보여주는 대표적 사례가 될 것이다. 내부자들이 이 상황을 우연한 사건으로 볼 것인가, 구조적 문화의 결과로 볼 것인가도 중요한 관건이 되었다. 대한항공은 이것을 일회적 사건으로 보았기 때문에 본질을 제대로 보지 못한 것이고 법률적 판단에 기초해 대처하게 된 것이다. 평판의 위험을 불러일으키는 여러 사안과 제도는 기업문화를 통해 표현된다. 어떤 태도와 자세로 이 문제를 해결할 것인가도 문화의 문제다. 문화의 문제로 사건을 파악해야 한다. 내부 평판과 문화가 외부 평판보다 더 중요할 수 있다는 것은 근래의 여러 사건에서 확인되고 있다.

네 번째 과제는 과정관리를 실천하는 것이다. 위기에 몰리면 사람은 문제가 저절로 해결되기를 바라는 희망적 사고를 함과 동시에 위협과 공포, 분노에 휩싸이게 된다. 이러한 두 가지 지점은 결국 과정을 회피하게 만든다. 결과로 해결하면 된다는 생각은 평판관리를 망치는 치명적 사고인데, 이를 피해가지 못하는 것이다. 위기관리 과정에서 발생하는 '위기관리의 위기'는 결론 중심의 사고에서 확대된다. 하버드대 케네디스쿨에서 위기관리 과정을 교육하는 아놀드 호윗 교수Arnold M. Howitt는 위기관리 과정에 관한 교과서와 같은 지침을 갖고 있다.

1. 알고 있는(확인 절차를 거친) 사실을 말하라Say What You Know
2. 취하고 있는 조치를 말하라Say What You're Doing
3. 시민들이 무엇을 해야 할지 말하라Say What Others Should Do
4. 위기에 관한 해석을 제공하라Offer Perspective

이 지침만 이해하고 실천했어도 대한항공 사건이 이렇게 커지지는 않았을지도 모른다.

마지막으로, 다섯 번째 과제는 가치를 잊지 말라는 것이다. 위기가 발생했을 때 최종결정을 하는 CEO는 '가치'를 전략적으로 고려해야 한다. 뒤로 숨거나 싸움을 하는 것이 중요한 것이 아니라 부정적 감정을 추스르고 '가치'를 중심으로 사건을 정의하고 파악하는 것이 도모되어야 한다. 부정적 감정과 사실들을 핵심가치에 기초해 재편하고 지위를 부여하는 것이다. 그렇게 되어야 사건의 전개 과정에서 전략을 외면한 임기응변이 발생하지 않는다. 기업과 CEO들은 위기라고 하더라도 '핵심가치'에 기반해 그 사건을 규정하고 대처할 수 있어야 한다.

이런 마음가짐과 행동을 통해 위기 발생으로 인해 불안해진 대중과의 신뢰관계를 보호할 수 있다. 즉각적인 조치와 커뮤니케이션, 그리고 장기적이고 전략적인 판단은 동시적이어야 한다. 이러한 판단이 위기를 기회로 만들 수도 있는 것이다.

신뢰 회복을 위한 요소들[5]

다음으로 짚고 넘어가야 할 것은 전략의 기반이 되는 신뢰 회복의 원칙이다.

1. 수용

위기는 예측할 수도 쉽게 통제할 수도 없다. 일단 위기가 발생하면 함께 가는 수밖에 없다. 위기관리는 짧은 시간에 벌어지는 모든 가능성을 컨트롤하는 것이다. 짧은 순간에 높은 손실을 동반한다는 점에서 마치 도박과 비슷하다. 미디어와 대중 여론을 활용하면서 도울 것은 돕고 취할 것은 취해야 한다. 위기를 수용하지 않는 순간, 위기는 이미 천리만리를 쏜살같이 달려간다.

---

[5] 이 부분은 대니얼 디어마이어 교수가 쓴 책 《Reputation Rules》(주 3, 주4)의 일부 개념을 참조했다.

2. 반응

위기대응이 긴급하게 이루어져야 하는 이유는 바로 미디어 때문이다. 위기대응의 속도는 미디어의 전파 속도에 비례해서 빨라져왔다. 그런 점에서 속도의 문제를 해결하는 원칙은 반응이다. 수직적인 계단구조로 이루어진 기업의 장기간 보고와 느린 결정 시스템으로 인해 반응 타이밍을 놓치면 모든 것을 잃는다. '반응'으로 위기의 전파속도와 과정을 조절할 수 있다.

3. 접점

위기대응은 접점을 찾아내는 일이 문제해결의 관건이다. 어느 지점에서 터져서 어느 연결고리를 통해 새로운 전환점이 만들어지고 있는가를 찾아내는 것이다. 훈련되고 준비된 팀은 사건의 개요를 파악할 때 모니터링과 조사, 인간관계를 통해 핵심 방아쇠를 확인한다. 핵심 접점으로 바로 들어가 문제의 핵심과 직결하는 것, 그것이 문제해결의 시작이다.

4. 공감

공감이란 고객의 우려와 분노, 공포와 문제제기 등의 감정을 똑같이 느끼는 것이다. 회사의 입장에서 고객을 재단하는 순간 해결은 멀어진다. 특히 피해자와의 공감은 절대적인 과제다. 공감이 전제되지 않아 다양한 해결책이 물거품이 되는 사례가 수없이 발견된다. 위기에 닥친 기업이 자신을 피해자라고 생각하는 순간, 대중의 신뢰와 공감은 사라진다.

5. 투명성

백악관 공보 라인은 위기관리 커뮤니케이션을 할 때 다음과 같은 원칙을 갖고 있다. "진실을 말하라, 거짓말하지 말라, 덮으려고 하지 말라, 나쁜 소식은 직접 제기하라, 그것도 되도록 자신이 먼저 제기하라, 그것도 자신의 언어로 설명하라."[6] 여러 가지 원칙이 진실에 걸려 있는 것을 보면 투명성이 과정관리의 중요한 대목임을 알 수 있다. 다만 여기서 솔직함 또는 투명성이란 '모든 것을 다 노출하라.'가 아니라 '거짓말하지 말라.'임을 기억할 필요가 있겠다.

6. 전문성

해당 조직이 위기에 관한 전문성을 얼마나 갖추고 있는지도 대중의 신뢰에 중요한 척도가 된다. 기업이 가지고 있는 사실에 기초한 기술과 제품에 관한 전문성은 위기탈출을 위한 확고한 근거다. 기업 내의 전문가들이 커뮤니케이션 기술을 겸비하는 것이 최선이다. 그런데 전문성을 문제의 본질을 흐리기 위한 위장으로 사용하는 경우가 있다. 이는 더 큰 위험을 부르는, 전문성의 잘못된 사용이기도 하다.

7. 책임감

사건의 책임과 사건 주체의 책임감은 다르다. 책임은 사건의 전개 과정에서 차차 드러나고 확정될 수 있는 것이다. 그러나 책임감은

---

6   김구철, 《제국의 몰락》, 책생각, 2013

즉각 표명되어야 한다. 문제의 해결이 당장은 어렵더라도 반드시 해결하겠다는 의지를 보여줘야 한다. 책임감과 책임을 혼동해 책임감을 외면하다 보면 결국 더 커다란 책임을 지게 된다는 것을 체감하고 이해해야 한다.

위기관리의
개념들

땅콩회항 사건을 계기로 우리 회사는 기업에 위기와 평판에 관한 새로운 정의를 제공하기도 하고 새로운 전략을 설명하기도 했다. 출발선도 새로 그려졌다. 여론의 법정에서는 사실에 기반한 증거 원칙이 통하지 않고 소송절차에 관한 규정도 없다. 무죄추정의 원칙이 지배하는 법정과 달리 유죄추정의 원칙이 지배한다. 맥락이 전체를 좌우한다. 과정이 결론을 통제한다. 대중의 인식이 실제가 된다. 여기서부터가 시작이다. 그렇다면 땅콩회항 사건은 어떻게 재구성되어야 했을까?

혹독한 분수령을 지나고 이 소설을 다시 읽어보니, 여기에는 또 다른 종류의 무게가 있으며, 다른 종류의 감명이 있다. 훌륭한 이야기에는 늘 예감이 포함되는데, 그 예감은 현실의 공기와 맞닿으면서 구체적인 성찰이 되며, 이것이 다시 새로운 예감을 낳는다. 이것은 분명 이야기만이 제공할 수 있는 특별한 순환이다.

무라카미 하루키가 마르셀 서루의 《먼 북쪽》이라는 책을 일본에 번역해 소개하면서 쓴 글이다. 이렇게 될 수도 있었을 것이다. 대한항공 사건을 하나의 이야기 혹은 소설이라고 생각해보자. 불안한 예감 혹은 징후가 등장했을 것이고 이것이 현실의 상황과 부딪쳐 충돌하며 사건이 발생했을 것이다. 이때 현명한 전략가라면 구체적 자기성찰을 통해 상황을 진지하게 풀어가고 표현하는 데 주력할 것이다. 물론 기대치를 높이거나 목표를 과장하지도 않을 것이다. 위기가 더 이상의 상황으로 발전하지 않도록 조절하고 관리하는 데 애쓸 것이다. 또 거기서 멈추지 않고 위기관리의 과정에서 새로운 빛을 발견해낼 것이다. 한 걸음 더 나아가 새로운 예감과 비전을 발견했을 것이다. 위기가 터지는 것은 꼭 나쁜 일은 아니다. 어떻게 대처하는가, 그것이 문제다.

불안한 예감을 구체적 성찰로 잇고 새로운 예감으로 선순환을 만들어내는 것, 그것이 평판관리이고 위기전략이다.

홍보팀부터 생각을 바꿔야 하고 커뮤니케이션에 대한 주문과 지휘가 달라져야 하는데 사실 그렇지가 못하다. 언론과의 관계에 치중해온 홍보팀은 새로운 대안을 찾지 못하고 그저 쏟아지는 전통 미디어의 요구와 뉴미디어의 출현에 골머리를 싸매고 있다.

우리는 어느 기업에 보낸 보고서를 다음과 같이 시작했다.

청중과 관계없는 제품 중심의 일방향 홍보는 힘을 잃었다. 평판을 지키기 위한 결정-발표-방어라는 순서는 옳지도 않고 효과적이지도 않다. 이해관계자는 훨씬 더 다양해졌고 대중의 적대적 심리는 만연해 있다. 여론은 제단에 바칠 '희생양' 또는 '마녀'를 찾고 있다. 권력의 집행자인 정부와 검찰도 예외가 아니다.

여론 전쟁에서 기업의 평판을 지켜내기 위한 신뢰접근형 모델, 새로운 전략 커뮤니케이션에 관한 개념과 실체가 필요한 시점이다. 신뢰가 곧 경쟁력이다. 이제 우리가 경험하고 연구한 케이스를 통해 평판사회의 위기관리를 어떻게 할지 실제 과정과 교훈을 살펴보기로 하자. 다음 목록은 우리가 평판사회의 위기관리를 연구하면서 만난 개념이고 재조정한 실체들이다.

불확실성, 희망적 사고, 여론적 사고, 여론 전쟁, 확증편향, 터널시야, 사건 정의하기, 전략의 문서화, LEGO Serious Play, 이슈 찾기, 스스로 정의하기, 컨설턴트의 메모, 전략/프레임/메시지, 이해관계자 지도, 아웃사이드 인, 인식이 실제다, 위로, 상황극, 플레이백시어터, 메시지 트레이닝, 대변인 훈련, 말하는 사람/들어주는 사람, 순회코치, 내 마음의 이사회, 슈퍼데스크, 공장을 멈출 권리, 첫 번째 질문, 위기 연보, 체크리스트, 하인리히 법칙, 사전예방의 원칙, 진실 이전의 순간, 시나리오 플래닝, 시뮬레이션 리허설, 레드 팀, 순간탄력성, Show Me, 디지털 전략실, 기대치게임, 청중비용, 비용설계, 공공외교, 기업외교, 능동적 협력, 무대응의 기술, 컬처 오딧, 투명감옥/블라인드 앱, 오픈마인드, 피해자, 핵심청중, 옴니채널 리테일링, 풀스펙트럼, 복원력, 출구전략/입구전략, 가치, 상황실, 작은 이야기/큰 서사, 위기의 리더십, 진정한 겸손

다른 기업을 컨설팅한 경험을 대한항공 사례에 적용하면서 실제 다양한 위기관리와 평판관리 과정에서 일어난 일을 정리해보았다.

어떻게 볼 것인가

대부분의 기업이 성공적인 상호작용, 이해관계자 관리를 위해 필요한 것은 기업의 좋은 면을 준비해 보여주는 것이라고 생각한다. 다시 말해, 기업이 올바른 활동을 보여주거나 있는 그대로의 사실을 제시하면, 이해관계자들과 대중은 기업에 관해 자연스럽게 높은 점수를 줄 것이라고 믿는다. 하지만 사람들은 기업이 실제로 옳은 행동을 했는지, 실제로 무슨 일이 일어났는지에 관심을 갖지 않는다. 이해관계자들의 평가는 근본적으로 이성이 아닌 감정, 그들이 기업에 갖는 인식에 기초한다. 일단 감정적인 평가가 이루어지면 대부분의 사람은 그들이 보는 것을 이미 만들어진 프레임 안에서 판단할 수밖에 없다. 결국 기업이 고민해야 할 것은 사람들이 '무엇을 볼 것인가'가 아닌 '어떻게 볼 것인가'가 된다. 위기관리 과정에서 대중은 '무슨 일이 일어났는가'보다 '어떻게 대처했는가'를

본다는 것을 명심해야 한다.

　　　대한항공과 오너에게는 두 가지 판단이 필요했다. "위기
관리의 위기를 어떻게 할 것인가?" "위기관리의 과정을 어떻게 바
르게 할 것인가?" 사건의 성격을 바로 보지 못했고, 과정관리의 위
기를 이해하지 못했다. 일은 커질 수밖에 없었다.

희망적 사고

위기관리의 전략가들은 초기 단계에서 의사결정 책임자와 담당자
가 지양해야 할 대표적인 생각의 위험을 '희망적 사고'라고 규정한
다. '이것 또한 지나갈 것'이라는 생각에 상황에의 개입을 피하고
해결하기에 좋은 시간을 허송하는 것이다. 이는 인간심리와도 밀
접한 관련이 있다. 위험한 것을 피하고자 하는 사람의 마음이 일어
나지 않았으면 좋겠다는 소망으로 바뀌고, 현실을 기대로 대체한
다. 그래서 위기관리 전략을 짜는 사람들은 '최악의 상황을 고려하
라.'는 원칙을 위기관리팀에 주문하고 그에 기초해 전략을 짠다. 위
기를 전화위복의 계기로 삼는 것은 쉽지 않으며 1차적 목표는 더
큰 위기로 발전하지 않도록 하는 것이다. 그러기 위해서 최악의 상
황을 가정하는 것이 중요하다. 최악의 상황으로 발전하지 않고 지
나가면 좋지만, 최악의 상황을 고려하지 않으면 실제 최악의 상황
이 발생했을 때 대처하기 어렵다.

　　확증편향 또한 이해되어야 한다. 자신의 생각과 일치하는 정
보는 받아들이고 일치하지 않는 정보는 무시하는 경향을 말한다.

대한항공에 시간이 없었던 것은 아니다. 사건이 일어났을 때, 블라인드 앱을 통해 문제가 불거졌을 때, 언론에 보도가 났을 때, 최초 사과 때 제대로 된 대응을 했더라면 사건이 이렇게 커지진 않았을 것이다. 최선의 상황을 기대하면 상황은 정반대로 흘러간다.

여론적 사고

폭발성이 높은 이슈는 반드시 여론 전쟁을 동반한다. 위기상황에서 리더와 조직은 변호사와 함께 법적 책임에 관한 검토에 들어가게 된다. 당연히 필요한 조치다. 하지만 위기관리에서 기업의 리더들이 지속적으로 실수를 하고 신뢰를 잃는 것은 법적 사고를 통해 여론을 상대하기 때문이다. 법정에서 피고는 계속 무죄를 주장하면서 자신을 보호하기 위한 논리를 펼 수 있다. 하지만 여론에서는 기업이 자기 자신을 보호하기보다 기업과 피해를 당한 소비자 사이의 '관계'를 회복하는 발언을 해야 한다. 법적 사고는 법정에서 필요한 것이며 여론에 대응할 때에는 여론의 입장을 고려한 사고와 소통을 해야 한다. 여수 기름유출 사고 관련 당정협의에서 보상 관련 질문을 받은 윤진숙 전 해양수산부 장관이 "실제로 1차 피해자는 GS칼텍스이고 2차 피해자가 어민"이라고 했다가 결국 논란이 커져 사퇴하게 된 것도 여론적 사고를 제대로 하지 못했기 때문이다. GS칼텍스가 법적으로 피해자일 수는 있겠지만, 이런 경우 장관이 "최대 피해자인 어민의 보상 문제를 빨리 타결하기 위해 정부는 기업을 포함해 최대한의 노력을 기울일 것이고 GS칼텍스의 책임 문제는 법정에서 밝혀질 것"정도로 발언했더라면 어땠을까?

마이크로소프트 사는 2000년대 초 긴 재판을 통해 '반독점' 소송에서 승리했다. 그러나 대중에게는 독점의 낙인이 찍혔다. 이것은 이긴 것일까? 진 것일까?

✈ 대한항공의 위기전략에서 '여론'은 피해갈 대상이었을 것이다.

터널시야

터널시야는 지각 협착Perceptual Narrowing이라고도 불리는데, 이름이 내포하듯이 총격전과 같은 극단적인 스트레스 상황에서 마치 관을 통해 보는 것처럼 초점이 맞는 영역이 좁아지게 되는 상황이다. "우리 둘 다 총구를 손으로 막았고, 둘 다 방아쇠울에 손가락을 넣은 상태였습니다. 사람들 대부분은 터널시야 현상이 나타나면 두루마리 휴지 구멍으로 보는 것과 같다고 말합니다. 제 경우에는 휴지 구멍이 아니라 빨대 구멍 같았습니다."《전투의 심리학》에서 그로스먼Dave Grossman과 크리스텐슨Loren W. Christensen이 말하듯, 터널시야는 전투 상황에서의 극심한 불안의 표현이다. 전투 후에도 상황을 제대로 파악하지 못해 위험해지는 일로 이어지곤 한다.

위기관리 중에 기업의 담당부서는 모든 사람이 적으로 보이는 현상을 겪게 된다. 누구와도 대화가 이루어지지 않는다. 일직선으로 앞만 보고 달리도록 훈련된 경주마와 같은 시각으로는 위기를 해결할 수 없다.

✈ 땅콩회항은 한 번씩 있는 사건·사고가 아니었다. 조현아 부사장과 일선의 책임자인 조현민 전무는 이번 사건을 '여론'의 위치에서 이해해야 했다. 조양호 회장 또한 그렇게 하지 못했다.

사건 정의하기

김호 대표와 나는 몇 년 전 형사사건이 포함된 어느 기업의 위기관리 컨설팅을 맡게 되었다. 일요일 오후 우리는 열 명 안팎의 전체 임원과 만나 시뮬레이션 워크숍을 진행했다. 우선, 사건을 정의하는 데서 시작했다. 기업이 위기에 직면했을 때 가장 중요하지만 가장 많이 빠뜨리는 것은 '사건 정의하기'이기 때문이다.

✈ 대한항공은 최초 단계에서 이 사건을 내부 사건으로 보려고 했고, 사무장의 책임으로 몰아가려고 했다. 불행의 시작이었다.

전략의 문서화

미국의 정치컨설턴트 조셉 나폴리탄은 "만일 전략이 문서화되어 있지 않다면 그것은 전략이 없다는 의미이다."[7]라고 했다. 기업의 위기대응을 현장에서 보다 보면 전략이 정리되어 있지 않은 경우가 많다. 다양한 이유가 있겠지만 시시각각 변하기 쉬운 오너나 CEO의 지시 중심으로 위기관리가 진행되기 때문이다. 위기전략을 수립하는 과정이 생략되기도 하기 때문이며, 법무팀과 변호사

---

7   조셉 나폴리탄, 《정치컨설턴트의 충고》, 김윤재 옮김, 리북, 2003

들이 혹시 모를 위험성 때문에 문서화를 꺼리는 측면도 반영된다. 구전으로 외우는 것이 아니라면 더욱 그렇다. 형사사건 등에서 사전모의 등의 위험성이 있는 특수한 경우가 아니라면 전략은 문서화되어야 한다.

⟍✈⟋ 사건 대응 과정에서 대한항공의 전략은 여러 번 바뀐다. 누구도 전략이 무엇인지를 알지 못했다. 하나를 대응하면 새로운 사실이 나오고 그러면 또 대응 전술을 바꿨다. 상황을 관통하는 문서화된 전략은 기대하기 어려운 상황이었다.

LEGO Serious Play

앞서 언급한 사건에서 책임자로부터 사건의 개요를 들은 우리는 먼저 임원들의 마음을 개별적으로 들여다보기로 했다. 그래서 레고를 이용해 현재 사건을 표현한다면 어떻게 만들 수 있는지 직접 해보라고 했다. 오해도 있었고 잘못된 인식도 있었으나 의연한 관점과 대처가 돋보였다. 그 밖에 종합적인 인식의 차이와 각 업무 성격에 기초한 다른 양상들이 발견되었다. 우리는 레고를 통해 사건, 의미, 분위기 등의 상황을 파악할 수 있었을 뿐 아니라 임원들 간 사건에 관한 인식차를 줄일 수 있었다. 레고를 통한 구체적 탐문으로 내부자들의 다양한 시각을 확인할 수 있었던 것이다.

⟍✈⟋ 사건 주체와 내부 직원의 인식에 다양한 탐문은 이루어지지 않았을 것이다. 조사만이 있을 뿐이었다.

이슈 찾기

이어 발생한 사건과 사내의 잠복 의제를 발굴하기 위해 '이슈 파인 딩'이라는 도구가 사용되었다. 포스트잇을 통해 각각이 생각하는 다양한 이슈를 찾아냈으며 범주화를 통해 문제의 포괄 범위를 파악했고 또한 중요성과 실현가능성의 교차 점수를 통해 우선 과제를 도출했다. 사건의 개요와 잠재 이슈가 일목요연하게 드러났다. 김호 대표와 나는 이러한 워크숍을 여러 집단과 함께 진행했는데 빠른 시간 안에 잠재적 이슈를 포함해 전체 이슈를 발견해낼 수 있었고, 범주화가 이루어졌으며, 우선순위를 정할 수 있었다. 한 번 정리를 하고 나면 추후 빠진 이슈도 채울 수 있었다. 공공기관의 위기관리 워크숍 과정에서도 다르지 않았다.

✈ 잠재 이슈에 관한 발굴과 대처 준비는 땅콩회항 사건의 중요한 변곡점이었다. 가족의 문제로 사건이 변질되는 데 시간은 오래 걸리지 않았다.

스스로 정의하기

다섯 시간 만에 임원들은 이 사건의 개요와 요소, 위기, 그리고 대응전략을 대략적으로 합의했다. 스스로 만들어낸 결과물이었다. 초기 대응 원칙과 메시지가 정해졌다. 컨설턴트들은 스스로 정의할 수 있도록 그라운드와 코스를 안내했고 조언했다. 그들 스스로 답의 일부를 찾아내 정리한 것이다. 특히 주무부서와 관리부서, 협조부서 간 이해가 이루어진 것이 가장 큰 성과라고 볼 수 있었다.

위에서 아래로 강제된다는 것, 한 사람의 결정을 따른다는 것은 하나의 팀이 하나의 목소리를 내는 데 많은 하자를 만든다. 옳은 답이 나오기 어렵다. 객관적 사고를 하는 사람과 함께 내부가 스스로 입장을 정리한다는 것은 시간의 시급함과 함께 강조되어야 한다.

컨설턴트의 메모
김호 대표와 나는 다음 날 CEO에게 별도로 브리핑을 했다. 컨설턴트는 객관성을 우선하고 전문성을 겸비해야 한다. 워크숍에서 논의된 것을 정리했고 놓친 것을 보강했다. 공은 CEO에게 넘어갔다. 이후 공동의 테이블이 정기화되었다.

사건을 해결하기 위해 필요한 첫 번째 요소는 객관성이다. 여기에 전문성이 결합되어야 한다. 외부 전문가가 없다 하더라도 회의와 결정의 객관성을 유지하기 위한 장치를 마련하는 것은 전략의 정합성 측면에서 매우 중요한 체크포인트다.

전략, 프레임, 메시지
브리핑 자료에는 당연히 그들의 언어로 작성된 전략, 프레임, 메시지, 행동계획이 포함되었다. 전략은 장기, 중기, 단기로 구성되었으며, 메시지는 언론을 포함해 각각의 이해관계자별로 구성되었다. 하나의 사건에 관해 15초 또는 30초 안에 대변인과 CEO를 포함한 모든 사람이 명쾌하게 같은 답변을 해야 그것이 전략을 실천한다는 의미임은 주지의 사실이다.

2013년 몇 개의 카드회사에서 개인정보 유출 사건을 취재한 기자는 이런 이야기를 했다. 홍보팀 대응이란 것이 '말하기'가 아니라 '답하기'였다는 것이다. 신문과 방송에 나온 뉴스에 수동적으로 답하기 바빴다는 것이다. 이미 아이템 발제를 할 때 기사는 반 이상이 쓰여 있는 것이나 마찬가지다. 그 프레임 안에서 답을 하면 그 프레임 안으로 들어가는 것이다. 언론과의 관계는 질문에 답변하기가 아니다. 질문을 받고 그에 관해 새로운 시각을 제시하는 것이다. 대변인은 스피커 specaker다. 기업 자신의 언어와 방침을 말하는 사람이다.

⊶✈⊷ 메시지는 하루살이가 아니다. 한 번의 메시지를 제공하기 위해서는 일관된 전략과 프레임, 행동계획이 동시적으로 설계되어야 한다. 메시지 트레이닝의 가장 큰 원칙 중 하나는 "질문에 답하는 것이 아니라 스스로의 메시지를 내보내는 것"이라는 점을 이해하는 것이다. 대한항공의 메시지는 사건을 스스로 정의하는 단계로 발전하지 못했고 또 질문에의 성실한 답변보다는 변명으로 해석되었다.

이해관계자 지도

워크숍을 진행하며 김호 대표와 나는 부정, 긍정, 중립으로 표현된 이해관계자 지도를 준비했다. 여기에는 두 가지 목적이 있다. 하나는 실제 사건의 이해관계자를 정리해 유불리를 포함해 객관적 상황을 파악하기 위해서이고, 또 하나는 전략적 판단의 근거로 삼기 위해서다. 이해관계자 지도를 그려보면 대외협력과 홍보에 관한 현황을 금세 이해할 수 있다. 우리가 컨설팅하고 있는 해당 기업에 전략적 배치가 부족했다는 점도 이때 드러났다.

이해관계자 지도는 우리가 어느 위치에 서 있으며 어떤 관계가 새롭게 폭발할 것인지를 알려준다. 물론 우호적 관계도 설명해준다. 총체적 전략과 각각의 이해관계자에 대한 대응전략은 동시에 준비되어야 한다. 대한항공은 부정적 이슈를 가진 새로운 이해관계자가 뉴스의 제보자가 되는 과정을 그저 목도만 하고 있었다.

인사이드 아웃/아웃사이드 인

다른 기업에 컨설팅을 갔다가 그 기업의 연구소에서 발행하는 잡지를 구했다. 그 안에서 경영 오류를 잡아내기 위해 Inside-out이 아니라 Outside-in을 해야 한다는 주장을 발견했다. 사실 이것은 컨설팅 보고서 중 '사건 정의하기'에 필요한 중요한 요소이기도 하다. 우리는 내부 의견이 외부에서 본 시각과 커다란 차이를 보일 때 일부러 '외부의 시각에서 본 사건의 정의'를 우선해 보여준다. 그 차이를 줄이고 객관적 시각으로 이 사건을 볼 때 전략이 제대로 세워질 수 있다고 보기 때문이다. 때로는 오너와 이 간극을 줄이는 것에 진력을 다하다 거기서 컨설팅이 끝나는 경우도 있다. 철수해야 마땅한 상황이 된 것이다.

✈ 대한항공은 철저하게 내부의 시각을 외부에 전했다. 대한항공의 생각은 여론과 격하게 충돌했고 여론은 감정선을 따라 움직였다.

인식이 실제다Perception is Reality

위기관리와 평판관리는 인식을 다루는 영역이다. 내부자와 외부자의 인식차를 축소하는 과정이다. 사실과 인식이 충돌할 때 우리는 인식에 기초해 진실에 접근한다. 무조건 옳다고 주장하는 것은 답이 아니기 때문이다. 많은 CEO가 생각을 바꿨지만 "물건을 잘 만들면 평판은 따라온다."는 주장을 하는 분이 아직도 많다.

✈ 대한항공의 주가는 많이 떨어지지 않았다. 취업 기상도도 나쁘지 않다. 그러나 각인된 인식은 잠복해 있다가 다시 폭발할 준비가 되어 있다. 앞으로 경영 승계 과정은 엄청난 험로가 될 것이다. 실적이 아니라 평판의 시장에서 움직일 것이기 때문이다.

위로

앞선 사건의 위기관리 과정에서 우리는 해당 사건으로 인한 내부 피해가 크다는 사실을 발견했다. 특히 사건이 공표되는 과정에서 내부의 담당부서에 심리적 피해자가 발생하기 시작했다. 요청을 받은 우리는 매우 짧은 워크숍을 준비했다. 지금까지 정리된 상황을 담백하게 설명한 뒤 워크숍 참석자들의 의견을 청취하는 데 주력했다. 다양한 종류의 사진이 담긴 카드를 마련해, 참석자들이 차례차례 자신의 입장을 설명할 수 있도록 도왔다. 참석자 중 울컥하는 이들도 있었으나 이 과정을 회피하려는 사람은 없었다. 오히려 들어주는 사람이 있어서 좋다고 했다. 우리는 CEO에게 사내 피해가 발생할 수 있으며 심리적 관리가 필요하다는 보고를 했다. 또한 인간적인 배려와 위로의 솔루션을 제시했다.

초기 대응 과정에서 기업 내부 피해자에 대한 위로는 생각보다 훨씬 중요하지만 가장 취약한 부분이기도 하다. 특히 내부 직원들이 2차 피해자가 될 수 있다는 고려는 이제 걸음마 단계다. 대한항공도 내부 직원에 대한 위로와 치유 프로그램을 빠른 시간 안에 실시해야 했다.

상황극

위로의 과정에서 우리는 악역을 내세워 테러리스트 게임 비슷한 실습을 했다. 직접 상대방이 되어 담당자들을 공격해보는 것이다. 최대한 실제 상황과 유사하게 질문을 하고 공격을 한다. 이날은 전화를 통한 공격이었다. 잘 훈련된 조직은 이럴 때 빛을 발한다. 회사에 대한 신뢰가 확인되었고 행동방침에 관한 공유가 실제 상황을 유추해 이루어졌다. 상황극은 메시지를 공유하는 데도 도움이 되고 두려움을 극복하는 데도 기여한다. 다른 사례 컨설팅에서는 낭패를 경험한 적도 있었다. 다양한 담당자들의 답변이 모두 달랐던 것이다. 그러나 그것도 진전이다. 차이를 발견했기 때문이다. 한편, 실제 배우들이 상황을 파악하고 현장 상황을 살려 실시하는 '플레이백시어터^{Playback-Theater}'도 활용된다.

✈ 위기를 극복하는 데는 수많은 방법이 동원된다. 어느 것
도 유일한 정답이 되지 않는다.

메시지 트레이닝

대변인 훈련이라고도 한다. 당시에는 언론 상황을 대비해 1차 대변
인과 최종 대변인을 선정했다. 두 사람에 대한 메시지 트레이닝이
준비되었다. 최종 대변인인 CEO는 또 한 번의 실습 과정과 교육을
통해 메시지를 정리했고 대응방안을 체화할 수 있었다. 트레이닝
은 방송 인터뷰 촬영을 포함해 다양한 형태로 진행했다. CEO는 연
습 이전보다 마음이 좀 가벼워졌다고 했다. 경우에 따라 한 사람이
트레이닝장 밖으로 나가 기자 역할을 수행하기도 한다.

메시지 트레이닝은 집요한 질문에 답하는 것에서 끝나지 않
는다. 컨설턴트들은 그러한 인터뷰를 했을 때 실제 어떤 헤드라인
이 나올 수 있는가를 보여주는 가상 기사를 작성해서 보여주기도
한다. 편집된 내용은 때로 당사자들을 경악하게 만든다. 트레이닝
때 최대한 실수를 하게 만들어서 실제 상황에서는 실수를 줄이는
것, 이것이 메시지 트레이닝의 목표이다.

✈ 재판 과정에서 조현아 부사장이 손을 괴고 있다가 문제
가 된 일이 있다. '톤 앤 매너' 관리가 안 된 것이다. 작은 사건도 기
사를 통해 이를 접한 사람들에게는 큰 상징이 될 수 있다. 하나로

열을 판단하는 것이다. 대한항공 사건에서는 사건의 정도를 약화하거나 좋은 분위기로 반전할 수 있는 메시지를 발견하기 어려웠다. 오히려 메시지는 사건의 해결을 위해 작동하기보다 키우는 데 기여했다.

말하는 사람/들어주는 사람External-speaker/Internal-listener

어느 날 상황이 일단락되는 시점에서 위기관리 담당자와 편하게 식사를 하게 되었다. 그때 우리는 중요한 발견을 했다. 언론과 외부 이해관계자를 상대로 한 대변인이 필요한 것과 마찬가지로 더불어 내부에 들어주는 사람이 필요하다는 사실이었다. 직원들의 이야기를 들어줄 내부 청취자가 필요한 것이다. 외상후스트레스장애PTSD와 같은 위험은 어느 사건에서나 발생할 수 있고, CEO를 포함해 누구도 그 대상이 될 수 있다. 내부 리스너라는 개념은 여기서 탄생한다. '들어주는 사람', 우리 기업문화에는 전혀 없는 직함이다.

김성근 감독이 이끄는 프로야구팀 한화 이글스에는 계형철 코치가 있다. 그의 직함은 '순회(巡廻)코치'다. 1군과 2군 선수 사이, 감독과 선수 사이를 넘나들며 자유로운 대화를 이끈다. 위로 아래로 옆으로 움직인다. 멘토, 코치, 선배 등 그는 다양한 종류의 '다리' 역할을 수행하는 것이다.

'들어주는 사람'이 우리 사회에도, 우리 기업에도 필요하다. 이를 위해 구체적 직책과 사람을 선정해야 한다.

대한항공과 같이 경직된 조직에 순회코치가 필요하다.

들어주고 조율해주는 직책은 위기 이후의 조직에서 대단히 유의미한 결과를 낳을 것이다.

내 마음의 이사회

위기에 몰린 CEO는 외롭다. "나는 관리자들에게 '자신을 위한 이사회Personal Board of Directors'를 갖추라고 권한다. 단 한 명의 멘토가 아니라, 스스로의 업무와 발전을 도와줄 사람들의 집단을 마련하라는 것이다. 회사에 CFO가 있고 CTO가 있는 것처럼, 뭔가를 가르쳐줄 사람, 회사 안의 소식을 알려줄 사람, 새로운 일에 도전할 때 방패막이가 되어줄 사람 등이 필요하다." 하버드대 비즈니스스쿨의 린다 힐Linda A. Hill 교수의 말이다. 내부 평판과 외부 평판을 동시에 아우르는 CEO가 되기 위해서도 그렇고 객관적으로 위기의 문제에 접근하기 위해서도 필요한 비공식의 이사회다. 이들과 평소에 자신의 중요한 결정에 관해 대화를 하다가 위기의 상황에 의견을 묻는다면 자신의 결정에 안전성과 엄격함을 높이게 될 것이다.

그런데 우리가 만난 한국의 CEO와 오너는 오래된 '이너서클'의 멤버들과 일하기를 원했다. 컨설팅을 해도 다시 그들과 상의했으며 결정은 엉뚱하게 내려졌다. 오래된 동문이나 친구로 이루어진 이너서클은 대체로 위기관리에 전문성을 갖고 있지 않았고 이들이 개입하는 경우 우리의 컨설팅도 실패로 돌아갔고, 그 기업의 위기관리 또한 실패하게 마련이었다.

결정은 외로운 결단의 과정이다. 그 고단함을 덜어주는

것은 단단한 마음과 냉정한 판단력이다. 만약 조현아 부사장이 스스로의 네트워크 속에서 이런 팀을 가지고 있었다면 조금 더 상황을 객관적으로 볼 수 있었을 것이다.

슈퍼데스크

컨설팅하는 기업에게 우리는 주요 멤버가 모여 매일매일 점검과 확인을 하라고 말한다. 결정할 사안을 제때 결정하기 위해서는 평시 회의가 아니라 이 사건의 해결책을 결정하는 슈퍼데스크가 필요하다.

대통령 후보 당시 빌 클린턴 캠프에서 '워룸'이라는 이름의 컨트롤타워를 조직하고 그 안에서 모든 결정을 내렸듯, 위기관리도 그렇게 이루어져야 한다. 2013년 노량진 배수지 수몰사고가 났을 때 서울시에는 슈퍼데스크가 이미 작동되고 있었다. 촌각을 다투는 문제에 정무적 감각으로 훈련된 의사결정자들이 주요 문제에 관해 즉각적이고 전략적인 결정을 내릴 수 있었다. '슈퍼데스크Super Desk'라는 개념은 원래 미디어에서 통합 뉴스룸을 구축해야 하는 필요성에서 출발했다. 위기관리에서도 통합적이고 즉각적인 대응을 위해 필요하다는 점이 다르지 않다.

모든 것을 테이블에 올려놓고 대등하게 대화하고 분명하게 결정할 수 있는 컨트롤타워는 위기관리의 핵심 중 핵심이다. 1분 1초를 다투는 위기관리는 몇 단계의 첩첩 보고체계가 아니라 의사결정자의 책임있는 결정이 필요하기 때문이다. 이러한 경우, 정보는 위로 빠르게 전달되면서 수평적으로 공유되어야 하고, 결정단계에 이르면 하향top-down 방식의 강력한 드라이브가 걸려야 한다. 오너는 객관적으로 파악하고 최대한 협력하되, 분명하게 결정하는 사람이다.

🚁 일방향의 수직적 구조를 일과 역할과 전문성에 기초한 결정 구조로 바꾸기 위해선 여러 가지를 고려해야 한다. 한 가지 덧붙이자면, 한국에서는 컨트롤타워 역할을 개인적 관계에 기초한 이너서클이 주로 한다. 슈퍼데스크는 이너서클이 아니다. 전문성에 기초한 전략 결정 조직이다. 특히 대형 위험과 인명사고에 노출되어 있는 항공사의 경우 위기관리 책임자의 상설화와 책임자의 전문성에 관한 확고한 존중을 기반으로 한 슈퍼데스크의 운영이 필수적이다.

공장을 멈출 권리

2013년에는 화학공장에서 불이 많이 났다. 모 기업은 인상적인 해결 과정을 내놓았다. 공장에서 비상상황 발생 때 환경·안전 책임자가 공장을 멈출 권리를 갖는다는 내용이었다. 거대한 하드웨어가 돌아가는 공장의 서열은 험한 기계를 돌리는 수직계열 중심으로 정해지고 보통 그 꼭대기엔 공장장이 있다. 그 기업은 이러한 상황이 의사결정의 장애라고 본 것이다. 그래서 공장의 아웃사이더인 전문가 집단에 비상상황의 의사결정 권한을 주었다. 이는 공장이라는 시공간이 다양한 직군과 역할의 집합체이고 위기는 어디서든 올 수 있으며 다양한 형태의 경험이 '따로 또 같이' 역할을 수

행함을 반영한 중요한 대안이다.

한국 기업에는 다양한 책임에 기초한 의사결정 구조를 갖지 못한 곳이 많다. 산업구조도 의사결정 구조도 바뀌었고 속도와 시간, 공간과 사람도 변했다. 사건의 전개가 변하면 결정 주체와 과정도 변하는 것이어야 한다.

✈ 땅콩회항 사건에서 역시 결정할 수 있는 사람은 오너 한 사람 뿐이라는 현실만 발견되었을 뿐이다. 인적 구조와 더불어 전문성에 기초한 위기대응 설계도 중요하다. 사안의 성격에 따른 의사결정 구조도 후속 과정에서 반드시 고려되어야 할 것이다.

첫 번째 질문

어느 대기업의 지방 현장에서 문제가 발생했다. 급하게 본사에 보고를 해야 한다고 계열사 CEO에게서 연락이 왔다. 사건 개요를 전달하기보다는 종합적인 브리핑을 하고 싶은데, 해본 적이 없다고 했다. 새로운 리스크가 발견되었을 때 대응계획을 어떻게 짤 것인가에 관해 외부에 자문해보기로 결정하고 우리에게 연락을 해온 것이다. 우리가 가장 먼저 한 것은 상황 파악을 위해 질문을 정리하는 것이었다. 그 내용은 다음과 같았다.

1. 우리는 왜 지금 이 문제를 다루는가?
2. (지난 5년 동안) 어떠한 사건들이 발생했는가?
3. 지금 발생한 사건은 경중으로 볼 때 어느 수준인가?

4. 지금까지 대응은 어떻게 진행되었는가?

5. 현지 담당자는 신뢰할 만한가?

6. (내부, 언론에서는) 이 사건을 어떻게 정의했는가?

7. 어디서(어느 단위, 위치, 유형) 발생했는가?

8. 어떻게 대응할 것인가?

9. 별도의 법적 판단은 있었는가?

10. 핵심 발견과 대응 요점은 무엇인가?

11. 남은 질문은 무엇인가?

좋은 질문을 던지면 경험자가 적고 상황이 긴박해도 답을 찾을 수 있다.

보고서 쓰는 방법이 달라져야 한다. 전략적 접근과 집단적 대안을 만드는 출발은 담당자의 훈련되고 정제된 질문이다. 이를 통해 시나리오 설계를 시작할 수 있다. 단편 접근과 보고는 이를 어렵게 해서 사건의 총체적 대응을 막는다.

위기 연보

위기를 가공의 산물로 인식하지 말아야 한다. 왜냐하면 대체로 위기란 거의 우리가 이제껏 해온 일의 결과물이기 때문이다. 그런 점에서 과거의 기록은 예방을 위해 중요하고 대처를 위해 필요하다. 일어날 수 있는 상황을 예측하는 데 기여한다. 또 얼마간의 사건을 기록해두면, 위기 발생과 대처의 예상가능한 포맷과 시나리오를 짤 수 있다. 위리관리 매뉴얼보다는 지나온 위기상황에 관한 '케이스 뱅크Case Bank'가 중요하고 경험이 풍부한 전문가가 필요하며 훈련, 즉 실제 연습이 필요하다. 그래서 '사건 히스토리'를 정리해두라고 요청하는 것이다. 땅콩회항 이후 어느 대기업으로부터 위기관리 매뉴얼을 만들어달라는 요청을 받은 적이 있다. 우리는 케이스 뱅크와 가상 계획, 실제 훈련, 체크리스트를 제시했다.

✈ '위기 연보'를 만드는 조직은 많지 않다. 새로운 사건은 기억하고 싶지 않은 과거 사건의 연장선 위에 있다. 위기 연보는 예상위기를 발견하고 시스템을 점검하는 계기가 되며, 새로운 위기가 생겼을 때 진단의 배경이 된다는 점에서 매우 의미있다.

체크리스트

현장에서는 매뉴얼을 압축하고 명징화한 체크리스트가 중요하다. 1967년 US에어웨이의 비행기가 허드슨 강에 비상 착륙할 때 부기장은 침착하게 책자를 펼쳤다. 체크리스트였다. 그는 체크리스트에 따라 기장이 지켜야 할 절차와 지시사항을 알렸다. 체크리스트의 보조로, 그동안 가상훈련만 받아온 기장이 의사결정과 행동의 최종책임자로서 제 역할을 침착하게 수행할 수 있었다. 물론 이때 체크리스트는 실제 상황 훈련에 기초한다.

✈ 평판관리와 위기전략에 적합한 매뉴얼과 체크리스트를 작성하는 일은 모든 기업의 과제다.

하인리히 법칙

위기는 징후와의 투쟁이다. 1931년 미국의 어느 보험사에서 엔지니어링 및 손실통제 근무를 하는 허버트 윌리엄 하인리히 Herbert William Heinrich는 하나의 통계법칙을 발견했다. 산업재해가 발생해 중상자가 한 명 나오면 그전에 같은 원인으로 발생한 경상자가 29명, 같은 원인으로 부상을 당할 뻔한 잠재적 부상자가 300명 있다는 사실이었다. 하인리히 법칙은 '1:29:300법칙'이라고도 불린다. 즉 큰 재해와 작은 재해 그리고 사소한 사고의 발생 비율이 1:29:300이라는 것이다. 큰 사고는 우연히 또는 어느 순간 갑작스럽게가 아니라 이전에 반드시 경미한 사고가 반복되는 과정에서 발생한다는 것을 실증적으로 밝힌 이 법칙으로 큰 사고가 일어나기 전 일정 기간 동안 여러 번의 경고성 징후와 전조가 있다는 사실이 입증됐다.

✈ 기업은 상황실의 경계경보 기능을 누가 갖고 있는지, 어떻게 작동하고 있는지부터 점검해야 할 것이다.

사전 예방의 원칙

위기 발생이 예상되는 상황에서는 최악의 상황을 가정하고 대비해야 최선의 결과를 이끌어낼 수 있다. 인간은 대체로 미래의 상황을 긍정적으로 해석하려는 경향을 보인다. 긍정과 부정의 가능성이 거의 같다고 하면 부정적인 상황은 지우게 마련이다. 그러나 과학적으로 인과관계가 확실하지 않은 경우에도 심각한 피해의 가능성이 있다면 이에 대비해야 한다. 2011년 8월 29일 허리케인 아이린

이 미국을 강타했다. 마이클 블룸버그 당시 뉴욕 시장은 사전예방의 원칙을 철저하게 지켰다. 뉴욕 시는 8337편의 항공편을 취소했고 다섯 개 공항에서 비행기 착륙을 전면 중단했다. 주민 37만 명을 대상으로 첫 대피 명령이 발효됐고 지하철과 버스 운행은 중단됐다. 사고 예방을 위해 핵발전소 두 곳의 가동도 멈췄다. 허리케인 아이린은 큰 피해 없이 지나갔다. 이후 일부 사람들은 뉴욕 시가 과민하게 대응했다고 불평했다. 그러나 재난 전문가와 언론인, 대부분의 시민은 뉴욕 시의 사전대응을 높이 평가했다.

기업의 리더들은 위기가 행동의 결과물임을 각인할 필요가 있다. 모든 촉수가 위기를 감지하고 반응하도록 만드는 것이 징후에 대한 최선의 대처법이다. 징후 발견의 보상과 배려도 함께 고려되어야 한다.

진실 이전의 순간

'진실의 순간Moment of Truth'이라는 마케팅 개념이 있다. 고객이 어떤 회사의 제품이나 서비스의 구매를 결정하는 순간이다. 그런데 구글은 고객이 제품이나 서비스의 구매를 결정하기 전에 검색을 통해 먼저 판단한다고 주장한다. 진실의 순간 이전에 진실이 결정된다는 의미로 구글은 이를 'ZMOTZero Moment Of Truth'[8]라 부른다. 실제로 국내 영화시장은 고객 경험의 단계에 이르기 전 시사회, TV 영

---

8   https://www.thinkwithgoogle.com/collections/zero-moment-truth.html

화 소개 프로그램, 온라인 리뷰가 영화의 초기 흥행을 결정한다. 그래서 이를 장악하기 위한 마케팅 경쟁이 치열하다. 시작되기도 전에 성패가 결정되는 것이다. 평판은 사건과 함께 소급해 적용된다. 사건 이전의 순간이 있다는 것, 사건 이후의 순간은 사건 이전의 평판과 함께 구성된다는 것을 알아야 한다.

대한항공의 경우는 잠복된 평판이 극적으로 드러난 사례다. 일상 평판관리의 과정이 성과와 실적관리 중심으로 진행되면 부정적 평판은 감지하기 어렵다. 이것이 하나의 극적인 사건과 결합하면 위기는 더 큰 폭발성을 갖는다. 드러나지 않은 위험한 평판을 찾아내는 일 또한 조직관리의 영역이라 할 수 있다. 결국 기업문화라는 측면으로 접근해야 근원적 대안을 찾을 수 있다.

시나리오 플래닝

"그냥 답을 주세요." 위기에 대처하기 위해 사전 심층면접이나 워크숍, 그리고 프로그램을 제시하면 담당자들은 고개를 흔든다. 예산 핑계를 대기도 한다. 기껏 발전한 것이 강의다. 이렇게 하면 답은 잘 찾아지지 않는다. 예를 들어보자. 어느 날 우리는 경영컨설턴트인 마셜 골드스미스Marshall Goldsmith의 '말'과 만났다. "세계에서 가장 훌륭한 코칭 훈련 방법을 알려드리지요. 95세가 된 내 모습을 상상해보세요. 이제 숨 한 번만 더 쉬면 당신은 세상을 떠나게 됩니다. 그 마지막 숨을 몰아쉬기 바로 전, 당신은 '선물'을 받게 됩니다. 바로 현재(당신이 스무 살이든 쉰네 살이든)의 당신에게 한 가지 조언을 전달할 수 있는 선물이지요. 과연 95세로 삶을 마감하는 미래의 당신은 현재의 당신에게 뭐라고 조언할 것 같습니까? 직업적인 측면에서는 뭐라고 말할 것 같습니까? 개인의 삶에 관해서는 뭐라고 말할 것 같습니까? 한번 생각해보세요. 그리고 그냥 지금 그걸 하세요." 이 프로그램을 우리는 '골드 스미스 2014'라는 프로그램으로 명명했다. 2014년 연말에 실행한 프로그램이다. 열두 명의 직원이 참여해 2015년을 함께 계획하는 워크숍이었다. 과제가 주어졌다.

1. 2014년 우리 회사를 대표하는 '그 순간, 열 장면'을 선정하라.
2. 2014년 우리 회사가 죽음을 맞이했다고 생각하고 '기업의 부고 기사'를 작성하라.
3. 이 시점에서 회사에 '조언과 충고'를 해봐라.
4. 'STICK(지속할 것), STOP(그만둘 것), START(시작할 것)'를 정리하라.
5. '2015 업무 버킷리스트'를 작성하라.

각자 발표를 하고 토론하고 범주를 정리했다. 경영진은 이것을 2015년의 계획으로 정리했다. 그렇게 계획이 완성되었다. 시나리오 플래닝은 어려운 것이 아니다. 함께해봐야 미래를 들여다볼 수 있다. 위기관리 역시 다르지 않다.

예측 못한 위기가 발생한 지금이 백지 위에 사전계획을 실험해볼 수 있는 좋은 기회다.

시뮬레이션 리허설

위기대응은 매뉴얼이 아니라 현실감 있는 시뮬레이션 중심으로 축을 옮겨야 한다. '문서'가 아니라 '몸'으로 위기대응 훈련을 실시해야 한다. 그래야 컨트롤타워는 누구이며, 어떻게 작동해야 하는지, 매뉴얼이 가진 문제점이 무엇인지, 현장에 전문성을 가진 위기관리 전문가를 얼마나 확보하고 있는지, 누구의 도움이 필요한지 등의 문제가 수면 위로 떠오르고 개선안을 마련할 수 있다.

2013년 보스턴 마라톤대회 테러 사건이 발생했을 때 FEMA(연방재난관리청)와 MEMA(매사추세츠재난관리청)가 움직였다. 2001년 9·11테러 사건 이후 MEMA는 보스턴 지역에서 있을 수 있는 모든 상황을 가정하고 꾸준히 훈련했다. 정부기관은 물론 100여 개가 넘는 유관단체와 함께 상황 대처능력을 키우기 위해 정기적으로 시뮬레이션 중심의 교육을 받았다. 그 덕분에 사건에 재빨리 대응할 수 있었고 피해를 최소화할 수 있었다.

✈ 대한항공이 진행하고 있는 재난상황에서의 위기대응 훈련을 평판관리 영역으로 확장해야 한다.

레드팀

미군은 자신의 취약점을 적보다 미리 발견하기 위해 과거부터 레드팀을 활용했다. 레드팀은 훈련에서 적군의 역할을 맡아 아군의 약점을 찾아내고 공격했다. 미국의 듀폰 사는 프로젝트를 추진할 때 취약점을 발견하기 위해서 레드팀을 활용한다. 레드팀을 통해서 해당 프로젝트의 취약점이 발견되면 프로젝트 자체를 무산시키거나 보완책을 강구한다.

위기상황에서는 레드팀의 역할이 중요해진다. 레드팀은 CEO를 견제하면서 그가 잘못 판단할 가능성을 줄여주는 역할을 한다. 이와 더불어 외부의 '검증협력자' 또한 미리 준비되어야 한다. 스스로 말하는 것은 변명이 되기 쉽다. 외부의 신뢰할 수 있는 검증자가 위기의 과정을 지지해주는 것이 내부자가 말하는 것보다 훨씬 효과를 볼 수 있기 때문이다.

✈ 구조적으로 회사 내부에 레드팀의 위치를 잡아주어야 한다. 홍보팀이 여론과 언론의 입장을 반영해 반대 목소리를 내는 것은 매우 상식적이다. 그런 점에서 홍보팀은 내부와 기자 사이의 담장을 걷는 사람이라는 지적도 귀 기울여야 할 대목이다.

140자

트위터는 140자로 한정된다. 짧은 언어, 가벼운 지식이 소셜미디어를 움직이고 전통 언론을 흔들고 대중을 사로잡는다. 소설가 성석제는 "이러한 언어는 언뜻 보면 문장 같지만 사실은 '말'이죠. 문장은 시간을 들여 사고한 끝에 나오는 것이고, 말은 감각적이고 즉흥적입니다." 소셜미디어가 분노의 질주로 이어지는 배경이다.

대중적 관심에 의한 위기상황이 합리적이거나 이성적이지 않은 경우는 단문 언어의 특성과도 밀접하게 연관되어 있다. 과장과 생략, 단언은 결국 단편화적인 생각으로 발전하기 때문이다. 이는 조지 오웰이 이야기했듯이 "생각이 언어를 타락시킬 수 있다면, 언어도 생각을 타락시킬 수 있다."는 생각과 일치한다. 단문과 이미지, 더불어 무작위적인 선정적 뉴스 큐레이션은 위기에 처한 미디어와 언어의 특성이다. 위기관리를 위한 언어전략 또한 이러한 변화를 반영해야 한다.

대한항공의 사과광고는 건조했다. 진심을 담지 못했다. 이번 과정에서 우리는 대한항공의 좋은 태도와 자세를 상징하는 좋은 언어를 발견하지 못했다.

커뮤니케이션은 대화다/소셜미디어는 대화다

현대자동차는 2013년 페이스북을 통해 '제네시스' 4행시 짓기를 하다가 낭패를 보았다. 현대자동차를 공격하는 다수의 비판 댓글이 올라온 것이다. 뉴욕경찰 또한 2014년 이런 오류를 범했다. 친근감을 강조하기 위해 뉴욕경찰과 찍은 사진을 올려달라는 요구를 했다가 전 세계에 타전되는 나쁜 뉴스를 만들었다. 수많은 유저들이 뉴욕경찰의 폭력성을 담은 사진을 올렸던 것이다. 현대자동차와 뉴욕경찰은 대중이 자신을 어떻게 인식하고 있는가를 알지 못했고, 일방향의 이벤트 홍보로 대응했기 때문에 호응을 받기는커녕 위험을 불렀던 것이다. 우리 대기업이 소셜미디어를 대하는 방식은 홍보라는 틀에서 거의 벗어나지 못하고 있다. 소셜미디어는 1인칭 대화다. 그것이 핵심동인이다. 우리가 알아야 할 새로운 커뮤니케이션은 홍보가 아니라 대화다. 홍보의 양과 고객의 반응은 아무런 상관이 없다. 기업 스스로가 미디어가 된다는 것을 의미하는 '모든 기업은 미디어다.'와 함께 제대로 이해되어야 할 개념이다.

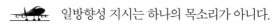 대한항공은 대중과 거의 대화하지 않았다. 소셜미디어는 그저 공식 문서 전달 창구였다. 진심을 담은 1인칭 대화는 이루어지지 않았다. 대한항공을 홍보하는 공식 매체들은 사건을 아예 다루지 않았다. 회피했다.

하나의 팀, 하나의 목소리
국가적 재난상황의 컨트롤타워가 되는 대통령이 초기에 표해야 할 메시지는 다음 내용을 포함해야 한다. 예를 들어 세월호의 경우 이렇다. 첫째, "우리는 하나의 위기를 겪고 있는 하나의 팀이다." 둘째, "최종책임은 내게 있고 내가 진다." 셋째, "예산을 포함해 모든 수단과 방법을 동원해 구조하라." 오바마 대통령은 2010년 1월 7일 성탄절 테러미수 사건 관련 대국민연설에서 "제가 남 탓을 할 수 없는 까닭은 제가 최종책임자이기 때문입니다. 저는 대통령으로서 나라와 국민을 안전하게 지켜야 할 막중한 책임을 지고 있습니다. 안전시스템이 작동하지 않는다면 책임은 제게 있습니다."라고 말했다. 리더의 정확한 지휘와 책임감은 한 기업이 하나의 팀이 되도록 하고 한목소리를 내게 한다. 이는 기술로 되는 문제가 아니다.

일방향성 지시는 하나의 목소리가 아니다.

순간탄력성

위기상황에서 리더의 의사결정은 속도가 중요할까, 아니면 정확성이 중요할까? 이상적으로 들리겠지만 두 가지 모두 중요하다. 빠른 속도로 정확한 판단력을 발휘하는 능력을 '순간탄력성'이라 부른다. 골든타임을 놓치면 모든 것을 잃는 위기의 성격 때문에 그렇다. 어떤 사건을 '위기'라고 부르는 이유는 예상치 못한 순간에 최악의 상황으로 전개되기 때문이다. 언론보도를 통해 각종 위기를 접하다 보면 수용자로서는 비슷비슷한 문제로 보이지만, 위기에 처한 사람의 입장에서 모든 위기는 새롭다. 하버드대 케네디스쿨에서 위기관리를 가르치는 허먼 레너드Herman B. Leonard 교수는 "모든 위기는 완전히 새로운 것이며, 따라서 최선의 준비는 위기가 닥쳤을 때 바로 순간대응을 잘할 수 있도록 조직을 만드는 것"이라고 했다.

대한항공 사건에서 우리는 수직적·폐쇄적 조직문화와 시스템, 리더십이 이러한 대응의 가능성 자체를 차단한다는 것을 발견했다. 다른 기업도 예외가 아니다.

SHOW ME

위기전략을 짤 때 대중의 전략적 위치는 어떻게 설정되어야 할까? 추격자 전략과 압축성장의 시대, 일방적 홍보의 시대에 기업은 "나를 따르라Follow me."고 외쳤다. 그러다 고객의 중요성이 강조되면서 기준이 조금 바뀌었다. "나를 믿어줘Trust me."로 바뀐 것이다. 미디어를 통한 고객과 기업의 권력 변화에 관해서는 앞서 설명했다. 그래서 나온 것이 "나에게 보여줘Show me."이다. 그런데 이번에는 주어가 바뀌었다. 권력이 바뀐 것이다. 고객과 소비자가 주체가 되어 기업에 요구를 하기 시작한 것이다. 2012년 런던올림픽 소셜미디어 사용 원칙 첫번째는 "사용자의 요구에서 출발하라Start with needs."였다. 평판관리는 주어의 변화를 의미하기도 한다. 주어를 바꾸어 인식하지 못하면 답은 요원하다.

대한항공 사건에서 주어는 한 번도 피해자이거나 고객인 적이 없다. 아무리 헤어나오려 해도 헤어나오지 못한 이유다.

디지털 전략실

게토레이와 벨은 온라인과 소셜미디어에 민첩하게 대응하기 위해 오래전부터 디지털 데이터를 모니터링하는 룸을 두었다. 마스터카드는 연관된 데이터의 동향을 보여주는 공간Conversation Suite을 고객에게 오픈했다. 맥도날드는 온라인을 담당하는 최초의 임원직을 만들었다. 이러한 경향은 가속화되어 기업의 디지털 전략을 촉진했다. 그 정점에 이른 것이 오바마 정부의 백악관 디지털 전략실이다. 이 부서는 오바마 정부의 의제를 사람들과 연결한다. 이미 사람들이 참여하고 정보가 소비되는 곳으로 가서 오바마 대통령의 정책과 행동과 리더십을 연결한다. 딱딱한 문서나 박제화된 홍보자료를 제시하거나, 과장된 광고를 하는 것이 아니다. 2015년 연두교서는 사전과 과정, 사후로 이어지면서 대중과 대통령을 하나로 묶었다. 예산안 제출 과정도 마찬가지였다.

어젠다 자체의 전달력을 위해 채널을 확장하고 찾아가서 전달하는 것을 넘어 현장에서 어젠다를 발아해 정책이 제시되고 구현되는 것으로 나아간다. 시장조사업체 닐슨에 따르면 국정연설 중 트위터에 실시간으로 관련 글 260만 건이 올라왔으며, 오바마 대통령의 계정에 반응을 보내는 글도 4만 4천 건에 달했다고 한다. 더 중요한 것이 있다. "연설이 시작되기 전 그들은 이미 연설을 시작하고 있다는 것이다.

연설에 관한 국민적 관심을 끌어올리기 위해 백악관은 '#SOTU'라는 공통 해시태그를 사용해 다양한 채널과 다양한 스피커를 활용해 연설 의제의 정보를 제공하고 있다. 인스타그램에서는 미국 관리예산처 부국장인 브라이언 디즈Brian Deese가 등장해 백악관 회의와 연설문 작성 등 연설 준비 과정을 소개한다. 한 동영상에서는 '연두교서 스포일러 주의State of the Union Spoiler Alert'라는 제목으로 스스로 스포일러가 되길 자청하며 예상 의제 세 가지(소비자 신원 도용 방지, 자유로운 신용도 점수 확인, 자녀들의 온라인 프라이버시 보호)를 제시하기도 한다. 연설이 시작되기 전부터 이슈에 불을 붙여 연설에 폭발적 힘을 더하는 것이다."[9]

디지털 시대에 조응한다는 것은 이런 것이다. 기업은 디지털 시대에 맞춰 고객을 찾고 고객의 이야기를 대신하고 소통이 시작되기 전에 소통을 실천해야 한다.

---

[9]   김성은(피크15 커뮤니케이션 캠페인 컨설턴트), www.acase.co.kr

✈ 홍보팀의 새로운 역할 부여와 성격이 필요한 시점이다.

기대치 게임

세월호 사건 당일, 학생을 전원구조했다는 성급한 보도와 그에 따른 기대는 모든 것을 엉망으로 만들어버렸다. 회복할 수 없게 된 것이다. 위기에 닥친 기업들도 마찬가지다. 정확하게 상황을 파악하고 취하고 있는 조치를 차분하게 설명하는 것이 아니라 모든 상황을 다 극복할 수 있는 것처럼 발표하고 기대치를 높인다. 결국 그 기대치가 제약이 되고 상황을 더 악화시킨다. 진지하게 성의를 다한다는 것이 지킬 수 없는 약속과 목표로 제시되는 상황은 위기 대응이 준비되지 않은 팀들에서 반복적으로 나타나는 임기응변이다. "적게 약속하고 많이 제공하라Under Promise, Over Deliver." 위기관리에서 기대관리는 이 원칙을 벗어나서는 안 된다.

✈ 기대치가 높아진 상황은 잘 관리되어야 한다. 조양호 회장이 사과문을 들고 나왔을 때에는 그러한 기대가 묻어나왔다. 그러나 대중은 조 회장이 들고 있는 사과 시나리오 문서에 "90도 인사"라는 문구가 담겨 있다는 보도를 보고 말았다. 높아진 기대치만큼 실망이 더 커졌다. 원래 계획했던 대로 오너의 겸손한 사과가 이루어졌다면 상황은 조금 달랐을 것이다.

청중비용

모든 전략과 운영에는 비용이 소요된다. 그러나 위기관리나 평판관리는 전통적인 회계 재무에 등장하지 않는 비용이라 책정에 어려움이 따른다. 냉전시대 민주주의 국가에서 국가지도자가 대외 경고를 행동으로 실천하지 못했을 때 국내 정치에서 유권자들의 비판과 공격에 대한 비용을 청중비용Audience Cost[10]이라는 개념으로 설명한다. 실현되지 못한 약속이 발생시키는 비용을 제어하기 위해서라도 공개적인 약속은 실천하라는 의미를 내포한다. 위기관리에 있어서는 더 강화해서 적용될 수 있는 개념이다. 결국 위기 해결의 과정에서 발생한 약속을 기업의 지속가능한 신뢰로 이어가기 위해서도 청중비용의 개념이 필요하고, 그 청중비용을 최소화하기 위해서도 약속은 지켜져야 한다. 경우에 따라 위기전략의 과정에서 평판을 지키기 위한 청중비용이 별도로 책정되어야 한다. 제품과 서비스의 마케팅과는 엄격히 구분되는 기업의 소요 예산이기 때문이다. 2차 위기에 의한 청중비용을 이해하지 못한 예산과 재정 추산은 위기출구를 막는다. 또는 약속의 위기로 인해 위기 후 새로운 신뢰를 구축하지 못하는 위험한 상황을 낳는다.

비용설계

평판사회의 위기관리는 기업들에 새로운 생각을 요구한다. 모든 사람, 최고 임원부터 말단 사원까지, 단기적인 재정적 이익은 중장기적 정치적 손해로 이어질 수 있고, 이것이 장기적으로는 더 높은 비용으로 발전할 수 있음을 인지해야 한다. 제대로 된 진단 없이

---

10   김재현, 〈민주국가를 독재국가보다 강하게 하는 건 '청중비용'〉, 중앙선데이, 2014년 11월 23일

과거의 방식으로 담당자 몇 명과 외부 이해관계자들의 물밑 상호작용으로만 이루어진 해결책은 기업의 전체적인 목표를 손상시킬 수 있다. 회사 자체가 위기대응 시스템으로 변모해야 한다. 안전관리, 고객 신뢰 확보, 가치 지향의 커뮤니케이션, 시스템 혁신, 기업 문화 개선 등을 경영의 중심가치와 동일하게 여겨야 한다. 그리고 이에 따른 비용 투입이 필요하다. 이는 위험요소를 줄이는 일로 직결된다. 예를 들어 발전소에 사고가 생기면 문제를 해결할 때까지 장기간의 휴지기가 발생한다. 그러나 완성도 높은 원격 모니터링 시스템을 갖추면 위기상황 예측이 가능하고 위기 발생으로 인한 운영정지 기간을 단축할 수 있으며 피해 규모도 최소화할 수 있다.

비용을 지불할 의사가 없는 기업은 스스로를 방어하는 데 더 큰 비용을 지불하게 될 가능성이 높다. 위기관리의 비용 투입이 가치 지향의 투자라는 점을 분명하게 인식해야 한다. 위기의 대응 과정은 그래서 새로운 가치 형성의 과정이며 투자이다.

 예산에 반영되어야 전략이다.

공공외교

외교부 직원들은 근래 새로운 의제를 실현하고 예산을 따기 위해 여러 가지 노력을 경주했다. 언론도 서서히 관심을 보이고 있다. 마침 마크 리퍼트 대사가 부임해 우리 국민의 관점과 위치에서 특별한 노력을 기울이면서 공공외교가 더욱 부각되었고 리퍼트 대사 피습 사건 이후는 더욱 확산되고 있다. 외교가에서 공공외교는 소프트파워 자산을 활용해 외국 국민과 소통하고 공감하여 서로 이해와 신뢰를 높이는 것을 말한다. 종래의 국익 관점의 '주고받기'와는 다른 접근법이라고 설명된다.

피습 하루 전 리퍼트 대사는 〈조선일보〉 강인선 기자와 인터뷰를 했다. 그는 공공외교를 완벽하게 이해하고 있었다.

"한국에 와서 가장 우선시하는 일 중 하나가 보통 사람들과의 교류다. 정부 대 정부, 비즈니스 대 비즈니스 관계도 물론 매우 중요하다. 하지만 사람 대 사람 교류가 가장 중요하다. 특히 민주주의 국가에서, 두 나라가 역사적으로 밀접하게 엮여 있는 상황에선 더욱 그렇다." 리퍼트 대사는 그의 소망대로 위기를 기회로 만들었다. "나는 한미관계를 새롭게 한 차원 높이는 방향으로 이끈 대사로 기억되고 싶다." 몇몇 언론은 이 사건을 계기로 정부의 아킬레스건이던 한국의 사드THAD 참여를 공식적으로 거론하기 시작했다.

기업외교

공공외교와 더불어 기업외교[11]는 비슷한 맥락을 갖고 있다. 기업의 평판관리는 다양한 국가와 협력하고 때로 대립하면서 자국의 이익을 지키는 외교활동과 유사해졌다. 다양한 이해관계자와 협력하고 관계를 맺으며 공격적인 여론으로부터 평판과 이익을 지켜내야 한다. 이해관계자들의 인식을 형성하는 데 있어 전형적인 PR 접근법은 고정된 플랜을 만들고, 기정사실로 발표하며 모든 관계자들에

---

11 Witold J. Henisz, *Corporate Diplomacy*, Greenleaf Publishing, 2014

게 이를 적용하는 것이었다. 하지만 이 방법은 현재의 지형에서 더 이상 효과적이지 않다.

현대 자본주의 사회에는 새로운 미디어와 연결되며 이전보다 훨씬 다양한 인식을 가진 이해관계자들이 존재하기 때문에 그 모든 인식을 하나의 플랜으로 관리하는 것은 불가능하다. 또한 한 번 형성된 인식은 쉽게 변하지 않는다. 그에 비해 시장 내 관계자들의 권력이나 선호도는 시간에 따라 급격히 변화하는데 이를 둘러싼 정치적, 경제적 환경도 마찬가지다. 궁극적으로 이해관계자들의 인식을 형성하고 바꾸기 위한 접근의 패러다임은 홍보에서 기업외교로 옮겨가야 한다. 기업외교란 임원들이 핵심 외부 이해관계자들과 협상 혹은 협력을 통해 회사의 이익을 증대시키는 능력을 의미한다. 이해관계자들의 인식을 파악하고, 다양한 요소들을 통합적으로 적용한다는 점에서 기존의 PR 접근이나 평판관리와 차이점을 지닌다. 전통의 관계로는 한계가 있다. 사회적 명분을 만들어야 한다.

근래 만난 몇몇 건설회사와 물산회사는 대외협력을 강화해야 할 나쁜 이슈들을 갖고 있었다. 문제를 연결할 고리를 찾고 있던 이들에게 우리가 한 충고는 상대방이 움직일 명분을 먼저 만들라는 것이었다. 더불어 여론을 움직여야 상대방도 움직일 수 있다고 했다.

✈ 위기관리는 물밑관계가 아니라 사회적 조건이고 계약이다. 그것도 대중의 지지를 받아야 가능하다. 기업 운영의 사회적 허

가Social License to Operate.SLO [12]가 동반되어야 한다. 이해의 관철 대상이 아니라 고객과 이해관계자와 함께하는 대외협력이라는 개념이 도입되어야 한다.

능동적 협력

나쁜 뉴스 혹은 적과의 동침. 연예인은 인기와 평판을 먹고산다. 수도 없이 들은 이야기지만 실천은 어렵다. 가수 비(정지훈)가 군 제대 후 발표한 앨범 때문에 곤경에 처했다. 6집 〈레인 이펙트〉에 실린 〈라 송〉은 음원시장에서 냉정한 평가를 받았다. 그러던 중 한 네티즌이 태진아의 2004년 히트곡 〈동반자〉 공연 영상과 〈라 송〉을 합성한 동영상을 유포했다. 장난 혹은 디스다. '비진아'라는 새로운 콘텐츠가 생겼고 대중은 바람을 탔고 즐겼다. 반전은 거기서 시작되었다. 비는 비판을 활용했다. 나아가 주말 지상파 3사에 태진아와 함께 '비진아'의 협력 무대를 주선했다. 〈라 송〉은 대중 속에서 즐거운 음원과 영상으로 다시 태어났다. 비는 야유의 소재를 협력의 근거로, 흥행의 요소로 변화시켰다. 반전의 시작은 자세와 태도였다. '과정의 시대'에 자세와 태도는 본질과 대등하다. 다시 화제가 되었지만 비의 음원은 여전히 실패했을지 모른다. 그러나 음악을 비롯해 수많은 엔터테인먼트 요소를 파는 비는 성공했다. 비는 종합 엔터테이너다. 비는 자신의 가치가 무엇인지, 정체성과 전략이 무엇인지 알고 있었다. '음악만 좋으면 되지.'는 비에 해당되는

---

12   Witold J. Henisz, 앞의 책(주 11) 참조

사항이 아니다. 비는 태진아와 협력한 것이 아니라 대중이 만든 나쁜 뉴스와 협력한 것이다.

협력은 기술적 계산과 분석을 넘어선다. 만약 비가 불만을 터뜨리고 기획사를 동원해 법적 대응한다고 했으면 어떻게 되었을까? 음반도 잃고 명성도 잃었을지 모른다. 기업은 권력 있는 사람과 권력 없는 사람의 의견을 모두 존중해야 한다. 무자비하게 이익을 쫓기보다는 모두의 관점을 존중하는 기업으로 알려져야 한다. 분쟁은 언제든 일어날 수 있고, 평판은 기업을 지배한다. 기업은 반대입장을 가진 사람들을 솔직하게 끌어들여서, 불만을 포용할 수 있는 장을 마련하고, 여기에 공감과 이해를 표하면서 반대입장을 타협 포지션으로 바꿀 수 있다.

수평적 협력
전통적인 계급조직이 사라지고 사회 전반에 걸쳐 교점 중심으로 조직되는 수평적 권력이 그 자리를 대신할 것이다. 우리 기업이 가진 칸막이와 층계는 온전한 위기관리 대응을 철저하게 방해하고 있다.

노량진 배수지 수몰사고가 났을 때 서울시의 부시장 이하 전 유관 직원은 카톡방을 개설했다. 현장에서 부시장까지 실시간으로 정보가 공유되는 카톡방이 열린 것이다. 세월호 사건이 발생했을 때 한 방송국은 현장과 보도국을 카톡방으로 연결했다. 생방송 중에 카톡방이 인트라넷과 데스크 역할을 수행한 것이다. 추가 속보를 전달하고 기사 필터링도 진행했던 것이다.

위기관리 과정에서 수평적 협력은 이해관계자는 물론 대중과의 협력이라는 차원에서 그리고 투명성 차원에서 의미를 부여받게된다. 또한 실질적인 대화가 이루어진다는 점에서 효과적이고 능동적이다. 최종 의사결정과 상황 정보의 공유라는 측면을 구분하면 문제는 쉽다. 우리 기업은 '벽부터 친다, 층계를 고른다, 위를 바라본다.' 이렇게 하면 정보는 막히고 결정은 미루어진다. 잘못된 결정이 내려진다.

세월호 사건에서 각 부처의 브리핑이 달랐고 해석도 가지각색이었다. 간단한 해법이 있었다. 보스턴 테러 사건 때 경찰을 포함한 유관기관은 공동브리핑을 했다. 함께 모여 전체 기조와 공유 사실을 밝히고 각자의 전문성을 구현하는 방식이었다. 물론 핵심 미디어가 있어야 한다. 보스턴 경찰국 트위터가 그 역할을 수행했다.

총체적 대응과 실시간 대처를 해야 하는 현재의 위기관리 과정에서 수평적 협력은 선택이 아니고 필수다. 폐쇄적이고 수직적구조인 우리 기업에는 치명적이다. 한국 대기업의 지사에서 일한어느 프랑스인의 말이다. "경험해보니 한국인은 산업적으로는 열려 있지만, 가족, 회사, 사회가 다 어떤 거부할 수 없는 힘에 익숙해져 있었다. 명령과 복종."[13]

✈ 교육 커리큘럼을 확인해볼 필요가 있다. '협상론'이 아니

---

[13] 서경채, 〈"그들은 미쳤다, 한국인들"… 프랑스인 눈에 비친 한국 기업〉, SBS, 2015년 3월 13일 (http://news.sbs.co.kr/news/endPage.do?news_id=N1002877553&plink=ORI&cooper=NAVER)

라 '협력론'이 더 필요하다. '협상의 기술'이 아니라 '협력의 전략'이
더 중요하다.

무대응의 기술

대응만이 능사는 아니다. 브랜딩 회사 BB&TT 김하나 공동대표가
〈허핑턴포스트코리아〉에 쓴 글이 있다. 뺄 곳이 없는 훌륭한 글이
라 전문 인용한다.

작년 이맘때 출판계에선 논란에 불이 붙었다. 한 출판사에서 알베
르 카뮈의《이방인》을 새로 번역해 내놓으며 이전의 번역은 오역
투성이였고, 우리는 25년간 이 소설을 제대로 읽지 못해왔다고 도
발한 것이다. 그러면서 카뮈 번역에 있어 최고권위자인 김화영 선
생을 공격했다. 그가 소설을 완전히 왜곡하고 등장하는 인물 전부
를 자기 입맛에 맞게 창작했다는 거다. 논란은 활활 불타올랐고 그
출판사의《이방인》은 베스트셀러가 되었다가, 문제의 번역가가 사
실은 그 출판사의 대표였다는 사실이 밝혀졌고, 그 출판사의 번역
에 오히려 더 오역이 많다는 문제제기가 이어지는 등 노이즈가 들
끓었다. 필요하다면 당연히 논란은 있을 수 있지만, 그 출판사의 행
태는 여러 모로 무례했고 많은 사람이 눈살을 찌푸렸다. 이렇게 시
끌시끌한 와중에 공격의 대상인 김화영 선생은, 참 불쾌하고 때론
억울했을 법도 한데, 끝까지 이렇다 할 반응을 보이지 않았다. 나는
그가 현명했다고 생각한다. 그가 불쾌함과 억울함을 드러내기라도
했다면 노이즈에 기름을 붓는 격밖에 되지 않았을 것이다.

때론 무대응이 최선의 대응이다. 〈타임〉지 에세이스트였던 로저 로젠블라트가 쓴 《유쾌하게 나이 드는 법 58》에는 살면서 매우 요긴하게 쓸 법칙들이 유머러스하게 나열되어 있는데, 그중 3번 법칙은 이것이다. "나쁜 일은 그냥 흘러가게 내버려두라." 그 장엔 나쁜 일을 바로잡아보려다 일을 엉망으로 그르치고는 미국 멍청이들의 전당에 오른 자들의 사례가 이어진다. 그는 이렇게 말한다. "좋지 않은 일이 일어났을 경우 현실주의자는 그 일을 그냥 내버려두지만, 낭만주의자는 그 소동을 깨끗이 정리하고 싶은 마음에 쫓겨 무언가 해명을 해야 한다는 쓸데없는 생각을 떨쳐버리지 못한다."

대응할 가치가 없거나, 대응해봐야 기업만 손해인 사안이 있다. 그럴 때는 화를 누르고 무대응하는 것이 상책이다. 반격의 기회는 반드시 온다.

 오너가 현명해야 한다. 어느 이슈는 지나가기를 기다리는 것이 전략일 수도 있기 때문이다.

컬처 오딧

한화의 김성근 감독은 2015년 겨울 캠프에서 독특한 행동을 했다. 심야 훈련을 포기하고 선수들에게 "야구란 무엇인가?"를 말하고 써보라는 지시를 내린 것이다. 3년째 연속 꼴지를 한 선수들에게 야구하는 이유를 물은 것이다. 기업은 문화다. 야구팀도 문화다. 거기서부터 혁신을 시작한 것이다.

위기에 처한 기업은 그 전후 과정에서 기업의 가치가 무엇인지 정의하고 이것이 임직원들의 행동에 제대로 반영되고 있는지 다양한 방법을 통해 검토해야 한다. 이를 컬처 오딧Culture Audit이라고 하는데, 조직문화전문가 등 제3자에게 의뢰해 실시할 수도 있다. 기업은 문화다. 기업문화를 진단한다는 것은 오래된 위험을 극복하고 새로운 대안을 찾는 작업이다. 직원과 문화의 변화가 곧 출구전략이다.

위기관리 과정에서 조직문화 개선 작업을 제시하면 바로 거부 반응이 온다. 이 사건과 무슨 상관이 있느냐는 것이다. 그렇지 않다. 대체로 위기는 내부 평판과 문화와 연결되어 있다. 병의 근원을 잡지 못하면 다시 새로운 위기가 온다.

✈ 내부 평판의 외부 노출이 이번 사건의 전개경로다. 조직문화에 관한 조사 결과가 있는지를 먼저 찾아보아야 한다.

투명감옥, 블라인드 앱

땅콩회항 사건의 발화점은 블라인드 앱이었다. 장막으로 가려진 사실은 언제고 세상에 나온다. 그런 의미에서 기업과 오너 또한 '투명감옥' 안에 사는 것이다. 내부 평판이 통제될 수 있다고 믿는 것은 헛된 기대와 판단이다. 모든 외부의 위험은 내부 평판과 문화에서 시작된다. 근래의 평판관리 교과서들은 그래서 내부 평판관리를 외부 평판관리보다 우선해 고려한다. 평생직장의 개념이 사라진 시대다. 새로운 세대는 직설의 화법과 투명한 요구를 지체하거나 포기하지 않는다. 실용적인 그들은 통제되지 않으며 느낀 그대로를 폭로한다. 장막으로 가리고 살 수 있다고 생각하지만, 거꾸로 오너가 투명감옥에 살고 있다는 것을 새롭게 이해해야 한다.

근래 기업의 관리부서들이 블라인드 앱을 열심히 들여다보는 것은 매우 소극적인 감시일 뿐이다. 불만의 방아쇠가 당겨지는 지점을 찾아 근본대책을 마련해야 한다.

오픈마인드

개방적 사고와 인식은 중요하다. 만일 이해관계자들이 당신의 회사가 약자를 괴롭히는 악질 회사라고 생각한다면, 회사는 그렇게 되는 것이다. 모든 상호작용은 그 프레임 안에서 해석된다. 개방적인 문화를 통해 그런 인식을 막을 수 있다. 개방성은 신용과 평판을 강화하고, 책임을 보장하며, 현실적 기대를 만든다. 위기 처리 과정에서 안팎에 대한 투명성과 이어진다는 점에서 개방성은 중요한 과제다.

투명사회는 또 하나의 감옥이다. 이는 고용주에게도 피고용주에게도 마찬가지다. CEO라는 직위에 관한 직업윤리, 그리고 기업경영의 투명성은 선택이 아니라 필수인 시대가 되었다. 개방적 태도 또한 마찬가지다.

피해자

위기관리 전문가인 짐 루카셰프스키는 위기관리에서 가장 중요하지만 제대로 관심받지 못한 분야가 피해자 관리Victim Management라고 했다. 위기상황에서 제대로 된 리더십을 발휘하기 위해서는 피해자 보호 프로그램을 심적·물리적 차원에서 즉각적으로 제공해야 한다.

✈ 대한항공은 박창진 사무장이라는 피해자를 위기유발자로 만들려 했고 그는 위기 증폭의 방아쇠를 당겼다. 피해자인 동승한 승무원, 일등석 승객 모두를 적으로 만들어버렸다.

핵심청중

성공적인 위기관리를 위해 놓치지 않아야 할 요소가 핵심청중과의 소통이다. 여론을 좌우할 수 있는 핵심청중을 정의하고 이들과의 원만한 커뮤니케이션을 통해 위기 시의 여론을 우호적으로 조성해 나가야 한다. 특히 핵심청중이 피해자/유족일 경우에는 책임있는 리더가 현장 방문과 만남을 포함해 피해자들에게 공감을 표하는 것이 이상적이며 사람의 생명과 연권된 위기상황에서는 리더가 직접 우려를 표명하고 위기로 인한 피해를 줄이기 위한 기업의 계획을 설명하는 것이 바람직하다. 핵심청중은 위기의 전개에 따라 변화할 수도 있기 때문에 동적인 관점에서 이해해야 하고 여론에 관한 면밀한 모니터링과 이해관계자 청취를 통해 핵심청중을 새롭게 정의해야 한다.

노량진 배수지 수몰사고와 마우나리조트 사건의 경우에서 핵심청중에 대한 대처가 얼마나 중요한지를 배울 수 있다. 예를 들어 기업이 에볼라 바이러스 같은 중대 위기에 부딪혔을 때 어떻게 해야 할까? 로버트 깁스 전 백악관 대변인은 "대중 커뮤니케이션을 자주, 상세하게 하라."고 권고했다. 위험에 대한 대중의 광범위한 인지가 그 해결의 출발점이기 때문에 그렇다.

✈ 전략 수립과 대응 과정에서 피해자, 청중, 핵심청중, 이해관계자는 따로 고려되고 함께 이해되어야 한다.

옴니채널 리테일링[14]

다채널 시대 미디어 전략은 통합적이고 또 분석적이어야 한다. 유통업에서는 이를 옴니채널 리테일링Omni-channel-retailing이라 부른다. 인터넷, 모바일, 카탈로그, 오프라인 매장 등 여러 채널을 유기적으로 결합해 고객 경험을 극대화하는 것이다. 멀티채널의 정확한 역할을 통한 판매라고 할 수 있다. 오프라인 매장의 경우 구매 중심의 채널에서 물건을 구매하기 이전의 쇼룸으로 역할이 변모되기도 한다. 이 과정에서 중요한 것은 소비자와 청중의 요구와 채널별 속성을 파악하고, 각각의 채널에 역할을 정확히 규정하는 것, 각각의 역할을 연결하는 고리를 갖는 것, 컨트롤타워가 전 과정을 관리하는

---

14 송지혜, 〈카탈로그 '각인'→쇼룸 '체험'→인터넷 '판매'… 멀티채널로 고속성장〉, 한국경제신문, 2011년 5월 27일

것이다. 역할 설계가 제대로 되지 않으면 목표 관리도 불가능하다.

풀스펙트럼

평판사회의 위기관리 전장은 전방과 후방이 없다. 대중은 물론 산업-이해관계자-미디어-정책-사건이 복합적으로 얽혀 있다. 정부 담당자를 몰래 설득하거나 주요 정통 언론의 보도를 무마한다고 해서 결코 문제가 해결되지 않는다. 위기관리는 전원 공격, 전원 수비의 '토털사커'일 수밖에 없다.

전방위 대응은 훨씬 복잡한 준비와 연구를 필요로 한다. 오늘도 새로운 미디어가 탄생하고 있고 여론의 질서가 변모하고 있기 때문이다.

복원력

위기는 회복력·복원력에 관한 분야이기도 하다. 위기를 일시적인 것으로 규정하는 것은 위험하다. 2013년 세계경제포럼 보고서는 도시 복원력과 관련해 "리스크에 대한 강한 흡수와 저항력, 사회적 인프라와 전략적 여력, 사회적·인적 자원, 즉각적 반응 능력, 일상으로의 회복 능력을 포함해야 한다."고 설명한다.

우리는 위기와 위험을 분절된 사건으로 이해하고 해석하려 한다. 일시적 사건에 대한 일시적 대응으로 국한하려고 한다. 그런 점에서 위기 전후 기업이 어떻게 지속되는지를 이해하는 것은 복원력을 살펴보는 것과 같다. 기업 측면에서 복원력 연구는 걸음마 단계다. 그러나 빠뜨릴 수 없는 영역이다. 지속성과 복원력의 입장에서 기업의 위기를 지켜보는 것, 그것이 평시 평판관리의 핵심이기도 하다.

출구전략/입구전략

출구전략도 있어야 하고 입구전략도 있어야 한다. 일선에서 물러나 있던 스타벅스 창업자 하워드 슐츠는 2007년 11월 복귀를 결심한다. 몇 주 동안 준비작업 후 "모든 사람에게 내 복귀를 확실하게 전달할 방법이 필요해요."라고 복귀를 준비하는 참모에게 당부한다. 슐츠는 복귀와 동시에 새로운 비전이 시작되도록 설계도를 만든다. 새로운 정체성과 비전에 관한 치밀한 소통 계획을 세웠다. 스타벅스 경영진과 이사회, 파트너, 주주, 애널리스트, 언론, 직원, 고객 등을 총망라한 계획이었다. 2008년 1월 7일 월요일 아침 9시 5분 스타벅스 최고관리자들이 극비 회의에 모여 향후 48시간 동안 역할 분담을 담은 문서를 받고 복귀 대작전에 들어갔다. 12시 45분 회사 간부 대상 연설, 오후 1시 30분 협력회사 질의·응답 모임, 오후 2시 30분 금융분석가들과 전화 회의 등 다양한 채널을 통합적으로 활용, 슐츠는 하루 만에 거의 모든 이해관계자와 소통하면서 복귀작업을 성공적으로 마쳤다.

출구전략과 입구전략을 세우기 위해선 들어가고 나갈 때를 알아야 하고, 그에 관한 전략과 실행계획이 있어야 한다. 섣부른 종료 선언은 의미가 없거나 위기의 전개 과정에서 불필요한 과정비용을 지불하게 된다. 사건이 지나가도록 하는 방향, 새로운 가치가 만들어지도록 하는 방향에서 입구전략과 출구전략은 세워져야 한다.

　🛩️　위기 후 과정관리는 기업 위기에서는 홀대되어온 생소한 분야다. 위기 탈출을 사과를 통해 무리하게 선언하는 것도 이러한 분위기와 무관하지 않다. 그러나 회복력은 미래를 결정한다. 대한항공의 경우 섣부른 종료의 선언과 출구전략은 독이 될 것이다. 출구전략을 사용하기 위해서는 충분한 시간과 정성이 필요하다.

가치

문제 된 사건에 관해 사과하거나 해명하는 데 그치지 않아야 한다. 기업은 대중의 감정에 잘못됐다거나 억울하다는 접근법을 써서는 안 된다. '부정'하기보다는 진심 어린 소통으로 반응하고 공감해야 한다. 나아가 기업이 지향하는 가치와 대중이 요구하는 가치의 공통되는 부분을 찾아 소통해야 한다.

사건을 해결했다는 말은 평판의 사전에는 없다. 위기를 통해 새로운 가치를 고객과 함께 구축해야 새로운 평판과 명성을 만들 기회를 얻게 된다고 말할 수 있다.

　🛩️　위기에 처한 우리 기업의 사과문에는 거의 회사의 로고와 가치가 등장하지 않는다. '가치와 혁신'에 기반한 회복력은 위기관리의 새로운 의제다.

상황실

이명박 전 대통령의 위기관리 3단계가 우스개로 회자된 적이 있다. "1단계, 태극기가 그려진 가죽점퍼를 입는다. 2단계, 지하벙커로 달려간다. 3단계, 오바마한테 전화한다." 연평도 사건 등 굵직한 위기 사건의 대응 과정에서 대응의 형식이 정형으로 고착되어서 생긴 말이다. 지하벙커가 문제를 해결하는 것이 아니라 상황실의 역할이 무엇인가를 살펴보는 것이 중요하다.

웨스트 윙의 백악관 상황실은 중추신경센터로 불린다. 상황실의 가장 중요한 목적 가운데 하나는 대통령에게 경보를 울리는 일이다. 2007년 힐러리 클린턴이 오바마 대통령과 민주당 대통령 후보 경선 캠페인 중에 만든 "3 AM"이라는 방송광고가 있다. 새벽 3시에 백악관에 전화벨이 울릴 때 누가 국가의 안전과 우리 아이들의 안전을 지킬 것인가 하는 광고다. 힐러리는 자신의 경쟁력을 부각하기 위해 이 광고를 제작했지만 우리의 관심은 누가 대통령에게 경보를 울릴 것인가이다.

우리 기업도 이제 다면적이고 총체적인 위기에 대처하기 위해 '상황실'을 두어야 할 때가 되었다.

작은 이야기/큰 서사

악마도 천사도 디테일에 산다. 가족사에 심각한 주변 상황이 발생했을 때 이재용 삼성전자 부회장은 다른 뉴스로 부각됐다. 딸이 출연한 〈호두까기인형〉 공연을 보기 위해 줄을 선 모습이 언론에 공개되어 오래도록 회자된 것이다. 가족이라는 뉴스 안에서 거의 처음으로 인간적인 매력이 부각되었고 이것이 부정의 이슈에 강력하게 대응해주었다. 2015년 신라호텔 주주총회에 참석한 이부진 사장은 다리 깁스를 하고 나타났다. 깁스에는 '엄마, 사랑해.'라는 손글씨가 쓰여 있었다. '차가운 삼성'을 넘어서는 것은 완벽한 정책과 거창한 행동이 아니다. 작은 이야기로 두 사람은 '가족'을 통해 '따뜻한 삼성'을 표현했다. 그들은 대중으로부터 친근감을 얻었다.

실적 발표를 기점으로 기업들은 많은 비용을 들여 매우 건조하고 딱딱한 기사를 만들어낸다. 규모의 경제가 대부분이고 '세계 최고'와 '국내 1등'의 글자가 대문자로 새겨져 있다. 그러나 대중은 1, 2면이나 방송의 헤드라인 뉴스로 설정된 포맷을 그냥 지나친다. 그 안에 사람의 이야기와 스토리가 없다면 내러티브는 구축되지 않는다. 기업의 서사는 이제 열사의 현장으로 표현되지 않는다.

대중의 촉수와 감각을 자극하는 이야기가 기업과 CEO의 평판이 되고 명성이 된다. 그와 함께 제품과 서비스, 투자와 규모가 함께 설정되어야 한다.

큰 숫자를 공표한다고 좋은 것이 아니다. 구체적이고 생생한 이야기가 커다란 산맥을 만든다.

위기의 리더십

전략가인 CEO는 의사결정자, 위기관리자, 의사소통자, 협력주도자의 역할을 동시에 수행해야 한다. 최고의 리더가 되는 것은 역사

적 인물이나 롤모델을 따라 하려고 애쓰는 게 아니다. 오히려 리더
십은 자신이 누구이며, 자신에게 가장 중요한 문제가 무엇인지에
뿌리를 두고 있어야 한다. 진정 자신을 알고 자신이 무엇을 위해
서 있는지를 알면, 어떤 상황에서도 무엇을 해야 하는지 훨씬 쉽게
알 수 있다. 그것은 언제나 가장 옳은 일을 하는 것이고, 당신이 할
수 있는 최선의 일을 하는 것이다. 간단하게 들리지만, 절대로 간단
치 않은 일이다. 옳은 일을 하는 것은 우리 모두에게 있어서 인생
에 걸친 도전이다.

2005년 미국 카트리나 사태 때 합동 태스크포스를 지휘한 사
령관 러셀 아너레이 당시 제1군사령관은 "능력 있는 리더는 '먼저
보고, 먼저 이해하고, 먼저 행동해야 한다'는 3대 원칙을 지켜야 한
다는 것을 배웠다."[15]고 말했다.

어떤 리더도 외롭다. 대중과 사회적 관계를 맺지 않은 재벌가
의 오너들은 그런 경향성이 더 크다. 방법은 하나밖에 없다. 세상을
이해하고 변화에 조응하고 판단의 오류를 수정하고 변화할 수 있
어야 한다. 위기를 만들거나 대응에 실패한 오너는 더 외로워진다.

✈ 대기업의 3세, 4세들은 '내가 틀릴 수 있다.'고 생각할 필요가
있다. 잘못된 결과를 놓고 남 탓을 하거나 기존의 진로를 확고하게
유지하는 일은 재앙을 부른다. 이것은 세상의 변화에 대한 수용의

---

15 정미경, 〈"재난 땐 지휘체계 명확히… 리더는 비난 두려워 미적대선 안돼"〉, 동아일보, 2014년 5
월 2일

지이기도 하다. 위기에 처한 리더, 역경과 실패의 경험이 없는 리더
가 지켜야 할 제1원칙은 '내가 틀릴 가능성의 인정'이다.

진정한 겸손

땅콩회항 사건의 1차 선고공판 판결문에는 이런 문구가 쓰여 있다.
"회사 관계자가 이 사건을 해결하려면 공개사과라는 이벤트가 필
요할 거라는 법정진술과 승무원 매뉴얼 위반이 사건의 발단이라고
주장하는 점을 미뤄볼 때 조 전 부사장이 진정으로 반성하고 있는
지 의문이다."

　노스웨스턴대 켈로그스쿨의 해리 크레이머Harry Kraemer 교수의
생각과 원칙[16]이 이 문제에 가장 좋은 해법으로 보인다.

　첫 번째 원칙은 자기반성self-reflection이다. 당신은 반드시 자신이 무
엇을 대표하는지, 자신이 갖는 가치가 무엇인지, 그리고 무엇이 가
장 중요한지 찾고 돌아봐야 한다. 가치 기반의 리더가 되기 위해서
당신은 반드시 정기적인 자기반성을 통해 자신의 안을 들여다보고,
더 큰 자기인식을 위해 노력해야 한다. 결국, 당신이 자신을 돌아보
지 않는다면 어떻게 자신을 진정으로 알 수 있겠는가? 그리고 자신
을 알지 못한다면 어떻게 자신을 리드하겠는가? 자신을 리드하지
못한다면 어떻게 다른 사람들을 리드하겠는가?

16　Harry Kraemer, *Values to Action: The Four Principles of Values-Based Leadership*,
　　Jossey-Bass, 2011

두 번째 원칙은 균형balance이다. 균형은 상황들을 여러 개의 관점에서 볼 능력과 더 완벽하게 이해하기 위해서 다른 관점을 도입하는 능력을 의미한다. 균형은 오픈마인드를 갖고 모든 측면과 주장에 귀를 기울이고 고려하는 것을 말한다.

세 번째 원칙은 진정한 자신감true self-confidence이다. 자신을 있는 그대로 받아들이는 것이다. 당신은 자신의 강점과 약점을 인식하고, 지속적인 향상을 위해 노력해야 한다. 진정한 자신감을 가진다면, 항상 당신보다 더 재능 있고 더 많이 이루고 성공한 사람들이 많다는 사실을 인정하면서도 자기 자신에 관해서 괜찮다고 생각할 수 있다.

네 번째 원칙은 진정한 겸손genuine humility이다. 자신이 누구인지, 어디서 왔는지 절대 잊어서는 안 된다. 특히 당신이 커리어에서 성공을 경험할 때, 진정한 겸손은 삶을 올바르게 해준다. 또한, 그것은 당신이 만나는 사람들을 각각 가치 있게 여기도록 해주고, 모든 사람을 존중하게 해준다. 리더십은 자신감과 겸손함의 정교한 혼합체이다.

위기는 단절이 아니다. 한국에서 기업의 위기는 '오너가 있는 위기'와 '오너가 없는 위기'밖에 없다고 한다. 실패의 자산화, 위험의 동기화는 그런 점에서 대단히 의미 있는 발견이다. 틀릴 수 있다는 것, 실패할 수 있다는 것, 여기서 시작되는 것이다. 그런 점에서 위기의 극복은 과거의 재해석이며 현재진행형이다.

위기의 상황에서는 대중의 인식이 움직이기 전에 먼저 포지션을 정하고 상황을 정의해 발빠르게 움직여야 한다. 그렇지 않고 대중의 인식이 고정되면 답을 찾기란 쉽지 않다. 이러한 절박함이야말로 땅콩회항의 새로운 교훈이다.

1차 세계대전 당시 프랑스 총리였던 클레망소는 "전쟁은 군인들에게 맡겨놓기에는 너무도 중요한 문제"라고 했다. 평판사회의 위기관리를 일부 부서에 맡겨둘 수는 없다. 그것은 CEO와 오너의 일이다.

참고자료

땅콩회항의 24개 국면들

위기관리 체크리스트

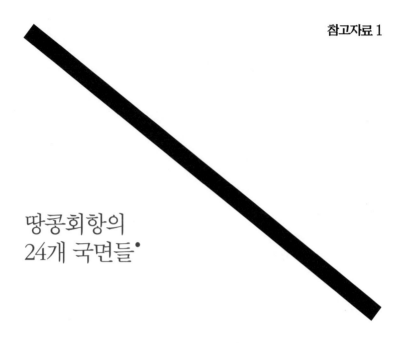

땅콩회항의
24개 국면들*

미디어 환경의 변화는 위기의 발생과 전개 양상을 완전히 바꾸어
놓았다. 이번 글에서는 땅콩회항 사건을 위기 이전에 포착된 '징후'
부터 '뉴욕 법원'에까지 이르는 총 24개의 국면으로 풀어보았다.
이번 사건에는 당사자와 피해자, 목격자뿐 아니라 대한항공 사측
과 내부 직원, 국토부, 검찰, 재판부, 소비자, 시민단체, 관계사 등
다양한 이해관계자가 등장한다. 이들은 위기의 모든 단계에서 다

●　본 원고는 김재은 커뮤니케이션 컨설턴트, 김정현 변호사, 박지윤 리서처가 작성해주었다.

양한 커뮤니케이션 채널을 통해 여론을 형성하고 적극적으로 활용했다. 그 결과 이해관계자의 이해와 대중의 관심이 맞물린 지점에서 여론이 형성되고, 여론이 다시 사건에 영향을 미쳐 새로운 국면이 전개되었다. 즉, 이번 사건은 팩트를 뛰어넘어 대중의 흥미와 관심사를 철저하게 반영한 SNS 시대의 여론과 미디어 환경이 결합된 새로운 유형의 평판 위기였다.

내부 직원들은 직장 기반의 폐쇄형 SNS 애플리케이션인 '블라인드'를 통해 사건을 처음 외부에 알리고 세력화할 수 있었다. 텔레그램과 카카오톡 등 모바일 메신저 서비스를 통해 피해자인 박창진 사무장에 관한 음해성 내용을 담은 '찌라시'가 돌아 '사측의 여론몰이가 아니냐'는 의혹이 제기되기도 했으며,[1] 박창진 사무장은 KBS 뉴스와 SBS 〈그것이 알고 싶다〉를 통해 사측의 거짓 진술 강요 및 회유 사실을 폭로하고 여론의 동정표를 얻었다. 검찰은 조현민 전무가 언니에게 보낸 "복수하겠어."라는 문자를 공개해서 속전속결로 진행된 수사 과정에 관한 여론의 지지를 확보할 수 있었다. 일부 네티즌들은 '박창진 사무장을 응원하는 모임'이란 카페를 개설해서 적극적으로 활동하며 목소리를 내고 있다.[2]

티모시 쿰즈Timothy Coombs에 따르면 위기관리는 크게 예방, 대비, 실행, 학습의 네 가지 기본 요소로 구성된다. 예방prevention은 위기를 피하기 위한 단계다. 위기의 경고 신호를 포착하고 위기의 발생을 예방하기 위한 단계다. 대비preparation는 위기관리 계획 수립과 함께 조직의 위기 관련 취약점 진단 및 위기관리팀과 대변인의 선정 및 교육, 위기 포트폴리오의 구성, 그리고 위기 커뮤니케이션 시스템의 정비 등이 포함된다. 실행performance은 위기에 대비해서 준비한 요소들을 실제로 점검하는 것이다. 마지막으로 학습learning단계에는 가상 또는 실제 위기 과정에서 수행된 조직의 실행에 관한 평가가 이루어진다. 학습은 실행단계에서의 경험을 '제도화'하는 과정이라 볼 수 있다.[3]

이 글은 기업의 위기관리 담당자들이 땅콩회항 사태에 관한 실질적인 케이스 연구를 통해서 자신이 몸담은 조직에서 발생 가능한 위기를 예방 및 대비하고 실행 역량을 기르는 데 도움을 주기 위해 마련되었다. 구체적인 사건 개요를 통해 기업이 최초의 위기에 제대로 된 대응을 하지 못해서 '위기관리의 위기'라 불리는 2차, 3차 위기로 발전하는 일련의 과정을 확인할 수 있다. 또한 언론이 이 사건을 다루는 보도 방식과 함께 대중의 인식이 여론의 법정을 주도하고 있다는 점, 그리고 대중의 여론이 법리적 판결에도 영향을 미친다는 사실도 살펴볼 수 있다. 이 글 다음에 이어지는 〈위기관리 체크리스트〉와 함께 활용하면 각각의 위기 국면에서 기업이나 조직이 점검하고 대비해야 할 구체적인 항목들도 확인할 수 있다.

※ 각 국면들은 대한항공 땅콩회항 사건과 관련한 검찰의 공소장, 재판부의 판결문, 언론보도 등을 자료 삼아 사건의 개요를 재구성한 것임(2015년 3월 11일 기준).

0. 사건 발생 전: 징후는 있었는가 ━━━━━━━━▶

상사 지시에 무조건 따라야 하고 자유로운 의견 개진이 어려움. 경영층에서 직원을 대하는 일부 태도는 보수적이다 못해 하인 취급일 수도 있음. 위에서 찍어누르는 식의 지시나 성질대로 소리 지르는 임원들의 행태는 사라져야 함.(2014년 9월 19일)

땅콩회항 발생 77일 전 한 기업평가사이트에 올라온 대한항공 직원의 글,
〈조선일보〉 2015년 3월 7일 보도 [4]

"오너 일가의 말이 곧 매뉴얼입니다."

"VIP 탑승 시 주의사항 중에 '오너의 말에 토를 달지 말라'는 것도 있었죠."

"'이것도 몰라? 이 병신 같은 ××야?' 퍼스트클래스 다른 분들도 있는데 이렇게 말하고……."

"땅콩회항 같은 일들은 비일비재하다. 이런 게 뉴스에 나왔다는 게 오히려 의아할 정도."

대한항공 승무원들 인터뷰, SBS 〈그것이 알고 싶다〉 2015년 1월 10일 보도 [5]

여 상무는 비행기에서 내리라는 조 전 부사장의 지시를 "너무 화가 나니까 한 일"이라고 설명했다. "평소 회의할 때도 화나면 벌을 서라는 차원에서 회의장에서 나가라는 그런 취지로……. 아마 그때 말씀하신 걸로 생각된다."고 말했다.

〈오마이뉴스〉 2015년 2월 4일 보도 [6]

조양호 회장은 2차 공판에서 이번 사건의 '근본적인 원인'을 묻는 말에는 입을 굳게 다물었다. 그러나 재판부가 "두 명의 부사장과 한 명의 전무가 다른 임직원을 심하게 대할 때 이를 심하다고 생각한 적 있는가?"라고 묻자 "집에서 나쁜 행동에 관해 꾸짖은 적은 있지만 별도로 취한 행동은 없다."고 답변했다.

〈연합뉴스〉 2015년 1월 30일 보도[7]

대한항공 승무원들의 방송 인터뷰와 언론보도에 따르면 땅콩회항 사태를 야기한 조현아 전 부사장의 부적절한 언행과 오너 일가 경영진의 제왕적 경영 행태는 대내외적으로 인지되고 있었다. 사건 발생 77일 전 이미 한 기업평가사이트에는 대한항공 내부 문화를 적나라하게 평가한 어느 직원의 글이 올라오기도 했다. 결정적인 위기가 발생하기 전에 그와 관련된 수많은 징후가 반드시 존재한다는 '하인리히의 법칙'이 이번에도 통한 셈이다. 하지만 '오너의 말이 곧 매뉴얼'이라는 경직된 조직문화로 인해 포착된 징후는 무시되었고 사건은 결국 일어났다.

➡ 1. 사건 발생: 조현아는 무엇을 했는가 ➡

아시다시피, 이번 사건은 여승무원의 마카다미아 서빙에 관해 조 전 부사장이 "매뉴얼에 맞느냐?"고 시비를 따지면서 시작됐습니다. 여승무원이 미개봉 상태의 봉지에 든 마카다미아를 쟁반에 받쳐 가져와 "견과류도 드실지" 묻자, 조 전 부사장이 "이렇게 서비스하는 게 맞냐?"고 되물었던 것입니다.

결론부터 말하면, 여승무원이 맞았습니다. 조 전 부사장은 여승무원이 "매뉴얼에 맞게 서빙한 것"이라고 답하자 즉시 매뉴얼을 가져오라고 지시합니다. 당시 안전 동영상 상영을 준비하던 박창진 사무장은 여승무원에게서 상황을 전달받고 일등석으로 가 매뉴얼이 저장된 태블릿 PC를 조 전 부사장에게 가져다줬습니다. 조 전 부사장은 "내가 언제 태블릿 PC를 가져오랬어, 갤리인포를 가져오란 말이야."라고 고함쳤습니다. '갤리인포'는 기내 서비스 매뉴얼을 리플릿 파일로 만든 것입니다.

박 사무장이 뛰어가 갤리인포 파일철을 가져오자 조 전 부사장은 박 사무장에게 "누가 (매뉴얼이) 태블릿에 있다고 했어?" 버럭 화를 내며 팔걸이에 얹힌 박 사무장의 손등을 파일철로 3~4회 내리쳤습니다. "아까 서비스했던 그 × 나오라고 해, 당장 불러와."라고 고함쳤습니다.

여승무원이 놀라 조 전 부사장 앞으로 나오자, 조 전 부사장은 자리에서 일어나 삿대질을 하며 다음과 같이 소리칩니다. "야 너, 거기서 매뉴얼 찾아. 무릎 꿇고 찾으란 말이야. 서비스 매뉴얼도 제대로 모르는데 안 데리고 갈 거야. 저 × 내리라고 해."

박 사무장이 이미 비행기가 활주로에 들어서기 시작해 비행기를 세울 수 없다고 하자, 조 전 부사장은 "상관없어, 네가 나한테 대들어? 어디다 대고 말대꾸야."라고 고함치면서 "내가 세우라잖아."라고 서너 번 반복 지시했습니다. 현지 JFK공항은 주기장이 좁아 10미터 정도만 이동해도 다른 비행기의 통행에 장애를 주는 구조여서, 사전 통제 없이 멈추면 사고가 날 수도 있다고 합니다. 비행기가 멈출 무렵 박 사무장이 여승무원 옆으로 와 조 전 부사장에게 "죄송합니다."라고 말했고, 조 전 부사장은 "말로만 하지 말고 너도 무릎 꿇고 똑바로 사과해."라고 했습니다.

조 전 부사장은 화를 참지 못해 갤리인포 파일철을 여승무원에게 집어던지기도 했습니다. 여승무원의 어깨를 밀쳐 출입문 쪽으로 끌고 간 뒤 파일철을 돌돌 말아 벽을 수십 차례 내리치며 "너 내려."를 반복했습니다.

진실은 잠시 뒤 밝혀졌습니다. 다른 승무원이 태블릿 PC에서 매뉴얼을 찾아 부사무장을 통해 조 전 부사장에게 전했습니다. 매뉴얼을 읽은 조 전 부사장은 또 큰 소리를 칩니다. "사무장 그 ××오라 그래." 달려온 사무장에게 조 전 부사장은 대뜸 이렇게 말합니다. "이거 매뉴얼 맞잖아, 네가 나한테 처음부터 제대로 대답 못해서 저 여승무원만 혼냈잖아, 다 당신 잘못이야. 그러니 책임은 당신이네. 네가 내려."

이렇게 해서 승객 247명을 태운 비행기는 예정된 시간보다 24분 늦게 출발해 11분 늦게 인천공항에 도착했습니다. 그러고도 조 전 부사장은 한국에 있던 여 모 상무에게 이메일을 보냅니다. "콩 서비스 하나 제대로 못해 승무원을 내리게 하고, 비행기를 지연시켜야 하는지, 담당자 모두 각자 임무에 관한 문책을 할 것이니 월요일 팀장 회의 전까지 이메일로 보고하십시오."

SBS 〈취재파일〉 2015년 2월 18일 보도[8]

DDA(조현아 전 부사장 직급코드)가 사람들 입에 널리 오르내리고 있다. 지난 12월 5일 스마트폰 애플리케이션 '블라인드'의 대한항공 게시판에 올라온 글이 시초였다. "내려!"라는 제목의 글은 이렇게 시작한다. "제목: 뉴욕발 비행기 '내려'/곳: 출발 전 비행기 안 퍼스트클래스/등장인물: DDA, 퍼스트클래스 승무원, 팀장, 그 외. 1막 지상에서……." 3막까지 쓰여 있는 글의 내용은, 마카다미아 넛을 봉지째 서비스하던 승무원에게 DDA가 규정이 뭐냐고 혼을 냈고 사무장이 태플릿 PC를 꺼내 규정을 보여주자 무안해진 DDA가 사무장에게 내리라고 했다는 것이다. 당시 상황을 겪거나 가까이서 보지 않았다면 쓸 수 없는 상세한 글이었다. 인증된 대한항공 직원만 이용할 수 있는 이 게시판에 해당 글이 올라오자 "(북한) 고려항공인 줄" "수천 명의 승무원 노력을 술 먹고 개인감정을 컨트롤 못해 한 번에 다……" 따위 댓글이 달렸다. 〈시사인〉 2014년 12월 18일 보도[9]

대한항공 관계자는 "블라인드에 올라온 글을 읽은 일부 회원을 통해 이번 사건이 외부에 알려진 것으로 보인다."고 말했다. 대한항공 직원들은 현재 블라인드에 신규로 가입할 수 없는 상태다. 가입 인증 이메일을 수신할 수 없기 때문이다. (중략) 조 부사장 사건이 알려진 후 대한항공은 직원들을 대상으로 블라인드 같은 익명 앱 사용을 자제할 것을 요청하는 공지를 사내 게시판에 올렸다. 공지문은 "최근 익명으로 회사에 관한 근거 없는 소문을 퍼뜨리는 직원이 있다."며 "임직원들은 자중해서 익명 앱을 사용하지 않도록 하라."
고 돼 있다.　　　　　　　　　　　　〈조선비즈〉 2014년 12월 9일 보도[10]

사건 발생 이후 언론보도가 나오기 전까지 대한항공에는 문제를
바로잡을 '기회의 시간'이 있었다. 블라인드 앱을 통해 파악한 직원
들의 여론을 최고 의사결정권자에게 알려 제대로 된 상황인식과
대처방안을 이끌어낼 수도 있었다. 하지만 대한항공 측은 오히려
공지문을 통해 블라인드 앱 사용을 막는 '손바닥으로 하늘 가리기'
식의 대응으로 기회의 시간을 날려버렸다.

➜ 3. 언론보도: 언론은 무엇을 보았는가 ➜

[단독] 조현아 부사장 "사무장 내려라" 고함······ 대한항공 뉴욕공
항 후진 "파문"　　　　　　　　　　　〈한겨레〉 2014년 12월 8일 보도 제목

[단독] 스튜어디스에 "내려"······ 조현아 부사장 황당 지시
　　　　　　　　　　　　　　　　　〈세계일보〉 2014년 12월 8일 보도 제목

블라인드를 통해 외부로 알려지기 시작한 이 사건은 발생 후 3일
만인 12월 8일 월요일 아침 〈한겨레〉와 〈세계일보〉의 특종 보도를
통해 폭발적으로 퍼져나갔다.
　　언론보도 직후, 땅콩회항에 관한 기사들과 각종 패러디물이
온라인 포털사이트와 SNS를 뜨겁게 달궜다. 수많은 외신도 "nut

incident" "nut rage" "going nuts" "peanut air" 등의 타이틀을 달고 이 사건을 보도했다. 하지만 저녁이 다 되도록 대한항공은 공식 입장을 밝히지 않았고, 국내외에서 비난 여론이 거세졌다.[11]

한편, 대한항공이 땅콩회항 사건 유출자를 찾으려 12월 8일과 9일 이틀에 걸쳐 승무원들의 휴대전화 메신저, 카카오톡 채팅방을 일일이 살펴봤다고 MBN이 9일 보도했다.[12]

→ 4. 초기 대응: 그들은 왜 오너를 보았나 →

대한항공 측의 초기 대응은 철저히 조현아 전 부사장의 입장을 옹호하고 보호하기 위한 것이었다. 그 중심에는 사건 발생 당일 조전 부사장의 이메일을 받았던 여모 상무가 있었다.

국토교통부는 땅콩회항이 언론에 보도된 8일, 조현아 전 부사장과 기장에 대해 항공법과 항공안전 및 보안에 관한 법률, 운항규정 위반 여부 조사에 착수한다.[13]

박창진 사무장의 주장에 따르면, 국토부 조사가 결정되자 여상무는 박 사무장에게 사건 직후 작성한 최초 보고 이메일을 삭제하라고 지시한다. 그리고 서 모 기장과 박 사무장 등 조사 대상 직원들에게 '폭행은 없었다.'는 등의 허위진술을 하도록 지시하고, 허위 경위서를 작성해 국토부에 제출하도록 했다.[14]

허위 경위서 작성 정황
검찰 조사에 따르면 박 사무장이 경위서 말미에 "앞으로 이런 일이 없도록 하겠다."고 쓰자 여 상무는 "우리끼리는 네가 잘못 없는 것을 알지만 여기에는 '모든 처벌을 달게 받겠다'고 써야지."라며 수정을 요구했다.

당시 여 상무는 박 사무장에게 "어떤 이유를 대더라도 부사장님 지시가 아니라 사무장 의견을 듣고 판단했다고만 하면 된다. 나를 믿어라. 한 달만 있으면 다 잊혀지는 거다. 대신에 이번 일이 잘 수습되면 내가 잊진 않겠다."고 강하게 회유하려 했다. 이에 관해 박 사무장은 "간부들이 있는 자리에서 내가 끝까지 못하겠다고 할 만한 힘이 그 당시에는 없었다."고 밝혔다.

또한 국토부 조사와 관련해 국가기관에 허위진술을 할 수 없다는 박 사무장에게 여 상무는 "거기 있는 사람들 여기 대한항공에 있다가 나간 사람이 대부분"이라며 대한항공과 국토부 사이의 유착관계를 연상시키는 답변을 하기도 했다.[15]

국토부 조사 동석

여 상무는 국토부 조사 첫 날인 12월 8일 박 사무장과 국토부 조사실에 19분간 동석하며 박 사무장이 회사가 써준 대로 답변하도록 했다. 여 상무는 일부 질문에 박 사무장 대신 답변하기도 했다. 검찰 조사에 따르면 여 상무는 이날 저녁 8시쯤 조 전 부사장과 11분 넘게 통화하며 조사 내용을 보고했다. 여 상무는 조 전 부사장이 내가 무슨 잘못이 있느냐는 취지로 질책하자 "법에 저촉되지 않도록 하겠다."며 진상은폐 각본을 만들기 시작했다. 여 상무는 이날 자정을 넘긴 시각에도 대한항공 출신 국토부 조사관 김모 씨한테

들은 조사 내용과 국토부 조사 계획을 조 전 부사장에게 이메일로
보고했다.

➜ 5. 첫 공식 입장: 첫 사과는 왜 중요한가 ──────➜

대한항공의 대외적인 초기 대응 역시 시종일관 조현아 전 부사장
감싸기에 급급했다.

언론보도 직후부터 '땅콩회항' '재벌의 갑질' 논란으로 여론의
뭇매를 맞는 상황에서 대한항공은 12월 8일 밤 11시가 넘은 시각,
다음과 같은 첫 공식 입장을 내놓았다.

1. 승객분들께 불편을 끼쳐드려 사과드립니다.

   비상 상황이 아니었음에도 불구하고 항공기가 다시 제자리로
   돌아와 승무원을 하기시킨 점은 지나친 행동이었으며, 이로 인
   해 승객분들께 불편을 끼쳐드려 사과드립니다.

   당시 항공기는 탑승교로부터 10미터도 이동하지 않은 상태로,
   항공기 안전에는 문제가 없었습니다.

2. 대한항공 임원들은 항공기 탑승 시 기내 서비스와 안전에 대한
   점검의 의무가 있습니다.

   사무장을 하기시킨 이유는 최고 서비스와 안전을 추구해야 할
   사무장이 1) 담당 부사장의 지적에도 불구하고 규정과 절차를
   무시했다는 점 2) 매뉴얼조차 제대로 사용하지 못하고 변명과

거짓으로 적당히 둘러댔다는 점을 들어 조 부사장이 사무장의 자질을 문제 삼았고, 기장이 하기 조치한 것입니다.

대한항공 전 임원은 항공기 탑승 시 기내 서비스와 안전에 대한 점검 의무가 있습니다. 조현아 부사장은 기내 서비스와 기내식을 책임지고 있는 임원으로서 문제 제기 및 지적은 당연한 일입니다.

3. 철저한 교육을 통해 서비스 질을 높이겠습니다.

대한항공은 이번 일을 계기로 승무원 교육을 더욱 강화해 대 고객 서비스 및 안전 제고에 만전을 기하겠습니다.[16]

이는 대한항공이 이날 오후 취재진들에게 했던 구두해명에서 한 발자국도 나아가지 않은 내용이었다. 대한항공 측은 공식 입장 발표 전까지 "기내에서 승무원에 대한 지휘·감독은 기장의 역할이 맞다. 조 부사장이 일부 승무원에 문제가 있다고 보고 기장과 협의한 내용이다."라며 조현아 부사장의 일방적인 지시가 아니라고 해명했다. 또한 조현아 부사장이 기내식과 객실, 기내 판매 등 기내 서비스를 총괄하고 있기 때문에 승무원 서비스 역시 그의 업무 영역이라고 전하며 월권이 아니라고 반박했다.

후진 논란에 관해서는 "비행기는 후진하지 못한다."고 덧붙이기도 했다. 대한항공 관계자는 한 언론 인터뷰에서 "비행기가 자력으로 이동하다가 돌아온 '램프리턴'이 아닌 항공기를 밀어주는 '토잉카'에 의해 몇 미터 이동하다 다시 토잉카에 의해 탑승구로 되돌려진 것"이라며 '대한항공 후진 논란'에 관해 반박했다.

→ 6. 떠밀린 사퇴: 여론은 어떻게 폭발했나 →

땅콩 과자를 봉지째 준 것이 얼마나 큰 잘못인지는 모르겠지만, 문
제라고 해도 나중에 자기들끼리 매뉴얼을 놓고 따지면 될 일이다.
자가용 비행기도 아닌데 여객기를 무작정 돌린 것은 어처구니없는
갑질 중 갑질이다.

〈서울신문〉 2014년 12월 9일자 사설 〈승무원 내리게 한 조양호 한진 회장 딸의 갑질〉[17]

항공 운항의 기본 수칙도 안 지키는 임원과 그런 임원 눈치 보느라
승객을 우습게 아는 기장이 존재하는 대한항공. 이게 대한항공의
현주소라면 소비자로서 이런 항공사의 비행기를 타야 하는지 심각
하게 의문을 제기하지 않을 수 없다.

〈중앙일보〉 2014년 12월 9일자 사설 〈부사장 한마디에 출발 지연시킨 대한항공〉[18]

조현아 전 부사장을 두둔하며 승무원에게 책임을 돌리는 첫 사과
문은 성난 여론에 기름을 부었다. '유전무죄, 무전유죄'에 관한 대
중의 뿌리 깊은 반감과 최근 사회적 이슈로 불거진 '갑을관계'가 교
차하는 지점이었다. 최근 몇 년간 포스코 계열사의 라면상무 사건,
남양유업 사태 등 사회 고위층과 대기업의 갑질에 사회적 비난 여
론은 점점 더 커져왔다.
첫 사과 후 후폭풍을 맞은 대한항공은 일주일 동안 세 차례에

걸쳐 추가 사과와 사퇴 등 입장 발표를 계속했지만, 여론에 떠밀리기 식 대응이 두드러질 뿐이었다.

조양호 회장은 IOC 회의 참석 후 이날 오후 귀국한 즉시 인천공항에서 임원회의를 열고 조 부사장의 퇴진을 결정했다. 조현아 부사장은 이 자리에서 "본의 아니게 사회적 물의를 일으켜 고객 및 국민 여러분에게 죄송스러우며 저로 인해 상처를 입으신 분이 있다면 너그러운 용서를 구한다."면서 "이번 사태에 책임을 지고 대한항공의 모든 보직에서 물러나겠다."고 했다.

〈연합뉴스〉 2014년 12월 9일 보도[19]

조현아 부사장은 12월 9일 보직 사퇴를 표명했지만 부사장 직함과 등기이사 지위는 유지해 '무늬만 사퇴'라는 비판을 샀다. 10일에는 부사장직에서 물러나겠다고 밝혔지만 칼호텔네트워크, 왕산레저개발, 한진관광 등 계열사 대표이사직은 그대로 맡았다. 12일 세 번째 입장 표명을 하면서 계열사 대표직도 내려놓겠다는 뜻을 보였다. 사건이 벌어진 지 일주일 만이었다.[20]

이에 앞서 서울서부지검은 11일 오후 서울 강서구에 위치한 대한항공 본사와 인천공항 출장사무소에서 여객기 회항과 관련한 자료를 압수했다. 이는 지난 10일 시민단체인 참여연대가 조 전 부사장을 업무방해 및 항공법 위반 혐의 등으로 고발한 데 따른 것이었다.[21]

당시 검찰 관계자는 "이번 회항 사건은 국민의 관심이 집중된 사안으로서 증거조작 등의 우려가 있다고 판단돼 서둘러 압수수색을 하게 됐다."고 밝혔다. 이후 검찰 조사 결과 여 상무가 실제로 국토부 조사가 본격화되자 임직원들에게 회황과 관련된 모든 자료를 삭제하게 했음이 밝혀졌다. 일부 컴퓨터는 '바꿔치기'를 해 증거를 의도적으로 인멸하고 은닉한 것으로 드러났다. [22]

➤ 7. 국토부 출두: 충성심은 어떻게 사건을 그르쳤나 ➤

조 전 부사장은 참여연대의 고발로 검찰 수사가 시작되고 대한항공 본사가 압수수색 등을 겪고 나서야 대중 앞에 모습을 드러냈다.

> 조 전 부사장은 이날 국토교통부의 사실조사를 받기 위해 김포공항 인근의 국토부 항공철도사고조사위원회 건물로 출석했다. 그는 취재진 앞에서 고개를 푹 숙여 인사한 뒤 "심려를 끼쳐 진심으로 사과드린다."면서 "죄송하다."고 말했다. 그는 견과류를 서비스했던 승무원과 비행기에서 내쫓긴 사무장에게 사과하겠느냐는 질문에 "진심으로 사과드리겠다."고 했으며 직접 하겠느냐고 재차 묻자 "네."라고 답했다. (중략) 그는 이날 시종일관 고개를 푹 숙인 채로 취재진의 질문에 답했으며, 목소리는 거의 들리지 않을 정도로 작았다.
> 〈연합뉴스〉 2014년 12월 12일 보도[23]

이에 앞서 조양호 한진그룹 회장은 대한항공 본사에서 조현아 전 부사장의 승무원 하기 사건과 관련해 기자회견을 열었다. 조 회장은 "저의 여식의 어리석은 행동으로 물의를 일으켜 대한항공 회장으로서, 아버지로서 국민께 진심으로 사과한다."면서 "너그러운 용서를 바란다."고 말했다.[24]

한편 조양호 회장은 사과문을 발표하기 전 직원들을 질책한 것으로 알려졌다.

> 조 회장은 이 사과문을 발표하기 전, "왜 사태가 이 지경까지 오도록 누구 하나 사실대로 말해준 사람이 없었냐?"며 임원들에게 호통을 친 것으로 알려졌습니다. 사건이 발생한 지난 5일부터 일주일 동안 누구에게서도 정확한 사실을 보고받지 못했다는 겁니다. 이 때문에 조 회장은 이번 사태가 마무리되는 대로 관련 임원들에 대해 대대적인 문책을 예고한 것으로 전해졌습니다. 객실 승무원 담당 임원은 이미 사직서를 제출한 상태입니다. 하지만 오너 일가의 잘못에 대해 제대로 이야기할 수 있는 직원이 몇 명이나 되겠느냐는 지적도 나옵니다. 채널에이, 2014년 12월 16일 보도[25]

국토부 출두 이후 조 전 부사장은 과도한 의전 논란에 휩싸였다. 부사장이 나타나기 전 대한항공 관계자들이 조사실 옆 여자화장실을 한 번 더 청소해달라고 요구하고, 출두 시간이 임박하자 1층 입구를 막고 출입을 통제한 사실이 언론을 통해 알려졌기 때문이다. 실제로 대한항공 측은 조 전 부사장의 국토부 조사 전 인터뷰를 앞두고 미리 조 전 부사장이 설 위치와 할 행동을 공지하며 리허설을 진행했다.[26] 또 조양호 회장이 기자회견장에서 손에 들고 있던 사

과문 내용이 그대로 사진에 찍혀 기사화되기도 했다.[27]

→ 8. 사무장의 폭로: 뇌관 제거가 왜 핵심인가[28] →

위기를 촉발할 수 있는 결정적인 뇌관은 충분히 예상가능했다. 하지만 대한항공 측은 피해자 관리에 실패해 더 큰 위기를 자초했다.

대한항공 여객기에서 내린 당사자인 박창진 사무장은 12일 국토부 조사를 받은 뒤 따로 KBS 취재진과 만났다. 이날 〈KBS 9시 뉴스〉 인터뷰에서 박 사무장은 회항 당시 조 전 부사장에게 욕설과 폭행을 당했고, 거짓진술을 강요받았다고 폭로하며 "그 모욕감과 인간적인 치욕, 겪어보지 않은 분은 알 수 없을 것"이라고 말했다. 박 사무장은 회항 당시 "'당장 연락해서 비행기 세워. 나 비행기 못 가게 할 거야'라는 말을 하는 상황에서 내가 감히 오너의 따님인 그분의 말을 어길 수 없었다."고 했다. 또한 8일 병가를 낸 이후 대한항공 직원 대여섯 명이 거의 매일 집에 찾아와 "사무장인 자신이 매뉴얼을 숙지하지 못해 조 부사장이 화를 냈지만 욕을 한 적은 없고, 자신이 스스로 비행기에서 내린 것"이라고 진술하도록 강요했다고 했다.

한편, 박창진 사무장이 국토부 조사 초기 회사 측의 회유에 따르던 태도에서 돌변해 사실을 폭로하게 된 데에는 박 사무장에 관한 음해성 찌라시의 확산이 계기가 된 것으로 알려졌다. 박창진 사무장은 당초 국토부 조사에서 "욕설과 고함이 없었다. 나 스스로 비행기에서 내렸다."고 밝힌 바 있다. 박 사무장은 〈그것이 알고 싶다〉 제작진과의 인터뷰에서 "지인으로부터 메신저 연락이 왔는데 나에 관한 좋지 않은 찌라시가 돌고 있다고 하더라."며 자신에 관한 잘못된 소문이 확산된다는 사실에 진실을 알려야겠다는 결심을 했다고 전했다.

방송에 따르면 해당 찌라시에는 박창진 사무장을 폄하하는 내용이 담겨 있었다. 찌라시의 내용에는 '1타 2피'라는 말이 등장하는데 대한항공이 이번 사건을 계기로 원래 능력이 없고 승무원을 성희롱하는 등 근무태도가 불량한 박창진 사무장을 정리하려 한다는 내용이었다.

특히 찌라시에는 "승무원과 객실을 조 부사장이 담당하고 있는데 조 부사장이 성질은 부리지만 승무원 위상과 복지 수준을 엄청나게 업그레이드시켜놓은 측면도 있어 승무원·객실 관련 부서는 이번 사건으로 조 부사장이 물러날 경우 기존의 위상이 무너질 것이라는 우려를 하고 있다."라는 내용이 적혀 있었다. 이와 관련해 익명의 여승무원은 "말도 안 되는 찌라시다. 대한항공 측에서 말한 게 아닌가 싶다."며 찌라시의 배후에 의혹을 제기했다.

사건 당시 조현아 전 대한항공 부사장의 바로 앞자리 일등석에 앉았던 또 다른 피해자이자 사건의 목격자인 박모 씨도 언론을 통해 목소리를 내기 시작했다. 박씨는 13일 서울서부지검에서 참고인 조사를 받은 뒤 기자들과 만난 자리에서 조 전 부사장이 사무장에게 내릴 것을 강요했고 승무원에게 고성을 지르는가 하면 손으로 승무원의 어깨를 밀쳤다고 당시 상황을 전했다.

〈연합뉴스〉 보도에 따르면 박씨는 "고작 그런 일 때문에 비행기를 돌려야 했고, 험악한 분위기를 조성해 스트레스를 받고 온 열네 시간이 너무 화가 나서 콜센터에 전화해 항의했다."고 말했다. 박씨는 자신의 항의에 관한 대한항공의 처신에도 문제를 제기했다. 콜센터에 연락 후 5일여가 지난 12월 10일에야 대한항공의 한 임원이 전화해 '사과 차원'이라며 모형비행기와 달력을 보내주겠다고 말했다는 것이다. 박씨는 두 번이나 전화를 해도 바로 전화가 오지 않았고, 해당 임원은 "혹시 언론 인터뷰를 하더라도 사과 잘 받았다고 이야기해달라."고 했다며 대한항공의 태도를 지적했다.[29]

➡ 9. 쪽지 사과와 사과 광고: '쇼'는 통하지 않았다 ➡

대한항공 측은 조 전 부사장이 이날 오전 박 사무장과 승무원에게 직접 사과하기 위해 이들의 집에 각각 찾아갔으나 둘 다 집에 없어 만나지 못했다고 밝혔다. 조 전 부사장은 그 자리에서 이들에게 사과하는 내용의 짤막한 쪽지를 직접 써서 집 문틈으로 집어넣고 돌아갔다고 대한항공은 덧붙였다. 대한항공 관계자는 "조 전 부사장이 승무원과 사무장에게 직접 사과한다고 했으니 만나서 사과하기 위해 계속 시도할 것"이라고 말했다. 〈연합뉴스〉 2014년 12월 14일 보도[30]

다음 날인 15일에도 조현아 전 부사장이 직접 사과를 하겠다며 승무원과 박 사무장의 집을 방문했지만, 전날과 마찬가지로 두 사람 모두 만나지 못했다. 조 전 부사장은 첫 날 '쪽지 사과' 논란을 의식해 사과 쪽지를 편지봉투에 담아 우편함에 넣고 발길을 돌렸다. 대한항공 관계자는 "승무원, 사무장과 연락이 되지 않는 상황"이라면서 "조 전 부사장이 계속 사과를 시도할 것"이라고 밝혔다.[31]

하지만 사과 방문에 앞서 대한항공 측은 승무원의 집으로 전화를 걸어 교수직을 제안하며 사과에 협조할 것을 당부했던 것으로 밝혀졌다. 1월 30일에 열린 2차 공판에서 해당 승무원은 "지난달 중순께 회사 관계자가 모친에게 전화를 걸어 조 전 부사장이 직접 집으로 찾아와 사과하고 싶다고 했다."며 "그때 어머니에게 '사과에 협조해준다면 교수직의 기회가 있지 않겠느냐'고 이야기했다."고 밝혔다. 하지만 "사과 받을 생각이 없었기 때문에 조 전 부사장을 피해 나흘 동안 집에 들어가지 못했다."고 말하며 회사의 제안을 거절했다고 밝혔다.[32]

박 사무장도 이후 언론 인터뷰에서 조현아 전 부사장이 놓고 간 쪽지 내용을 공개하며 "더 참담했다. 나를 배려하는 사과나 진정성이 담긴 말은 없었다."고 말했다. 쪽지에는 "박창진 사무장님, 직접 만나 사과드리려고 했는데 못 만나고 갑니다. 미안합니다. 조현아 드림."이라고 쓰여 있다.[33]

한편, 대한항공은 16일 주요 일간지 1면에 대한항공 명의의 사과문을 게재했다.

그 어떤 사죄의 말씀도 부족하다는 것을 절감하고 있습니다.

최근 대한항공의 일들로 국민 여러분께 말로 형용할 수 없는 실망감을 안겨드렸습니다. 지금까지 커다란 사랑을 주신 여러분께 큰 상처를 드렸습니다. 그 어떤 사죄의 말로도 부족하다는 것을 잘 알고 있습니다. 그래서 더욱, 국민 여러분의 질책과 나무람을 가슴 깊이 새기겠습니다. 다시금 사랑받고 신뢰받는 대한항공이 되도록 환골탈태의 노력을 다하겠습니다. 새로운 대한항공이 되겠습니다.

➡ 10. 국토부 진술: 여론과 법리의 다툼 ➡

16일 국토부 브리핑에서 조사 당시 조현아 전 부사장이 "내리라고는 했지만 돌리라고는 안했다."라고 진술한 것으로 밝혀졌다. 이광희 국토부 운항안전과장은 16일 오전 국토부 기자실에서 진행한 기자들과의 일문일답에서 조현아 전 부사장의 "리턴하라는 지시는 한 적 없고 사무장한테 내리라고 지시했다."는 진술을 전했다.[34]

국토부는 이번 사건에서 거짓진술 회유, 운항규정 위반 등이 있었다고 판단하고 대한항공에 책임을 물어 운항정지나 과징금으로 행정처분하기로 했다고 밝혔다.[35]

➡ 11. 내부 수습 : 공감받지 못한 반성문 ➡

16일 지창훈 대한항공 총괄사장은 사내 게시판에 "회사가 시대의 기대치에 미치지 못했다는 것을 이번 일로 깨달았다."면서 "회사가 유연하고 개방된 조직으로 거듭날 수 있도록 다양한 방법을 강구해 실행하겠다."는 내용의 글을 올렸다.

지 사장은 "남 탓을 하기보다 우리 자신을 돌아보는 성숙한 자세가 필요하다."며 사건 이후 사원들의 자세에 관해 조언했다. 또한

"한마음으로 힘을 합칠 것을 간곡히 당부드린다."고 말하며 내부적 결속을 강조했다. 그리고 "고객과 국민의 질타를 겸허히 받아들이며 지금의 어려움을 한 단계 도약하는 기회로 만들어나가자."고 덧붙이면서 지면 사과문과 같은 맥락의 메시지를 남겼다.[36]

17일에는 조현아 전 부사장의 동생이자 대한항공의 광고·SNS 및 커뮤니케이션 전략 담당 조현민 전무가 마케팅부서 직원들에게 '반성문'이라는 이메일을 보냈다. 조 전무는 메일에서 "지금까지 회사의 잘못된 부분들은 한 사람으로만 만들어지지 않습니다. 모든 임직원의 잘못입니다. 그래서 저부터 반성합니다."라고 말하며 책임 전가 논란을 야기했다. 회항 사태의 책임이 전 직원에게도 있다는 뜻으로 들렸기 때문이다. 이의 관련해 대한항공 관계자는 "'반성문'이라는 제목 그대로 본인부터 반성한다는 취지로 이메일을 보낸 것이라며 직원들이 책임을 같이 져야 한다는 의도는 전혀 없다."고 해명했다.[37]

이처럼 지창훈 사장과 조현민 전무 등 대한항공 임원진들은 내부 수습에 나섰지만 직원들의 호응을 얻지 못했다. 오히려 같은 날 대한항공 조종사 노조 게시판에 올라온 "내가 쓴 대한항공 사과문"이라는 제목의 글이 직원들의 공감을 얻었다. 작성자는 조 전 부사장의 시점에서 대한항공이 신문에 실은 사과문을 다시 썼다.

이 글은 "최근 저의 일들로 국민과 아버지께 말로 형용할 수 없는 실망감과 분노를 안겨드렸습니다. 지금까지 커다란 사랑을 주신 국민과 명품 항공사로 발돋움하기 위해 묵묵히 열악한 환경 속에서 열심히 일해오신 직원분들께 큰 상처를 드렸습니다. 다시

금 사랑받고 신뢰받는 조현아가 되도록 모든 임원직에서 물러나겠습니다. 저의 부적절한 처신으로 인한 처벌 달게 받겠습니다. 그리고 신입사원으로 다시 시작하겠습니다."라며 "그동안 저로 인해 고통받은 동료들이 잃어버린 직장의 즐거움과 소중함을 다시 찾을 때까지 열심히 일하겠습니다. 새로운 사람이 되겠습니다."라고 썼다. 기존 사과문이 비난을 받은 지점인 불명확한 사과 주체와 진정성이 없다는 지적을 받은 '환골탈태'라는 표현을 변경했다.[38]

17일 대한항공 노조 홈페이지 열린마당에는 "정비본부의 실태"라는 제목의 글도 올라왔다. 작성자는 이 글의 출처가 블라인드 앱이라고 밝혔다. 글은 정비본부의 내부 문제와 회사의 부당한 처사를 중점적으로 지적했다. 특히 "정비 사유로 딜레이(운항 지연)를 시키면 난리가 난다."면서 "그러다 보니 날림 정비로 비행기를 띄우는 일이 허다하고 열 시간 걸릴 일을 두 시간 만에 끝내라고 한다."며 대한항공 비행기의 열악한 정비 실태를 강조했다. 또한 안전에 관해 "타 국적 항공사 대비 3분의 1 인원으로 정비를 수행하다 보니 지치기도 하고 많이 다쳐 온전히 (정비를) 수행할 수 없다."면서 "이러다 큰 사고 안 날지 늘 걱정이 된다."고 설명했다. 근로 실태에 대해서는 "회사에서 적정한 도구를 구비해주지 않아 다치는 경우가 있다."면서 "산재 등 회삿돈을 써서 치료하면 인사상 불이익이 있어 개인 휴가와 돈을 써서 치료를 해야 한다."고 설명했다.[39]

17일부터 사건과 관련된 조종사들이 심한 정신적 스트레스를 호소하여 정신과 치료를 시작했다. 대한항공조종사노동조합은 노조가 CIRP Critical Incident Response Program팀을 꾸려 조종사 네 명을 모처에 옮겨 외부 접촉을 차단한 채 지원활동을 시작했다고 말했다.

공교롭게도 '반성문' 이메일을 작성한 당일 조현민 전무는 조현아 전 부사장에게 "반드시 복수하겠어."라는 문자메시지를 보낸 것으로 밝혀졌다. 이날은 조 전 부사장이 검찰 조사를 받은 날이기도 했다.[40]

➡ 12. 검찰 조사: 속전속결 수사 진행 ➡

17일 조현아 전 부사장이 검찰에 출석해 열두 시간 동안 조사를 받았다. 검찰에 따르면 조 전 부사장은 대한항공 관계자들의 거짓진술 요구 개입과 조사사실에 관한 보고를 받았다는 혐의를 일부 부인했다. 또한 검찰은 대한항공의 사태를 조직적 축소, 은폐하려는 의혹을 밝히기 위해 임직원들의 통신기록에 관한 영장을 발부받았다. 통화 시간과 날짜 등이 포함된 통신기록 분석을 통해 조 전 부사장이 조사 과정을 실시간 혹은 전후로 보고받았는지를 확인하는 것이 주목적이었다. 이는 조 전 부사장이 직접 증거인멸 지시를 내리지 않았어도, 보고를 받은 사실이 밝혀지면 영장 청구 가능성이 더 높아지기 때문이었다.[41]

박 사무장의 KBS 인터뷰에 따르면 대한항공은 사건 관계자들이 국토부 확인서에 쓸 구체적인 내용까지 지시했다. 그는 "국토부가 대한항공을 통해 (나에게) 확인서를 받아오라고 했고, 회사 관계자들 앞에서 작성했다.""마치 초등학생이 선생님이 불러주는 대로 받아쓰기할 때처럼 약 10~12회 정도 수정했다."며 "조현아 전 부사장이 강압적인 하기 지시가 있었는지와 관련한 부분을 거의 다 뺐던 것 같다."고 말했다. 박 사무장은 관계자들이 지시한 대로 수정한 보고서를 회사 메일계정으로 국토부 담당 조사관에게 재전송했다.[42]

한편, 이날 조현아 전 부사장의 검찰 출석 때 입은 옷이 화제가 되었다. 사진을 본 네티즌들은 구체적인 브랜드 이름까지 거론하며 조 전 부사장이 착용한 코트와 머플러가 유명한 명품 브랜드라고 주장했다. 이에 관해 대한항공 측은 "정확한 브랜드명은 알 수 없지만, 국내 브랜드로 알고 있다."고 해명했다.[43]

➡ 13. 구속영장: 예고된 수순 ────────────➡

검찰은 18일 최초 보고 이메일 삭제를 지시하고 거짓진술을 강요한 혐의(증거인멸) 등으로 대한항공 객실 담당 여 상무를 입건했다.[44]

19일 검찰조사 결과, 사건이 언론에 보도된 직후 여 상무가 조 전 부사장에게 박 사무장과 승무원에 관한 조치를 이메일로 실시간 보고한 사실이 밝혀졌다. 여 상무는 검찰 조사에서 "조 전 부사장의 지시에 따라 당시 사무장 등이 어떤 절차를 미준수했는가를 조사한 것은 맞다."고 진술한 것으로 알려졌다. 여 상무는 이에 관해 "객실 총괄임원으로서 업무를 한 것일 뿐"이라고 말한 것으로 전해졌다.[45]

20일 검찰은 증거인멸 의혹과 관련해 대한항공 법무실장을 소환하고 참고인 신분으로 조사를 진행했다.[46]

땅콩회항 사태가 장기화되면서 이번 사건과 직접적 연관은 없지만 대한항공과 관련해 잠재되어 있던 부정 이슈들이 수면 위로 떠오르기 시작했다. 먼저 조현아 전 부사장의 일등석 무상 이용에 의혹이 제기되었다. 경제정의실천시민연합이 조 전 부사장이 대한항공 일등석 항공권을 무상으로 이용했을 수 있다며 18일 업무상 배임·횡령 등의 혐의로 서울서부지검에 수사를 의뢰했다. 이에 관해 대한항공 관계자는 19일 "조 전 부사장이 사적으로 항공편을 이용한 것은 연간 한두 차례 정도로 항공료에서 본인이 부담해야 할 부분은 다 냈다."며 회사 직원은 빈 좌석이 있으면 개인 용도로 연간 35차례까지 좌석 클래스와 상관없이 일반석 항공권 요금의 약 10퍼센트를 내고 항공편을 이용할 수 있다고 해명했다.[47]

한편, 19일 새정치민주연합 문희상 비상대책위원장이 대한항공에 청탁해 처남을 취업시켰다는 의혹에 관해 검찰이 수사에 착수했다. 검찰은 사건을 고발한 시민단체와 피고발인, 대한항공을 조사할 것이라고 말했다.[48]

➔ 14. 칼피아: 부적절한 관계는 어떻게 사건을 키웠나 ➔

경제정의실천시민연합이 22일 국토부의 부실 조사와 조사 공정성 훼손, 직무유기 등을 이유로 감사원에 감사를 청구한 것에 이어 참여연대도 23일 감사원에 공익감사를 청구했다. 참여연대는 서울 종로구 감사원 앞에서 기자회견을 열고 국토부가 승객과 승무원 연락처를 파악하지 못한 것처럼 거짓해명한 점, 초기 조사를 부실하게 한 점, 피해자 조사 시 대한항공 간부를 배석시킨 점 등을 들어 "공익에 현저히 반하는 행위이기 때문에 감사가 필요하다."고 주장했다.[49]

서승환 국토교통부 장관은 같은 날 국회 국토교통위원회 전체회의에서 "조사의 공정성 문제가 불거진 데 대해 주무부처 장관으로서 유감스럽게 생각한다."고 말했다. 또한 사무장을 조사할 때 대한항공 임원을 동석시킨 데 대해 서 장관은 "조사 과정에서 여러 가지 부적절한, 공정성 훼손을 의심받을 만한 허술한 조사가 이뤄진 부분이나 공정성에 의심을 살 만한 부적절한 행동이 있었던 것은 사실"이라고 국토부 조사의 문제를 인정했다.[50]

〈머니투데이〉 기사에 따르면 국회 국토교통위 소속 신기남 새정치민주연합 의원이 22일 국토부에 요청해 공개한 자료에서 국토부 항공정책실 소속 직원 170명 중 정석인하학원이 운영하는 대학 출신 공무원은 항공대 41명, 인하대 4명, 인하전문대 1명 등 46명이다. 특히 항공사를 직접 관리감독하는 부서의 전문임기제 공무원 중 3분의 1이 이 학교재단 출신인 사실이 밝혀지면서, 국토부와 대한항공의 유착관계와 칼피아 논란이 불거졌다.[51]

24일 검찰은 조현아 전 부사장과 여 상무에 대해 사전 구속영장을 청구했다. 조 전 부사장에 대해 검찰은 항공보안법상 항공기 항로변경, 항공기안전운항저해폭행과 형법상 강요, 업무방해 등 총 네 가지 혐의를 적용했다. 여 상무는 사건 직후 최초 보고 이메일을 삭제하는 등의 증거인멸 혐의와 박창진 사무장에게 "회사에 오래 못 다닐 것"이라는 취지로 협박을 한 혐의를 받았다. 또한, 국토교통부 조사관인 김모 조사관을 공무상 비밀누설 혐의로 체포하고 자택과 국토부 항공철도사고조사위원회 사무실을 압수수색했다. 검찰은 삭제된 문자메시지와 통화내역을 복원하기 위해 김 조사관에 대한 통신자료 압수수색 영장(통신사실확인자료 요청)도 발부받았다. 25일 검찰은 공무상 비밀누설 혐의로 체포된 국토부 김 조사관에 대한 영장을 청구하고, 26일 구속했다.[52]

이어 26일 참여연대는 대한항공으로부터 좌석 승급 특혜 의혹을 받은 국토부 공무원 3명에 대해 뇌물수수 혐의로 검찰에 수사를 의뢰했다. 참여연대는 "국토부 과장 1명과 같은 과 직원 2명이 올해 초 대한항공을 이용해 유럽으로 출장을 가면서 이코노미석에서 비즈니스석 혹은 일등석으로 승급 혜택을 받았다."고 주장했다. 이에 관해 한 국토부 감사관은 "감사관실에서 항공안전감독관 등 공무원의 좌석 업그레이드를 지속적으로 적발하고 있다."면서 "대한항공과 아시아나항공 등에도 국토부 직원들에게 좌석을 업그레이드해주지 말라고 공문을 보내기도 했다."고 반박했다.[53]

이렇듯 참여연대가 국토부 임원들이 대한항공에서 좌석 승급 특혜를 받았다는 의혹을 제기하고 관련 언론보도가 증가하자 26일 국토부에서는 관련 자체 감사에 착수했다. 국토부 감사자료에 따르면 서울지방항공청 등에 소속된 공무원 가운데 대한항공과 아시아나항공으로부터 좌석을 승급받았다가 적발된 사람은 최근 3년간 31명에 이르는 것으로 나타났다. 국토부 감사관실은 특별 자체 조사를 통해 대한항공 출신의 김 조사관이 국토부 조사 시작 전날인 7일부터 14일까지 여 상무와 각각 전화통화 30여 차례, 문자 10

여 차례 주고받은 것으로 확인하고, 검찰에 공무상 비밀누설 혐의로 수사를 의뢰했다.[54]

검찰 수사가 진행되는 와중, 인하대 교수회가 22일 발표한 "새 총장 선임에 즈음한 교수회의 입장"에서 조현아, 조원태 남매의 이사회 퇴출을 주장했다. 입장자료에서 교수회는 "대학은 개인의 소유물이 아니라 교육과 연구를 위한 전당"이라며 "이사장의 직계자녀는 이사회에서 배제돼야 하며 이사회는 사회와 학계에서 존경받는 인사들로 재구성돼야 한다."면서 "재단 이사장 자녀의 부적절한 언행이 사회적 지탄을 받는 가운데 총장 유고 사태는 우리 학원에 쌓인 적폐의 일단이 드러난 것"이라고 지적했다. 이후, 29일에 정석인하학원은 조현아 전 부사장이 12일에 인하대 이사직에서 사퇴했고 서류상 절차만 남아 있다고 전했다.[55]

➡ 15. 구속수감: 검찰의 여론전략 ➡

12월 30일, 조 전 부사장과 여 상무는 서울남부구치소에 구속수감됐다.[56] 이튿날인 31일에는 검찰이 조현아 전 부사장의 휴대폰을 압수해 회사 내부 직원들과의 통신기록을 확인하는 과정에서 조현민 전무가 조현아 전 부사장에게 보낸 "반드시 복수하겠어."라는 문자메시지를 공개했다. 이 같은 내용이 언론을 통해 알려지며 비난 여론이 일자 조 전무는 트위터를 통해 "언니가 검찰에 출석하는 날이었는데 우연히 기사 댓글을 보다가 어느 분이 너무나 극악한 내용을 올렸기에 잠시 복수심이 일어 속마음을 언니에게 보냈다.

그러나 곧 후회했다."라고 해명했다가 곧 삭제했다. 이후 "정말 무어라 드릴 말씀이 없을 정도로 죄송한 마음입니다. 굳이 변명드리고 싶지 않습니다. 다 제 잘못이니까요…… 치기 어린 제 잘못이었습니다. 그날 밤에 나부터 반성하겠다는 이메일을 직원들한테 보낸 것도 그런 반성의 마음을 담은 것이었습니다. 부디 여러분의 너그러운 용서를 빕니다. 조현민 올림."이라는 글을 다시 올렸다. 조현민 전무가 조현아 전 부사장에게 보낸 문자메시지가 화제가 되며, 10월에 출현한 방송에서 "나 낙하산 인사 맞다."고 자신을 쿨하게 인정하며 "실력으로 인정받겠다."고 했다는 과거 발언까지 논란이 되었다.[57]

조현민 전무에 관한 여론까지 악화되던 와중, 〈한겨레〉는 땅콩회항 보도 이후 대한항공 전현직 직원과 지인들의 제보가 끊이지 않는다는 기사를 보도했다. 제보 내용의 대부분은 오너 일가의 제왕적 행태와 대한항공의 비리·부조리에 관한 것들이었다. 이를 통해 이번 사건이 조 전 부사장의 우발적 행동이 아닌 오너 일가가 지속적으로 해온 행태였다는 것을 전했다.[58]

엎친 데 덮친 격으로 2015년 1월 2일 조 전무는 자신이 대표이사로 있는 정석기업이 작년 신흥동 정석빌딩 1층에 있는 커피숍 측에 외부 이용객에게 음료를 판매하지 말라고 요구한 것이 알려지며 불공정 영업 논란에 휩싸였다. 인천 지역 시민단체 '평화와 참여로 가는 인천연대'는 "조 전무와 정석기업의 행태는 기업윤리를 저버리고 대기업이라는 지위를 이용해 지역 상권을 죽이는 것"이라고 비판했다.[59]

같은 날, 지난 2014년 7월 미국 샌프란시스코공항 사고로 45일간의 운항정지 처분을 받은 아시아나항공이 제기한 행정처분 효력정지 가처분신청이 법원에서 받아들여졌다. 11월 당시 대한항공이 아시아나의 샌프란시스코 사고에 관련해 국토부에 강력한 처벌을 요구한 것으로 전해지면서 효력 중단이 더욱 관심을 끌었다.[60]

조현아 전 부사장이 구치소에서 새해를 맞는 동안 언론에서는 조 전 부사장의 구치소 생활과 이후 독방 이전에 관한 보도가 나왔다. 구치소에 적응하지 못하고 우는 모습을 보인다는 보도가 대부분이었다. 또한 이후 독방으로 옮길 것인지에 관한 관심도 높았다.[61]

4일, 박창진 사무장이 극심한 스트레스로 병가를 한 달 연장했다. 대한항공 측은 "박 사무장이 이달 말까지 병가를 연장했다."면서 "정신치료가 더 필요하다는 내용의 진단서를 최근 회사에 냈다."고 말했다.[62]

조양호 회장이 1월 5일 본사에서 열린 사내 시무식에서 신년사 도중 땅콩회항 사건에 관해 임직원에게 사과하다 울컥하고 말을 잇지 못했다. 이 자리에서 조 회장은 사내 소통위원회를 만들어 기업문화를 쇄신할 것이라고 말했다. 땅콩회항 사건에 관해서는 불미스러운 일이라고 표현하면서 임직원에게 상처를 준 것을 사과하고 완전히 새롭게 태어나는 계기로 삼아달라고 강조했다. 또한 국민의 질책을 달게 받아 잘못을 진심으로 깨닫고 사려 깊은 행동을 통해 더 나은 기업이 되도록 하겠다고 말했다.[63]

조 전 부사장의 독방 수감 여부가 결정되는 날인 1월 5일이 다가오면서 몇몇 매체는 조현아 전 부사장의 독실 배정 가능성을 높게 보도했다. 〈국민일보〉와의 인터뷰에서 교정당국은 "기업인들 대부분이 독방 생활을 했고, 조현아 전 부사장도 원칙에 따라 독실을 배정받을 것으로 보인다."며 "수용자 개인의 건강과 연령 등을 종합적으로 고려해 결정할 것이다. 특혜는 없을 것"이라고 말했다.[64]

그러나 5일 조현아 전 부사장은 독실이 아닌 서울남부구치소 신입거실에서 정원 4~5명의 혼거실로 방을 옮겼다. 교정당국 관계자는 "일반 수용자와 똑같이 공정하게 법을 집행한다는 차원에서 혼거실에 배정했다."며 "현재로서는 방을 바꿀 이유나 계획이 없다."고 말했다.[65]

이에 앞서 4일 박창진 사무장은 병가를 한 달 연장했다.

➡ 16. 기소: 결국 재판으로 ━━━━━━━━━━━➡

1월 7일 검찰은 대한항공 KE086 일등석에서 견과류 서비스가 마음에 들지 않는다는 이유로 승무원과 사무장을 상대로 폭언·폭행을 하고 램프리턴을 지시, 사무장을 강제로 내리게 한 혐의로 조현아 전 대한항공 부사장을 기소했다. 검찰은 기존에 조현아 구속의 사유가 되었던 항공보안법상 항공기항로변경, 항공기안전운항저해폭행과 형법상 강요, 업무방해 등 혐의에 더해 국토교통부 조사 과정에 사실상 조현아의 입김이 작용한 것으로 보고 공소사실에 위계에 의한 공무집행방해 혐의를 추가해 기소했다.

더불어 검찰은 이번 사건 발생 직후 증거인멸을 주도하고 사무장 등을 협박한 혐의(증거인멸 등)로 대한항공 객실 담당 여모 상

무와 대한항공 측에 조사 상황을 알려준 혐의로 국토부 김모 조사
관도 함께 구속 기소하였다.

> 8일 조현아 전 대한항공 부사장의 검찰 공소장을 입수해보니, 조
> 전 부사장은 기내에서의 폭언·폭행 등을 묻는 국토교통부 조사관
> 의 질문에 대체로 "기억이 나지 않는다."는 취지로 답변했다. 그러
> 면서 '업무 미숙'으로 자신에게 질책을 들은 박창진 사무장이 기장
> 과 협의해 스스로 비행기에서 내린 것처럼 거짓으로 진술했다. 조
> 전 부사장은 지난달 12일 항공기 강제회항 사건과 관련한 국토부
> 조사에서 일부 사실관계는 '적절히' 인정하면서도 '위법 사안'에 대
> 해서는 "기억나지 않는다."며 사전에 준비된 듯한 답변을 했다.
>
> 〈한겨레〉 2015년 1월 9일 보도[66]

➔ 17. 〈그것이 알고 싶다〉: 무엇이 관심을 재점화했나[67] ➔

땅콩회항 사건이 발생한 지 한 달이 넘어가며 단편적인 보도들이
이어지던 시점에 여론의 관심에 다시 불을 지핀 것은 〈그것이 알고
싶다〉의 특집 보도였다. 1월 10일 방송에서 제작진은 박창진 사무
장이 허위 경위서를 작성하던 당시의 녹취 파일을 공개했고, 직접
인터뷰에 응한 박 사무장은 국토부 조사에서 조현아 전 부사장의
폭행과 폭언이 없었다고 진술한 이유를 설명하면서 이후 입장이
바뀌게 된 계기를 설명했다.
　〈그것이 알고 싶다〉에서 공개한 녹취록에는 승무원 등 관계자

들을 회유한 내용도 담겨 있었다. 특히 "어떤 이유를 대더라도 부사장님 지시가 아니라 사무장 의견을 듣고 판단했다고만 하면 된다. 나를 믿어라. 한 달만 있으면 다 잊혀지는 거다. 대신에 이번 일이 잘 수습되면 내가 잊진 않겠다." 등의 강한 회유성 대화 내용이 있었다.

〈그것이 알고 싶다〉에 관한 대중의 반응은 뜨거웠고 이후 해당 편을 인용한 관련기사는 500개에 이르는 상황이다(2015년 2월 26일 기준). 또한 대한항공 승무원이 검찰에 출석하는 모습이 방송되기도 했는데, 이 승무원은 활짝 미소를 짓고 있어 방송 직후 누리꾼들로부터 '악마미소'라며 질타를 받기도 했으며 몇몇 네티즌은 해당 승무원의 신상털기에 나서기도 했다.

땅콩회항 사건은 재벌 3세 상속녀, 갑을관계 등 대중의 호기심을 자극하는 요소들을 처음부터 가지고 있는 데다 사건 진행 과정에서 대중의 흥미요소에 집중하는 언론의 태도로 인해 최고조의 관심을 장기간 유지하게 된다. 여러 매체는 서울남부구치소를 인용해 "조 전 부사장이 다른 여자 신입 수용자들과 함께 수용 생활을 하고 있으며, 구치소 생활에 적응하지 못해 우울증 증세를 보이고 있다."는 등의 내용을 앞다퉈 보도했다. 이는 땅콩회항 사건과 관련해 추가 팩트가 뜸한 시점에서 언론보도가 사건의 본질에서 벗어나 조 전 부사장의 수감 생활과 관련한 호기심 등 대중의 흥미 위주로 흐르는 양상을 보여준다.[68]

→ 18. 여론: 뜻밖의 영향 →

연초 불거진 이른바 '바비킴 기내난동' 사건은 1월 7일 미국 샌프란시스코행 대한항공 K023편에 탑승한 가수 바비킴이 와인에 만취해 고함을 지르고 욕설을 하는 등 소란을 일으킨 것이 시작이었다. 그런데 대한항공이 바비킴을 이름이 비슷한 승객과 혼동하여 탑승권을 잘못 발권해주는 바람에 바비킴이 미리 예약한 비즈니스석이 아닌 이코노미석에 앉았고, 대한항공은 비행기가 출발하기 전 이 같은 사실을 알았지만 원래 예약석으로 재배정하지 않았다는 사실이 확인된 후 사건은 '대한항공의 발권 오류' 건으로 초점이 옮겨져 여론의 비난을 받게 되었다. 사건을 보도한 기사에 달린 댓글들은 "바비킴 씨가 술을 마셔서 난동을 부린 것도 문제지만 땅콩항공 측에서 좌석을 제대로 예약해주지 않은 것도 문제죠. 자기 마일리지로 업그레이드를 했는데도 불구하고 그대로면 화나기도 하겠죠." "아니 기내에서 그렇게 술을 먹도록 갖다준 것도 문제 아님? 취할 거 같으면 그만 줘야지 와인을 어떻게 여섯 잔을 먹게 놔둠?" 등 바비킴보다 대한항공의 잘못을 더 지적했고, 심지어 대한항공과 언론의 관계를 의심하는 내용도 있었다.[69]

결국 대한항공은 여권 소지자와 발권자의 동일성을 확인하지 않은 것에 대해 항공보안법 위반으로 국토부로부터 과태료를 부과받게 되었다. 국토부는 대한항공 관계자를 불러 청문조사를 마칠 계획으로 알려졌고, 국토부 관계자는 "대한항공이 항공보안법을 위반한 사실이 명백하다."고 전했다.[70]

땅콩회항의 24개 국면들   **327**

조현아 전 부사장은 국토부 조사를 통해 사건 당시 비행기가 운항 중인지 몰랐다고 밝혀왔지만 사무장에게 "당장 세워! 비행기 안 띄울 거야."라고 말한 사실이 담긴 공소장이 공개되었다.

조현아 전 부사장은 가장 무거운 처벌이 예상되는 항로변경죄에 관해서 종전까지 고의의 인식 부분을 부정해왔으나 사실상 당시 항로변경에 관한 인식이 존재했음을 보여주는 공소장 내용이 공개되었다. 가장 공신력 있다고 할 공소기록이 종전까지 여론에 알려진 내용과 정면으로 상반되면서 조현아 전 부사장의 진술은 이후 여론과 법정 모두로부터 신빙성에 상당한 타격을 입게 되었다.[71]

1차 공판

조현아 전 부사장은 첫 공판에서 "소란은 피웠지만 법적 처벌받을 정도는 아니다."라고 주장했다. 본인의 혐의를 부인하는 것은 피고인의 자기변호의 연장이며 정당한 권리행사이다. 하지만 이미 종전 조사에서의 진술과 상반되는 사실들이 밝혀지며 여론이 조현아 전 부사장에게 등을 돌린 상황에서 피해자에 대한 사과를 우선하기보다 적극적으로 자기변호부터 하고자 하는 모습은 자칫 혹 떼려다 '괘씸죄'를 덧붙이는 형국을 만들 수 있다.[72]

폭력범죄에 관한 대법원 양형기준에서 집행유예 선고의 기준을 살펴보면 '진지한 자성'을 참작사유 중 하나로 꼽고 있으며 이같은 자성의 태도는 실제로 재판의 결과에 미치는 영향이 적지 않다. 변호인들의 전략이 무죄 입증보다는 집행유예 선고를 받도록 하는 것이었다면, 조현아 전 부사장에게 공판 과정에서 당시의 상황에 관한 해명에 앞서 피해자에게 사과하고 반성하는 모습을 꾸준히 보이도록 했어야 할 것이다. 그러나 첫 공판에서 조현아 전 부사장은 이번 회항의 근본 원인이 승무원과 사무장에게 있다는 주장을 굽히지 않았고, 턱을 괸 태도로 재판에 임하는 등 이 사건에 적대적인 여론의 상황, 자세와 태도가 가지는 중요성을 간과한 듯한 모습을 보였다. 또한 공판 과정의 언론 노출로 인한 새로운 부정평가의 양산에 관한 고려나 전략도 부족했던 것으로 보인다.[73]

반면 재판부의 경우, 여론의 반감과 사건에 관한 높은 관심을 의식한 듯, 피해자인 박창진 사무장의 근무가능성이 조현아 전 부사장의 양형요건으로 작용할 것이라고 밝히기도 하였다. 이는 이미 재판부가 승무원과 사무장을 피해자로, 조현아 전 부사장을 가해자로 파악하고 있음을 보여주는 것으로 이 같은 상황에서 조현아 전 부사장의 잘못을 떠넘기는 모습은 재판부의 공감을 얻기 어려웠을 것으로 보인다.[74]

2차 공판

조양호 한진그룹 회장은 증인으로서 조현아 전 부사장의 2차 공판에 출두했다. 이는 종전의 1차 공판에서 재판부가 조양호 회장을 양형판단과 관련한 증인으로 신문하기로 결정함에 따라 이루어진 것이다. 폭력범죄에 관한 대법원 양형기준에서 집행유예 선고의 기준을 살펴보면 '피해 회복을 위한 진지한 노력' 역시 참작사유 중

하나이므로 회복을 위한 노력이 어떠한 식으로 이루어질 것인지 조양호 회장의 생각을 듣고자 한 자리였다. 공판에서 박 사무장이 복귀 후에 겪을 일들을 염려하는 재판부에게 조양호 회장은 "본인이 근무한다고 하면 어떠한 불이익도 주지 않음을 이 법정에서 약속한다."고 말하며 피해자 보호를 약속했다. 하지만 이후 3차 공판에 출석한 박창진 사무장이 회사가 의도적으로 비행시간을 가혹하게 편성하는 등 부당한 처우를 당했다고 주장하며 논란이 일었다.[75]

또한 대한항공으로부터 교수직을 제안받고 허위진술을 했다는 의혹을 받고 있던 피해자 김모 승무원이 2차 공판에 출석하여 교수직을 제안받은 것은 사실이나, 이를 받아들여 허위진술을 하지는 않았다며 억울함을 호소하였다. 더불어 본인이 원하는 것은 자신의 명예를 회복하는 것이라고 밝혔다.[76]

3차 공판

결심공판에 이르러서도 조현아 전 부사장은 일관되게 여론 및 재판부가 모두 피해자라고 여기는 사무장 및 승무원에게 잘못을 떠넘기는 모습을 보였다. "승무원을 향한 폭언과 폭행은 경솔했다."면서도 "비행기가 움직이는 건 알지 못했고 그런 내용을 승무원으로부터 들은 적도 없다."며 승무원에 대한 자신의 부당한 폭행과 잘못된 서비스에 대한 임원으로서의 정당한 지적을 서로 분리해서 생각해달라고 주장하기도 하였다.

이같이 일관되고 단호한 조현아 전 부사장의 태도를 더욱 돋보이게 한 것은 검찰의 신문기술이었다. 검찰에서는 유사한 질문을 수차례 던져 조 전 부사장이 사건의 발단을 박창진 사무장과 승무원 잘못이라고 반복적으로 진술하게 만들었고, 이는 재판부에 조 전 부사장이 반성하고 있지 않다는 인식을 주었다. 조현아 전 부사장이 계속해서 사건 발단의 책임을 승무원에게 돌리자 재판장은 "'왜 여기 앉아 있나' 그런 생각 하는 거 아닌가?"라고 물으며 질책하는 모습을 보이기도 했다.

검찰과의 공방에서 가장 문제가 된 항로변경죄에 관해서 조현아 전 부사장은 정돈된 답변을 통해 혐의를 부인하였지만, "세우라는 건 움직이는 비행기가 아니라 비행을 시작하기 위한 절차를 중지하라는 뜻"이라는 식의 주장은 통상적으로 납득하기 어려웠으며 다분히 '준비된 답변'이라는 인상을 주었다.

재판 내내 피해 승무원과 사무장에게 사건 발생 책임을 전가하다 최후진술에서 눈물을 흘리며 "마지막으로 한 가지 청이 있다면 아이들에게 돌아가게 해달라."고 선처를 호소한 것에 관해 한 네티즌은 "이제 와서 아이들 언급하는 건 뭐지?"라며 싸늘한 반응을 보이기도 하였다.[77]

대한항공의 박창진 사무장 '지옥의 스케줄' 편성 의혹

어떠한 불이익도 주지 않겠다는 조양호 회장의 약속과는 달리 박창진 사무장의 2월 근무 스케줄에 장거리 노선 비행은 한 차례밖에 없었다. 나머지는 체력적으로 힘들고 수당은 적은 단거리 국제선이나 국내선으로 편성돼 회사 측이 일정을 가혹하게 짠 것 아니냐는 의혹이 제기되기도 했다.[78]

➜ 20. 검찰 구형과 1심 판결: 리턴 없는 변호의 결과 ➜

조현아 전 대한항공 부사장은 "사건의 발단이 승무원과 사무장 때문"이라며 기존 입장을 되풀이했고, 검찰은 반복적인 심문을 통해 이러한 조 전 부사장의 태도를 재판부에 분명하게 인식시켰다. 결국 검찰은 조 전 부사장은 "진지한 자성의 빛이 없다."며 결심공판에서 조 전 부사장에게 징역 3년을 구형하였다.[79]

➜ 21. 출구: 뒤늦게 내민 '보상' 카드 ➜

검찰의 징역 3년 구형 이후, 악화된 여론을 뒤늦게 감지한 조현아 전 대한항공 부사장은 총 여섯 번의 반성문을 제출한다. 판결 선고를 이틀 앞두고 하루에 무려 세 번이나 반성문을 제출하고, 심지어 선고 당일에도 반성문을 제출하며 선처를 호소했다. 또한 90명이 넘는 사람이 개인 명의로 일일이 재판부에 탄원서(진정서)를 제출하는 이례적인 상황이 연출되기도 했다.[80]

또한 조 전 부사장은 1심 선고 이틀 전인 지난 2월 10일, 박창진 사무장과 여승무원 김모 씨를 위해 각 1억 원씩 모두 2억 원을 공탁했다. 조 전 부사장측은 공탁금과 관련해 "금전적으로나마 위로하는 게 도리일 것 같아 고민 끝에 결정했다."고 공탁 이유를 설명했다.[81]

그러나 결심공판에서 조 전 부사장은 끝까지 여론 및 재판부가 모두 피해자라고 여기는 사무장 및 승무원에게 잘못을 떠넘기는 모습을 보였고, 이에 재판부는 집행유예가 아닌 징역 1년을 선고했다. 재판부는 판결문에서 "돈과 지위로 인간의 존엄과 가치를 무릎 꿇린 것은 물론 인간에 대해 최소한의 예의도 없었으며 직원들을 노예로 여겼다."며 "인간에 대한 최소한의 예의와 배려심이 있었다면, 승객을 비롯한 타인에 대한 공공의식이 있었다면 발생하지 않았을 사건"이라고 평했다.[82]

➤ 22. 항소: 하루 만의 불복 ➤

1심에서 징역 1년을 선고받은 조현아 전 대한항공 부사장이 판결 하루 만인 2월 13일 법원에 항소장을 제출했다. 조 전 부사장의 변호인은 "1심 재판의 사실 오인, 항공기항로변경죄 등에 대한 법리 오해, 양형 부당 등을 이유로 항소한다는 내용이 담겼다."고 밝혔다.

조현아 항소 소식을 접한 네티즌들은 "조현아 항소, 최종 판결 어떻게 되려나." "조현아 항소, 1년도 너무 적은 것 아닌가." "조현아 항소, 항소할 줄 알았어." 등의 반응을 보였다.

〈SBS funE〉 2015년 2월 14일 보도

피해자들이 공탁금을 받아가면 사실상 합의가 이루어진 것으로 보기 때문에 공탁금 수용 여부가 항소심 판결에 중요한 변수가 될 예정이나 박창진 사무장 측은 진정한 사과가 우선이라는 입장을 밝혔다.[83]

항소 이후 약 한 달 만에 조현아 전 부사장은 또 하나의 위기를 맞는다. 피해자 중 한 명인 김도희 승무원이 사건이 발생했던 미국 뉴욕의 지방법원에 대한항공과 조현아 전 부사장을 상대로 민사소송을 제기한 것이다. 김 승무원은 당시 일등석에 앉아 있는 조 부사장에게 개봉하지 않은 마카다미아 땅콩을 제공했다가 조 전 부사장으로부터 폭언과 폭행을 당했다. 대한항공은 사건 초기에 적절한 사과와 피해자 및 여론 관리에 실패한 결과 다시 원점으로 돌아와 또 다른 위기를 맞았다. '위기관리는 곧 피해자 관리'라는 기본 원칙을 떠올리게 한다.

김 승무원의 소송을 대리하는 로펌 웨인스테인의 앤드루 웨인스테인 변호사는 "당시 밝혀진 증거는 조 전 부사장의 행동이 수치심을 유발했을 뿐만 아니라 김 승무원을 비하하고 정신적 상처를 줬다."며 "조 전 부사장이 오만을 절제하지 못하고 권한을 혼돈했음을 잘 보여주고 있다."고 소송 이유를 밝혔다. 또한 "김 승무원이 한국에 돌아오는 비행기 안에서 거짓말을 강요당했다."고도 주장했다.[84]

미주

1 〈그것이 알고 싶다〉, SBS, 2015년 1월 10일

2 강도원, 〈사건 폭로한 대한항공 박창진 사무장은 지금 병원에서…〉, 조선일보, 2015
년 2월 12일(http://news.chosun.com/site/data/html_dir/2015/02/12/201502120
2493.html)
: 박 사무장을 응원하는 모임 카페 회원 일부는 대한항공, 진에어, 대한항공 면세
점, 대한항공 관련 신용카드에 관한 불매운동을 진행 중이다. 또 법원에 조 전 부사
장에 대한 처벌을 요구하는 릴레이 탄원서를 제출했다. 박 사무장을 응원하는 모임
카페 회원은 2015년 2월 12일 기준 3,321명이다.

3 티모시 쿰즈,《위기관리 커뮤니케이션》, 이현우 옮김, 커뮤니케이션북스, 2001

4 이미지, 〈'직원을 하인 취급' '급여 많지만 혹사'… 까발려지는 기업의 민낯〉, 조선
일보, 2015년 3월 7일(http://news.chosun.com/site/data/html_dir/2015/03/09/
2015030902036.html)

5 주 1 참조

6 안홍기·박소희, 〈끝내 울먹인 조현아 "때늦은 후회로 많이 아프다"〉, 오마이뉴스,
2015년 2월 4일(http://www.ohmynews.com/NWS_Web/View/at_pg.aspx?
CNTN_CD=A0002078455)

7 정빛나·이도연, 〈'땅콩회항' 법정서 아버지 만난 조현아 고개만 '푹'〉, 연합뉴스,
2015년 1월 30일(http://www.yonhapnews.co.kr/bulletin/2015/01/30/02000000
00AKR20150130132152004.HTML?input=1195m)

8 김지성, 〈(취재파일) 판결문에 드러난 '땅콩회항'의 실체〉, SBS, 2015년 2월 18일
(http://news.sbs.co.kr/news/endPage.do?news_id=N1002842930&plink=ORI&c
ooper=NAVER)

9 김은지, 〈승무원들, "우리는 회사를 '대한여고'라 불렀다"〉, 시사인, 2014년 12월 18
일(http://www.sisainlive.com/news/articleView.html?idxno=22017)

10 한동희, 〈조현아 부사장 사건 처음 알려진 '블라인드 앱'… 대한항공, 직원들 신규
가입 차단 의혹〉, 조선비즈, 2014년 12월 9일(http://biz.chosun.com/site/data/
html_dir/2014/12/09/2014120903173.html)

11 한동희, 〈"대한항공엔 마카다미아가 테러보다 위험"… '땅콩회항' 풍자 급증〉, 조선 비즈, 2014년 12월 14일(http://biz.chosun.com/site/data/html_dir/2014/12/14/2014121401267.html)

12 조영민, 〈유출자 색출한다며… 승무원 카카오톡까지 검열〉, MBN, 2014년 12월 9일(http://mbn.mk.co.kr/pages/news/newsView.php?category=mbn00009&news_seq_no=2116847)

13 김윤구, 〈국토부 "대한항공 조현아 부사장 법 저촉 여부 조사"〉, 연합뉴스, 2014년 12월 8일(http://www.yonhapnews.co.kr/bulletin/2014/12/08/0200000000AKR20141208048953003.HTML?from=search)

14 김연숙, 〈'땅콩회항' 사무장 "회사가 최초 보고 이메일 삭제명령"〉, 연합뉴스, 2014년 12월 18일(http://www.yonhapnews.co.kr/bulletin/2014/12/18/0200000000AKR20141218000600004.HTML?from=search)

15 주 8 참조

16 온라인 뉴스부, 〈대한항공 사과문도 논란… "조현아 부사장, 정당한 지시"〉, 서울신문, 2014년 12월 9일(http://www.seoul.co.kr/news/newsView.php?id=20141209500179)

17 〈승무원 내리게 한 조양호 한진 회장 딸의 갑질〉, 서울신문, 2014년 12월 9일(http://www.seoul.co.kr/news/newsView.php?id=20141209031011)

18 〈부사장 한마디에 출발 지연시킨 대한항공〉, 중앙일보, 2014년 12월 9일(http://article.joins.com/news/article/article.asp?total_id=16642431&cloc=olink|article|default)

19 김윤구, 〈조현아 대한항공 부사장 퇴진… "모든 보직 물러나"〉, 연합뉴스, 2014년 12월 9일(http://www.yonhapnews.co.kr/bulletin/2014/12/09/0200000000AKR20141209188651003.HTML?from=search)

20 김윤구, 〈조현아 '무늬만 퇴진'… 부사장직 유지〉, 연합뉴스, 2014년 12월 9일(http://www.yonhapnews.co.kr/bulletin/2014/12/09/0200000000AKR20141209188655003.HTML?from=search)

21 정빛나, 〈참여연대 "조현아 대한항공 부사장 검찰에 고발"〉, 연합뉴스, 2014년 12월 9일(http://www.yonhapnews.co.kr/bulletin/2014/12/09/0200000000AKR20141209153951004.HTML?from=search)

22 정빛나, 〈검찰 "조현아, 국토부 조사 전과정 개입·방해" 결론〉, 연합뉴스, 2015년 1월 7일(http://www.yonhapnews.co.kr/bulletin/2015/01/07/0200000000AKR20150107111000004.HTML?from=search)

23 김윤구, 〈검찰 "조현아 전 부사장 승무원들에 직접 사과할 것"〉, 연합뉴스, 2014년 12월 12일(http://www.yonhapnews.co.kr/bulletin/2014/12/12/0200000000AKR20141212111353003.HTML?from=search)

24 김윤구, 〈조양호 한진그룹 회장 "딸의 어리석은 행동, 국민께 사과"〉, 연합뉴스,
2014년 12월 12일(http://www.yonhapnews.co.kr/bulletin/2014/12/12/0200000
000AKR20141212089251003.HTML?from=search)

25 이준영, 〈조양호 "'땅콩리턴' 아무도 보고 안 해" 격분〉, 채널에이, 2014년 12월 16일
(http://news.ichannela.com/society/3/03/20141216/68562780/1)

26 김혜미, 〈조현아 조사실 옆 여자화장실 청소해달라 한 대한항공〉, 중앙일보, 2014
년 12월 15일(http://article.joins.com/news/article/article.asp?total_id=16695577
&cloc=olink|article|default)

27 비즈앤라이프팀, 〈조양호·조현아 부녀의 '매뉴얼 사랑?'… 사과문 원고 '입방아'〉,
경향비즈앤라이프, 2014년 12월 12일(http://bizn.khan.co.kr/khan_art_view.html
?artid=201412121801031&code=920301&med=khan)

28 주 1 참조, 주 5 참조

29 김연숙, 〈'땅콩회항' 일등석 승객 "조현아, 밀치고 파일 던져"〉, 연합뉴스, 2014년 12월
13일(http://www.yonhapnews.co.kr/bulletin/2014/12/12/0200000000AKR201
41212089251003.HTML?from=search)

30 김윤구, 〈조현아 전 부사장, 사무장에 사과 쪽지〉, 연합뉴스, 2014년 12월 14일
(http://www.yonhapnews.co.kr/bulletin/2014/12/14/0200000000AKR2014121
4016951003.HTML?from=search)

31 김윤구, 〈조현아 전 부사장, 이틀째 사과 허탕〉, 연합뉴스, 2014년 12월 15일
(http://www.yonhapnews.co.kr/bulletin/2014/12/15/0200000000AKR2014121
5073400003.HTML?from=search)

32 정빛나·이도연, 〈'땅콩회항' 女승무원 "조현아 측이 교수직 제안… 거절"〉, 연합뉴
스, 2015년 1월 30일(http://www.yonhapnews.co.kr/bulletin/2015/01/30/02000
00000AKR20150130139000004.HTML?from=search)

33 주 14 참조

34 정성호·김윤구, 〈대한항공 '땅콩회항' 조사 관련 국토부 일문일답〉, 연합뉴스,
2014년 12월 16일(http://www.yonhapnews.co.kr/bulletin/2014/12/16/0200000
000AKR20141216092251003.HTML?input=1195m)

35 김윤구, '국토부 '대한항공 운항정지 등 처분… 조현아 고발'(종합),' 연합뉴스,
2014년 12월 16일(http://www.yonhapnews.co.kr/bulletin/2014/12/16/0200000
000AKR20141216061951003.HTML?from=search)

36 김윤구, 〈지창훈 대한항공 사장 "유연한 조직 만들 것"〉, 연합뉴스, 2014년 12월
16일(http://www.yonhapnews.co.kr/bulletin/2014/12/16/0200000000AKR201
41216187900003.HTML?from=search)

37 김윤구, 〈조현아 동생 조현민 "한 사람 아닌 모든 임직원 잘못"〉, 연합뉴스, 2014년
12월 12일(http://www.yonhapnews.co.kr/bulletin/2014/12/22/0200000000AK

R20141222089800003.HTML?from=search)

38 비즈앤라이프팀, 〈'땅콩회항' 조현아, 신입사원서 다시 시작? "진짜 사과는…"〉, 경
    향비즈앤라이프, 2014년 12월 17일(http://bizn.khan.co.kr/khan_art_view.html?a
    rtid=201412170922591&code=920100&med=khan)

39 이대희, 〈대한항공, 이번에는 정비본부서 '날림 정비' 폭로〉, 연합뉴스, 2014년 12
    월 17일(http://www.yonhapnews.co.kr/bulletin/2014/12/17/0200000000AKR2
    0141217100700004.HTML?from=search)

40 이대희, 〈'땅콩회항' 조종사 '안가'로 옮겨 정신과 치료 시작〉, 연합뉴스, 2014년 12
    월 17일(http://www.yonhapnews.co.kr/bulletin/2014/12/17/0200000000AKR2
    0141217156600004.HTML?from=search)

41 정빛나, 〈'땅콩회항' 조현아 오늘 검찰 소환… 영장청구 검토〉, 연합뉴스, 2014년 12
    월 17일(http://www.yonhapnews.co.kr/bulletin/2014/12/17/0200000000AKR2
    0141217076000004.HTML?from=search)
    정빛나, 〈검찰, 조현아 등 대한항공 임원 통신기록 압수〉, 연합뉴스, 2014년 12월
    18일(http://www.yonhapnews.co.kr/bulletin/2014/12/18/0200000000AKR201
    41218076200004.HTML?from=search).

42 주 14 참조, 주 33 참조

43 〈조현아 사과 쪽지 무성의 논란… 검찰조사 당시 패션 알고 보니 억대 호가 명품?〉,
    MBN, 2014년 12월 18일(http://www.mbn.co.kr/pages/news/newsView.php?
    news_seq_no=2130789)

44 윤형준, 〈사무장에 거짓진술 강요한 상무, 조현아 前부사장에 이메일로 보고〉, 조
    선일보, 2014년 12월 20일(http://news.chosun.com/site/data/html_dir/2014/12/
    20/2014122000218.html)

45 주 44 참조

46 이대희·윤보람, 〈검찰, 대한항공 법무실장 소환… '증거인멸' 의혹 수사〉, 연합뉴
    스, 2014년 12월 20일(http://www.yonhapnews.co.kr/bulletin/2014/12/20/0200
    000000AKR20141220034151004.HTML?from=search)

47 김윤구, 〈조현아 전 부사장, 일등석 공짜로 이용했을까〉, 연합뉴스, 2014년 12월 19
    일(http://www.yonhapnews.co.kr/bulletin/2014/12/19/0200000000AKR20141
    219082951003.HTML?from=search)

48 이대희, 〈검찰, 문희상 '취업 청탁 의혹' 배당… 수사 착수〉, 연합뉴스, 2014년 12월
    19일(http://www.yonhapnews.co.kr/bulletin/2014/12/19/0200000000AKR201
    41219085100004.HTML?from=search)

49 고은지, 〈'땅콩회항' 부실조사 국토부 상대 감사원 감사 청구〉, 연합뉴스, 2014년 12
    월 22일(http://www.yonhapnews.co.kr/bulletin/2014/12/22/0200000000AKR2
    0141222058500004.HTML?from=search)

설승은, 〈'땅콩회항' 부실조사 국토부 상대 감사 청구 잇따라〉, 연합뉴스, 2014년 12월 23일(http://www.yonhapnews.co.kr/bulletin/2014/12/23/0200000000AKR2 0141223153600004.HTML?from=search)

50 강건택·김윤구, 〈서승환 "국토부 조사관, KAL과 유착 있으면 수사의뢰"〉, 연합뉴스, 2014년 12월 22일(http://www.yonhapnews.co.kr/bulletin/2014/12/22/0200 000000AKR20141222086851001.HTML?from=search)

51 지영호, 〈국토부 항공사 감독인력, 대한항공 대학재단 출신 '3분의 1'〉, 머니투데이, 2014년 12월 22일(http://the300.mt.co.kr/newsView.html?no=20141222 10307673268)

52 정빛나, 〈'땅콩회항' 조현아 사전구속영장… 30일 구속여부 결정〉, 연합뉴스, 2014년 12월 24일(http://www.yonhapnews.co.kr/bulletin/2014/12/24/0200000000 AKR20141224062052004.HTML?from=search)

53 김연숙, 〈참여연대, '국토부-대한항공 좌석 특혜' 수사의뢰〉, 연합뉴스, 2014년 12월 26일(http://www.yonhapnews.co.kr/bulletin/2014/12/26/0200000000AKR2 0141226060000004.HTML?from=search)

54 김윤구, 〈'대한항공 좌석 승급 특혜' 국토부 자체감사〉, 연합뉴스, 2014년 12월 26일(http://www.yonhapnews.co.kr/bulletin/2014/12/26/0200000000AKR20141 226041451003.HTML?from=search)

55 손현규, 〈인하대 교수회, 재단 이사회서 조현아 남매 퇴출 요구〉, 연합뉴스, 2014년 12월 22일(http://www.yonhapnews.co.kr/bulletin/2014/12/22/0200000000AK R20141222180700065.HTML?from=search)

손현규, 〈조현아 인하대 이사직도 사퇴… 모든 보직 내려놔〉, 연합뉴스, 2014년 12월 29일(http://www.yonhapnews.co.kr/bulletin/2014/12/29/0200000000AKR2 0141229056100065.HTML?from=search)

56 정빛나, 〈'땅콩회항' 조현아 구속… "사안 중대·조직적 은폐 시도"〉, 연합뉴스, 2014년 12월 30일(http://www.yonhapnews.co.kr/bulletin/2014/12/30/0200000000 AKR20141230108952004.HTML?from=search)

57 김윤구, 〈조현민 "반드시 복수하겠어" 문자 공개되자 황급히 사과〉, 연합뉴스, 2014년 12월 31일(http://www.yonhapnews.co.kr/bulletin/2014/12/31/0200000000A KR20141231033553003.HTML?from=search)

〈조현민, 난관 많은 정면돌파… '책임전가' 반성문, '복수' 문자, 과거 낙하산 발언까지?〉, 조선닷컴, 2014년 12월 31일(http://news.chosun.com/site/data/html_dir/2014/12/31/2014123102645.html)

58 김미영, 〈조현아 이어 조현민… 대한항공 제보가 멈추지 않는 이유〉, 한겨레, 2014년 12월 31일(http://www.hani.co.kr/arti/economy/economy_general/671711. html)

59 손현규, 〈'복수 문자' 조현민 전무 '커피숍 불공정 영업' 논란〉, 연합뉴스, 2015년 1
월 2일(http://www.yonhapnews.co.kr/bulletin/2015/01/02/0200000000AKR20
150102079800065.HTML?from=search)

60 정성호, 〈아시아나 샌프란시스코 운항정지처분 당분간 효력 잃어〉, 연합뉴스, 2015
년 1월 2일(http://www.yonhapnews.co.kr/bulletin/2015/01/02/0200000000AK
R20150102119100003.HTML?from=search)

61 〈'땅콩리턴' 조현아의 구치소 생활은?〉, YTN, 2015년 1월 2일(http://www.ytn.
co.kr/_ln/0103_201501021040476144)

62 김윤구, 〈대한항공 박창진 사무장, 병가 이달 말까지 연장〉, 연합뉴스, 2015년 1월 4
일(http://www.yonhapnews.co.kr/bulletin/2015/01/03/0200000000AKR201501
03030400003.HTML?from=search)

63 김윤구, 〈조양호 한진 회장 "사내 외 인물로 소통위원회 구성"〉, 연합뉴스, 2015년 1
월 5일(http://www.yonhapnews.co.kr/bulletin/2015/01/05/0200000000AKR20
150105062151003.HTML?from=search)

64 서희수, 〈조현아 독방배정논란… 구치소에서도 퍼스트클래스?〉, 국민일보, 2015년
1월 5일(http://news.kmib.co.kr/article/view.asp?arcid=0009006058&code=6111
1111&cp=nv)

65 김계연, 〈'땅콩회항' 조현아 독방 아닌 '혼거실' 수용〉, 연합뉴스, 2015년 1월 5일
(http://www.yonhapnews.co.kr/bulletin/2015/01/05/0200000000AKR2015010
5132551004.HTML?from=search)

66 오승훈, 〈조현아, 위법 사안엔 "기억 안난다" 일관〉, 한겨레, 2015년 1월 9일(http://
www.hani.co.kr/arti/society/society_general/672892.html)

67 주 1 참조, 주 5 참조, 주 28 참조

68 〈조현아 구치소서 우울 증세 보여〉, 더팩트, 2015년 1월 12일(http://news.tf.co.kr/
read/life/1472952.htm)

69 김윤구, 〈바비킴, 승무원에 '호텔이 어디예요 전화번호 뭐예요'〉, 연합뉴스, 2015년
1월 9일(http://www.huffingtonpost.kr/2015/01/09/story_n_6440324.html?ncid=
fcbklnkkrhpmg00000001)

70 서상준, 〈국토부, '바비킴 좌석 발권 오류' 대한항공에 과태료〉, 뉴시스, 2015년 1월
15일(http://www.newsis.com/ar_detail/view.html?ar_id=NISX20150115_0013415
889&cID=10201&pID=10200)

71 정빛나, 〈'운항 중' 몰랐다던 조현아 "당장 세워! 비행기 안 띄울 거야"〉, 연합뉴스,
2015년 1월 16일(http://www.yonhapnews.co.kr/bulletin/2015/01/16/02000000
00AKR20150116033600004.HTML?from=search)

72 정빛나, 〈조현아 "소란 피웠지만 법적 처벌받을 정도는 아냐"〉, 연합뉴스, 2015년 1
월 19일(http://www.yonhapnews.co.kr/bulletin/2015/01/19/0200000000AKR2

0150119140700004.HTML?from=search)

73 〈조현아 첫 공판, '턱을 괸 태도'로 재판 경청 … 지적받아도 또?〉, 조선닷컴, 2015년 1월 20일(http://news.chosun.com/site/data/html_dir/2015/01/20/2015012001 200.html)

74 정빛나, 〈법원, '땅콩회항' 재판서 조양호 회장 증인채택〉, 연합뉴스, 2015년 1월 19 일(http://www.yonhapnews.co.kr/bulletin/2015/01/19/0200000000AKR201501 19170000004.HTML?from=search)

75 정빛나·이도연, 〈조양호 회장 "朴사무장, 1일부터 근무 … 불이익 없을 것"〉, 연합뉴 스, 2015년 1월 30일(http://www.yonhapnews.co.kr/bulletin/2015/01/30/02000 00000AKR20150130132153004.HTML?from=search)

76 정빛나·이도연, 〈'땅콩회항' 女승무원 "조현아 측이 교수직 제안 … 거절"〉, 연합뉴 스, 2015년 1월 30일(http://www.yonhapnews.co.kr/bulletin/2015/01/30/02000 00000AKR20150130139000004.HTML?from=search)

77 최순웅, 〈(조현아 신문분석) ① 형사 사건 변호사 "피해자 탓하지 말아야 했다"〉, 조 선비즈, 2015년 2월 8일(http://biz.chosun.com/site/data/html_dir/2015/02/06/ 2015020602807.html)

78 〈검찰, 조현아에 징역 3년 구형 … 사무장 '지옥의 스케쥴'은 인사 보복?〉, MBN, 2015년 2월 3일(http://mbn.mk.co.kr/pages/news/newsView.php?category= mbn00009&news_seq_no=2195885)

79 정빛나, 〈'땅콩회항' 조현아에 징역 3년 구형 … "진지한 자성 없어"〉, 연합뉴스, 2015년 2월 2일(http://www.yonhapnews.co.kr/bulletin/2015/02/02/020000000 0AKR20150202186252004.HTML?from=search)

80 신종철, 〈조현아 항소 … 검찰 구형 놀랐나? 반성문 하루 3번, 선고일도 제출〉, 로이 슈, 2015년 2월 14일(http://www.lawissue.co.kr/news/articleView.html?idxno =20163)

81 구교형, 〈조현아, 선고 전 2억 공탁 … "돈으로 무마" 비판〉, 경향신문, 2015년 2월 15 일(http://news.khan.co.kr/kh_news/khan_art_view.html?artid=20150215214259 5&code=940301)

82 〈'조현아 선고' 오성우 부장판사 "인간에 대한 최소한의 예의-배려심 있었다면 …"〉, 동아닷컴, 2015년 2월 13일(http://news.donga.com/3/all/20150213/69637891/1)

83 〈조현아 '2억 원' 공탁 … 박창진 "진정한 사과가 우선"〉, MBN, 2015년 2월 14일 (http://mbn.mk.co.kr/pages/news/newsView.php?category=mbn00009&news_ seq_no=2213192)

84 이동휘, 〈'땅콩회항' 피해 대한항공 승무원, 뉴욕 법원에 조현아 상대 소송 제기〉, 조선일보, 2015년 3월 11일(http://news.chosun.com/site/data/html_dir/2015/03/11/ 2015031101583.html?news_Head1_01)

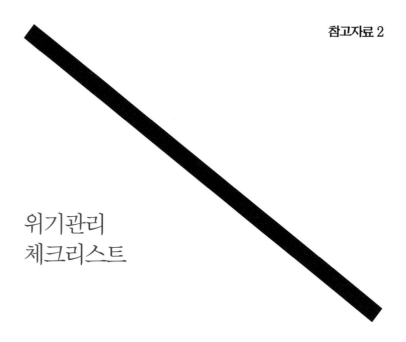

위기관리
체크리스트

심각한 위기를 그저 허비해서는 안 됩니다.[*] 이전에는 할 수 없다
고 생각하던 것들을 실행해보는 기회로 삼아야 한다는 것입니다.

You never let a serious crisis go to waste. And what I mean by that it's
an opportunity to do things you think you could not do before.

람 임마뉴엘(전 버락 오바마 대통령 비서실장, 시카고 시장)

● 사실 이런 말을 처음으로 한 사람은 윈스턴 처칠이다. 그는 "좋은 위기를 절대 허비하지 말라
(Never let a good crisis go to waste)."고 말했다.

이 책을 마무리하면서, 우리는 몇 가지 결론에 도달했다. 모든 위기는 새롭다는 것과 위기관리에 정답은 없지만 오답은 있을 수 있다는 것. 세월호 사건과 땅콩회항 사건이 위기관리 분야에서 중요성을 갖는 것은 국가재난관리와 기업의 위기관리에서 오답이 무엇인지를 극명하게 보여주었기 때문이다. 더 우려되는 것은 이러한 오답의 위험으로부터 우리 모두 결코 자유롭지 않다는 사실이다. 두 사건 모두 우리 사회의 관행으로부터 출발한 것이기 때문이다. 세월호 사건과 땅콩회항 사건 책임자들을 비난만 할 것이 아니라 우리 자신을 돌아봐야 하는 이유이다.

이 책에서 필자들은 오너리스크, 조직문화, 평판, 전략 커뮤니케이션, 정치캠페인, 여론, 브랜드, 사과, 시스템 등 다양한 측면에서 땅콩회항 사건을 들여다보았다. 그리고 각자의 입장에서 기업이 확인해봐야 할 체크리스트를 함께 만들어보기로 했다. 적어도 위기관리의 오답은 피할 수 있도록 독자에게 도움을 주고 싶기 때문이다.

이 체크리스트가 종합적이고 완벽하다고 말할 수는 없다. 또한 모든 조직에 완벽한 하나의 위기관리 체크리스트를 제공한다는 것 또한 가능하지 않다. 처한 상황이 다르고, 앞서 말한 것처럼 위기는 모두 새롭기 때문이다. 따라서, 여기에 제시하는 체크리스트는 하나의 프로토타입prototype(시제품)이라고 생각할 수 있다. 여러분이 속한 기업에서 이 리스트로부터 위기관리 준비에 관한 논의가 시작되고, 여러분 상황에 맞는 체크리스트로 확장 발전시켜나갈 토대가 되길 바란다.

1. 사고 발생 이전에(평상시에) 확인해야 할 사항들 Pre-Crisis Preparation

최고 의사결정 체계 관련 ────────────────

☐ 위기 발생 시 컨트롤타워 체계는 마련되어 있는가?

'컨트롤타워'는 위기상황에서 빠른 의사결정과 대응·행동을 지시할 수 있는 체계이다. 주의할 점은 컨트롤타워에 들어갈 사람을 지정해 놓는 것뿐 아니라, 이들이 위기상황에서 함께 모여 제때에 제대로 의사결정할 수 있는 훈련이 되어 있어야 한다는 점이다.

☐ 위기상황에서의 최고 의사결정권자는 누구인지 공표되어 있고, 모든 임원이 알고 있는가?

☐ 최고 의사결정권자 부재 시 의사결정을 빨리 할 수 있는 시스템이 되어 있는가?

☐ 최종 의사결정 회의에 여론전략을 담당하는 임원이 참여하고 있는가?

여론전략을 짤 임원이 있는지 생각해봐야 하고, 만약 없다면, 위기상황에서 외부 변호사에게 자문을 구하듯, 외부에 신뢰하고 연락할 수 있는 여론전략 전문가와의 관계를 확보해놓을 필요가 있다.

☐ 위기상황에서 위기관리 실무를 할 사람들이 누구인지 아는가?

☐ CEO는 객관적 사고를 가진 사람과 회사의 비전, 경영, 위기와 관련한 대화를 상시적으로 진행하는가?

'객관적 사고'란 외부의 시각에서 기업을 바라볼 수 있는 사람을 뜻한다. 즉 기업의 논리가 아닌 여론의 논리로 기업활동을 바라보고 조언할 수 있는 사람이다.

☐ 위기 이슈별 대변인은 지정되어 있는가?

조직의 규모와 상관없이 적어도 내부에 세 명의 훈련된 대변인이 있어야 한다. 이들은 위기상황에서 메시지 개발에 관한 감각을 갖고 있으며, 위기상황에 언론사 기자가 갑자기 인터뷰 요청을 하더라도 카메라 앞에서 인터뷰에 응할 준비가 평소에 되어 있어야 한다.

☐ 법률자문은 정해져 있는가?

☐ 홍보 지원은 누가 하는가? 내부 홍보팀 인력으로 위기관리가 안 될 경우 즉각 연락할 외부 지원팀이 있는가?

☐ 제3자 입장에서 우리 입장을 대변해줄 '우군'세력(오피니언리더, 교수, 업계 전문가, 소셜미디어 사용자 중 영향력자 등)은 마련되어 있는가?

평소 이해관계자 관리 차원에서 관계를 유지하면서, 이들의 의견을 정기적으로 청취할 기회가 있어야 한다. 의례적으로 간담회라기보다 차 한잔을 마셔도 실질적으로 조직에 관해 조언과 직언을 할 수 있는 시간을 가져야 한다.

☐ 대관-홍보-법무는 공동의 의제와 행동을 위한 테이블을 만들어 정기적으로 대처방안을 논의하는가? 이 세 부서가 평소에도 특정 사안에 관해 협력하고 의사결정을 하는가?

☐ 홍보팀은 언론 대응을 넘어 여론전략을 담당하는 전략부서로 전환되고 있는가?

물론 CEO가 그렇게 만들 의지가 있어야 한다.

☐ CEO와 오너에게 기업의 위기에 관한 경계경보를 울릴 인력/시스템이 있는가?

이 책에 나오는 '테러리스트 게임' 등을 정기적으로 하는 것 역시 이러한 시스템의 하나로 작동할 수 있다.

커뮤니케이션 자원 관련 ━━━━━━━━━━━━━━━━━━━━━━

☐ **기업 및 브랜드 워스트 시나리오를 확보하고 있는가?**

신제품을 출시하기 전 적어도 6개월 전에는 브랜드에 발생할 수 있는 최악의 상황이 무엇인지를 시나리오로 개발하고, 그중 대표적인 시나리오를 중심으로 위기대응 훈련을 실시해야 한다. 이는 회사가 사회적으로 민감할 수 있는 새로운 정책이나 뉴스를 발표하기 전에도 약식으로라도 진행하는 것이 좋다.

☐ **소셜미디어, VoC(Voice of Customer)를 정기적으로 확인하고 있는가?**

☐ **브랜드가 주최하는 행사 계획 및 계약서에 안전의무 조항이 들어가 있는가?**

☐ **브랜드 트래킹 조사에 브랜드 부정 연상어를 포함시켜 조사하고 있는가?**

☐ **내부 구성원 및 협력사의 SNS 사용 정책이 확립되어 있는가?**

☐ **여론은 정기적으로 체크하고 있는가?**

우리 제품을 사용하는 소비자 조사와는 별도로, 일반 시민 대상으로 기업, 오너/CEO 등에 관한 여론조사를 할 필요가 있다.

☐ **여론 점검의 메커니즘이 확립되어 있는가?**

예: 정기적 조사/모든 조사에 관한 데이터, 결과 공유와 보고 체계/정성조사/SNS 모니터링/이해관계자 의견 청취/언론보도 블로그 댓글 모니터링 등

☐ **위기가 발생한다면 무엇(내부적 리스크와 외부적 리스크 구분) 때문으로 보는가에 관한 논의가 있는가?**

☐ 경영전략 수립 시 기업의 평판전략과 위기대응 전략을 반영하고 있는가?

☐ 기업의 사회적 명분 및 관계는 제품과 서비스와 동시에 전략화되고 있는가?

여론의 위기는 결국 사회적 명분 및 관계를 통해 증폭되고 해소된다. 제품과 서비스에 국한되는 전략의 한계가 명백한 이유다. 제품과 서비스를 포괄하는 기업은 항상 사회적 명분과 관계, 즉 여론을 고려한 사회적 계약을 공개적으로 또는 잠재적으로 확보하고 있어야 한다.

위기대응 인력 준비 및 훈련 관련

☐ 올해 위기대응 시뮬레이션(최소 여덟 시간)을 진행했는가?

☐ 위기관리 시뮬레이션에 최고 의사결정자가 함께 참여했는가?

☐ 잠재 대변인들은 최소 1년에 여덟 시간 이상의 실전훈련을 받았는가?

☐ 국내외 동종 업계에서 난 위기 사고를 우리 기업에 대입해 논의한 적이 올해 있는가?

단순히 외부 사례를 강의 듣는 것은 큰 도움이 되지 않는다. 외부의 위기 사례를 우리 기업에 적용해보는 토론이 필요하다.

☐ 소셜미디어 채널에서 우리 입장을 이해해주는 영향력자들과 1년에 2회 이상 만나서 교류하는가?

오너리스크 관련

☐ 회사의 위기관리 최고책임자는 누구인가?

이 질문은 오너리스크에 대비하는 핵심적 질문이다. 오너가 스스로를 위기관리 최고책임자로 인식하고 있다면 문제해결이 한결 수월해지기 때문이다. 그동안 대부분의 오너들은 위기관리 최고책임자를 임명하는 권력만을 누려왔기 때문에 오너리스크를 더 악화시킨 경향이 있다.

☐ **오너들은 자문을 구하는가, 명령하는가?**

그룹 내 법무팀, 회계팀, 홍보팀은 전문가그룹이다. 이들에게 자문을 구하는 오너도 있고, 일방적 지시를 하는 오너도 있다. 오너 자신의 문제가 발생했을 때 이 차이는 더 커진다. 제3자의 시각으로 사건에 객관적으로 대처할 수 있느냐, 없느냐를 판가름하기 때문이다.

☐ **오너는 위기관리 시스템 내에 있는가, 밖에 있는가?**

기업은 시스템으로 움직인다. 오너를 비롯한 모든 임직원은 시스템 안에 존재해야 한다. 그러나 오너리스크가 발생한 경우 대부분 오너는 시스템 밖에 존재한다. 기업이 정한 규칙에서 예외적이기 때문에 위기가 발생하면 통제불능의 상태로 들어간다.

☐ **오너리스크 관련 앞의 세 질문에 모두 부정적이라면 오너를 움직일 대안을 갖고 있는가?**

오너들은 사내외에서 두루 경영과 관련된 자문을 받는다. 오너를 중심으로 한 위기관리 시스템이 갖춰져 있지 않을 경우 마지막 대안은 외부의 힘을 빌려오는 것이다. 오너가 평소 자문을 구하는 인사들과의 핫라인을 스태프 부서들이 확보하고 있는가는 위기 시 중요한 문제가 된다.

☐ **차세대 오너 교육은 이루어지고 있는가?**

사회환경이 급변함에 따라 CEO가 갖춰야 할 덕목은 계속 늘어나고 있다. 그 CEO가 오너인 경우는 더욱 그렇다. 이를 준비하는 오너 일가에 관한 교육은 미래 기업의 가장 중요한 자산이 될 수 있다. 위기관리와 관련된 교육의 핵심은 자신과 사회의 관계, 그리고 미디어에 관한 이해다. 이 교육을 철저히 받은 차세대 리더들은 자신을 향한 사회의 눈길을 항상 의식하며 생활할 수밖에 없다. 개성이 강한 세대가 리더로 등장하고 있어 이 교육의 중요성은 더욱 높아진다고 할 수 있다.

2. 위기상황이 터졌을 때 Crisis Response

여론 관련 ────────────────────

☐ 여론의 반응과 관심은 어느 정도인가?

☐ 여론의 인식(프레임)은 어떻게 잡히는가?

☐ 누가 이해관계자인가? 그중에서 핵심청중은 누구인가?

☐ 그들의 기대치는 무엇인가?

☐ 오피니언 리더층의 태도는 어떠한가?

의사결정 관련 ────────────────────

☐ 위기관리 미팅에 내부 인원만이 아닌 외부의 조언자가 참여하고 있는가?

☐ 위기상황을 만든 사람, 즉 직접적인 책임이 있는 사람은 위기관리 의사결정 회의에서 빠졌는가?

☐ 위기관리 회의에서 최고 의사결정자가 법, 사건, 여론의 입장에서 의견을 달라고 특정인을 나누어 지정하였는가?

☐ 위기관리의 최종책임자는 정해졌는가?

최종책임자는 의사결정자, 위기관리자, 의사소통자, 조직 내외부의
협력 연결자로서의 역할을 동시적으로 수행할 수 있어야 한다.

☐ 컨트롤타워가 소집되고 최종결정권자가 개입하는가?

☐ 팩트체커(fact checker, 사실확인) 시스템과 정보관리센터가 운영되고 유기
적으로 컨트롤타워와 관계를 맺고 있는가?

☐ 법률적 문제는 무엇인가?

☐ 단기적으로 해결할 수 있는가?

☐ 지금 제시하는 해결책이 충분한가? 역효과가 날 가능성은 없는가?

☐ 수습에 실패할 경우 최악의 시나리오는 무엇인가?

☐ 사실 확인: 무엇이(what), 언제(when), 어디서(where) 발생했는가?

☐ 입장 정리: 왜(why) 이 사고가 발생했는가, 누구(who)에게 책임이 있는가,
어떻게(how) 보상할 것인가?

☐ 플랜 A가 작동되는 시점에 플랜 B는 준비되어 있는가?

전략적 고려

☐ 정상적인 과정의 다른 업무와의 연관성은 전략적으로 해석되고 배치되었
는가?

위기가 발생했을 때 평상시 전략 업무와 일상 업무의 관계는 소홀히
다루어지는 분야다. 전략적 배치와 우선순위 고려가 반드시 필요하
고 이에 관한 방침이 결정되어야 한다.

☐ 공적 대응 시스템과 개별적 네트워크 마크 시스템은 동시적으로 수렴되고
있는가?

대외협력과 홍보를 담당하는 공식 조직이 1차적으로 대응을 하지만

다른 임직원들도 위기 시에는 대언론, 대정부 '마크맨' 제도를 도입해 운영한다. 사적 네트워크가 공적 조직과 함께 운용되도록 통합 관리해야 한다.

☐ **대응 방향은 구체적 행동의 방침으로 전환되어 설명되고 있는가?**

모든 결정은 행동방침으로 이어져야 한다. 회의 때 대체적인 합의가 이루어진다고 해도 문서화되지 않고 또는 행동방침으로 구체화되지 않으면 일선에서는 무용지물이 되는 경우가 많다.

☐ **위기 과정에서 상황을 완화시킬 인물, 스토리, 문화, 제도는 구체적으로 확인되고 설명되고 있는가?**

네거티브 플랜과 포지티브 플랜은 동전의 양면이다. 대체로 위기가 발생하면 부정적 요소를 극복하는 데 주력하게 되고 긍정적 요소를 부각하는 데 주저하게 된다. 그러나 이 두 가지 요소는 적절한 시기에 다양한 방법으로 배치되어 표현되어야 한다.

피해자 관련

☐ 피해자가 있는가?

☐ 공개사과문에 피해자에 대한 공감이 표시되어 있는가?

☐ 피해자에게 책임자가 연락을 취했는가?

☐ 조직 내부에도 피해자가 발생할 수 있다는 전제 아래 이에 관한 확인과 대응이 전개되고 있는가?

언론 및 소셜미디어 대응 관련

☐ 초기 사건보도에서 언론에 어떤 사진이 사용되고 있는가?

☐ 언론에 입장을 설명할 대변인은 정했는가?

☐ 사과문에 브랜드가 평소 표방하던 가치와 소비자의 기대감을 반영하고 있는가?(5장의 마텔사 사례 참조)

☐ 누가 이 과정에서 입과 얼굴이 되어야 하나?

☐ 메시지는 무엇인가?

☐ 메시지 전파는 어떤 방식으로 할 것인가?

☐ 자체 보유 미디어(Owned Media)는 이슈와 위기상황에 대해 커뮤니케이션을 하고 있는가?

☐ SNS 상의 고객불만에 적절하게 응답/조치하고 있는가?

☐ 열정적 소수와 팔로어가 있는가?

'열정적 소수'란 수적으로는 적을지라도 위기상황에 열정적으로 관심을 갖고 이슈를 따라가고 분석하고 소셜미디어 등을 통해 의견을 적극적으로 공유하는 사람들을 말한다.

☐ 언론사의 접근을 편하게 하는 과정과 실행은 제대로 구현되고 있는가?

☐ 대응방향과 행동지침은 매 시기마다 정리되고 공유되고 발표되고 있는가?

내부 커뮤니케이션 관련 ───────────────────────

☐ 정보의 수평적 공개와 업무 협력은 동시적으로 이루어지고 있는가?

예를 들어 기업에서 위기상황이 발생했을 때, 정작 현장에서 급히 위기관리를 해야 하는 사람에게 윗사람이 전화를 해서 상황을 파악하려고 하면 위기관리의 타이밍을 놓칠 수 있다. 따라서 메신저 서비스 등을 통해 일괄적으로 위기상황에서 정보를 수평적으로 공개하고 업무 협력하는 시도는 효과적인 방법이 될 수 있다.

☐ 내부 커뮤니케이션 책임자는 정해져 있는가? 외부 대응과 동시 혹은 선행되어 내부 커뮤니케이션이 이루어지고 있는가?

3. 위기상황이 끝나고 나서 Post-crisis Review and Recovery

위기에 관한 사후 검토 및 성찰 ━━━━━━━━━━━━━━━

☐ 위기에서 얻은 교훈을 컨트롤타워가 다시 모여 되돌아보았는가?

    교훈이란, 위기대응에서 무엇이 제대로 되었는가, 무엇을 더 개선할 수 있을 것인가에 관한 교훈을 말한다.

☐ 위기에서 얻은 교훈을 기업의 경영전략 및 브랜드 전략과 실행에 반영하는가?

☐ 위기로 인해 기업에 무엇이 변했는가: 위기 이후 기대되는 변화를 조직 내부 및 외부 이해관계자가 체감할 수 있는가?

☐ 이 위기는 잠복되어 있는가, 아니면 완전히 해결되었는가?

☐ 또 다른 위기의 조짐이나 가능성은 없는가?

☐ 여론을 상시적으로 체크하고 있는가?

☐ 소비자의 브랜드에 대한 부정적 인식, 연상은 감소하고 있는가?

☐ 기업문화에 관한 자기성찰과 새로운 가치 형성의 과정은 사후에 이루어졌는가?

☐ 자체 미디어의 대응과 역할에 관한 재조정은 점검되었는가?

위기 이후 조치

☐ 소비자와의 관계 복원을 위한 브랜드의 실질적 변화를 추진하고 있는가?

☐ 소비자 보상 프로그램은 원활하게 작동되고 있는가?

☐ 위기로부터 무엇을 배웠는지를 상징적으로 대중과 소통하고 있는가?

☐ 위기 이전의 준비나 발생 후 대응에서 미비점을 찾아내어 보완하였는가?

☐ 내부 임직원 대상으로 위기 사건으로부터 배운 점에 관해 소통하였는가?

☐ 위기를 교훈 삼아 브랜드 차원의 변화 조치를 취하고 있는가?

☐ 브랜드 차원의 변화는 소비자에게 전달되고 있는가?

☐ 이해관계자에 관한 설명-제도 개선-보상-위로 등의 후속 조치는 제대로 이루어졌는가?

☐ 고객과 이해관계자에 관한 새로운 관계 및 가치 연결을 위한 프로그램은 준비되었는가?

☐ 백서와 교훈은 정리되었는가?

☐ 책임자의 분명한 처벌과 기여자에 대한 보상, 기업문화의 제도적 혁신과 보완이 이루어졌는가?

☐ 위기관리 관련 예산, 인력, 교육에 관한 새로운 계획은 완성되었는가?

☐ CEO와 오너에 관한 내부 평판, 사회적 감정과 평판에 관한 후속 작업은 전개되고 있는가?

☐ 다시 '사고 발생 이전에(평상시에) 확인해야 할 사항들'을 확인하고 조치하고 있는가?

평판사회

1판 1쇄 발행 2015년 5월 7일
1판 2쇄 발행 2015년 5월 29일

지은이 김봉수, 김용준, 김윤재, 김호, 유민영

발행인 양원석
본부장 송명주
편집장 김정옥
리서처 김재은, 김정현, 박지윤
교정교열 김명재
해외저작권 황지현, 지소연
제작 문태일, 김수진
영업마케팅 김경만, 곽희은, 윤기봉, 우지연, 김민수, 장현기, 이영인, 송기현, 정미진, 이선미

펴낸 곳 ㈜알에이치코리아
주소 서울시 금천구 가산디지털2로 53, 20층(가산동, 한라시그마밸리)
편집문의 02-6443-8856   구입문의 02-6443-8838
홈페이지 http://rhk.co.kr
등록 2004년 1월 15일 제2-3726호

ⓒ김봉수, 김용준, 김윤재, 김호, 유민영
2015, Printed in Seoul, Korea

ISBN 978-89-255-5602-4 (03320)

※ 이 책은 ㈜알에이치코리아가 저작권자와의 계약에 따라 발행한 것이므로
  본사의 서면 허락 없이는 어떠한 형태나 수단으로도 이 책의 내용을 이용하지 못합니다.
※ 잘못된 책은 구입하신 서점에서 바꾸어 드립니다.
※ 책값은 뒤표지에 있습니다.

RHK는 랜덤하우스코리아의 새 이름입니다.